스마트폰으로
코끼리 사기

※ 이 도서의 국립중앙도서관 출판시도서목록(CIP)은 서지정보유통지원시스템 홈페이지(http://seoji.nl.go.kr)와 국가자료공동목록(http://www.nl.go.kr/kolisnet)에서 이용하실 수 있습니다.
(CIP제어번호: CIP2016001366)

스마트폰으로 코끼리 사기

스마트폰으로 코끼리 사기

O2O, 시장의 룰을 바꾸다

정주용 지음

베가북스
VegaBooks

프롤로그

새로운 희망의 길을 찾아서

2015년 12월, 지금 대한민국의 제조업은 길을 잃고 있다. 세계 최고이자 한때 우리의 수출 효자 종목이었던 조선 산업의 기둥, 현대조선, 대우조선, 삼성중공업 3개 회사는 막대한 손실을 입고 수조 원 대 긴급 정부자금의 수혈을 기다리고 있다. 자동차 산업 역시 마찬가지다. 전통의 강국 독일과 일본은 달아나고, 중국은 추격하는 샌드위치 상황에 직면해 있다. IT산업은 이미 중국의 추월을 실감 중이다. 가성비 극강의 중국 기업인 화웨이Hwawei, 샤오미Xiaomi, 레노버Lenovo Inc.는 삼성과 LG의 목을 죄어온다. 그나마 기대를 걸고 있는 반도체 산업도 중국의 국영 기업인 칭화홀딩스의 수십조 원에 달하는 공격적 인수 합병으로 2~3년 앞의 미래조차 보이지 않는다. 중국 경제가 두 자리 수의 고성장을 하는 동안 동반 성장했던 화학, 정유, 철강 산업은 전 세계적인 생산 과잉으로 장기 불황의 늪에서 빠져나올 방법을 찾지 못하고 있다. 해외 대형 건설사업 수주로 몸값을 올렸던 건설 산업도 유가 반 토막으로 힘겨워하는 중동의 왕자님들과 함께 고통스런 몸집 줄이기를 강요받고 있다. 결과적으로 IMF 때도 등장하지 않았던 "20대 명예 퇴직자"란 생소한 단어까지 등장했다. 그것도 대기업에서…

2016년, 우리가 겪어야할 고통스러운 경제의 찬바람은 과거의 일시적 충격과는 차원이 다른 무언가일 것이다. 서서히 말라가는 고목처럼, 미래의 방향성을 상실하고 서서히 몸집이 쪼그라드는 모습일 것이라는 불길한 예감이다. 그리고 이러한 불길한 예감이 부디 현실이 되지 않길 바라는 마음으로 이 책을 써내려 가본다. 새로운 희망의 길을 찾아서…

한국 경제를 이야기할 때, "여기까지가 우리 한계야!"라는 식의 비관적 이야기를 종종 듣곤 한다. 비관적인 전망에 대한 대안을 제시해도 "그건 이래서 안 돼!"라는 부정적인 의견이 돌아온다. 이건 이런 이유로 안 되고, 저건 저런 이유로 안 되면 대체 어쩌란 말인가? 부정을 위한 비판은 누구나 쉽게 할 수 있다. 이래서 저래서 한국은 안 된다는 답변을 하는 사람들에게 다시 묻는다. "그렇다면 어떻게 해야 잘 될 수 있을까요?"

부정적인 견해만 나열하는 사람에게 나는 이렇게 되묻고 싶었다. "아니요. 우린 할 수 있어요!"

부정적인 태도보다 긍정적인 태도를 가지는 것이 열 배는 더 어렵다. 이유는 간단하다. 부정은 하나의 명제에 대한 공격이 필요하지만, 긍정을 위해서는 제기할 수 있는 가능한 모든 부정에 대항할 논리를 고민해야 하기 때문이다. 그래서 긍정의 제안을 하기 위해서는 때론 무모할 정도의 용기가 필요하다. 때로는 '똘기'로 가득차야 가능하다. 때로는 순수한 감정을 담아야 가능하다. 현실의 갑갑함에 저항하는 마음으로 진심이 담겨야 한다. 100% 순도가 아니면 메시지는 제대로 전달되지 않는다. 지식 자랑은 독자의 마음을 움직일 수 없다. 오로지 솔직담백한 마음속의 외침이 상대방의 마음을 움직이고 행동하게 만든다.

나는 대한민국의 오늘을 사는 지극히 평범한 샐러리맨이다. 하지만, 지난 일 년의 시간 동안 내 이름 앞에 경영칼럼니스트란 타이틀이 붙었다. 공영 방송 다큐멘터리에도 출연하고 대기업, 관공서, 금융사 강연으로 그야말로 쉴 틈 없이 바쁜 나날을 보내고 있다. 스스로도 예상치 못한 방향으로 라이프스타일이 바뀌게 되었다. 시작은 어디서부터였을까? SNS를 통한 긍정과 희망의 글쓰기 도전부터였다. 페이스북에 "이런 건 어때요?", "저건 어때요?"하며 그냥 내 생각을 올렸다. 그리고 만 1년, 긍정과 희망의 방향성을 갖고 밤낮으로 써내려온 글에 어느 덧 5천 명의 페이스북 친구(페친)와 5천 명이 넘는 팔로워가 생겼다. 매일 공유한 내 생각은 페이스북 댓글을 넘어 다양한 온 · 오프라인 매체로 퍼져나가 대중들과 호흡하기에 이르렀다.

긍정의 힘을 믿고, 대한민국의 희망적 미래를 쓰려는 진심어린 고민의 노력을 SNS 참여자들이 '좋아요'와 댓글을 통해서 응원하고 함께해준 덕분이다. 1년간의 글쓰기는 수많은 페친들의 응원과 참여가 있었기에 그렇게 계속될 수 있었고, 생산적 대안을 위한 논의는 확장되고 심화될 수 있었다.

여기 쓴 글은 나 혼자만의 개인적인 생각의 산물이 절대 아니다. SNS에서 댓글로 토론에 참여한 페친들의 의견과 질문들, 그리고 무수한 '좋아요'Like가 만들어낸 결과물이다. 그래서 나는 "플랫폼형 지식창조자"platform knowledge creator라고 믿는다. SNS에서 일면식 없는 우리는 때로는 격렬하게 충돌하고, 때로는 서로 감싸주고, 응원했다. 과정에서 일종의 전우애도 느꼈다. 한 마디로 정리하면 나의 모든 페친들에게 하고픈 한마디는 “감사”다.

무모한 화두에 열린 마음으로 공감하고, 자신의 지식을 아낌없이 댓글로 풀어주었던 소중한 페친들의 참여가 없었다면 이 책의 어떤 글도 한 줄도 써 내려가지 못했을 것이다.

무엇보다 유정준 사장님을 비롯해 하창현 총괄님, 구태고 부문장님, 서건기 본부장님, 김정택 팀장님, 강륜권 팀장님, 권형균 팀장님, 그리고 함께 일하는 동료 공준용, 손병광, 백광영, 김지윤, 배상훈 매니저까지 지난 일 년 동안 회사 업무와 글쓰기를 병행할 수 있도록 너그러이 이해해주고 응원을 아끼지 않으신 모든 분들에게 감사드린다.

또 이번 책을 준비하는 동안 O2O를 간접 체험하게 도와주신 직방의 안성우 대표님, 마켓컬리의 김슬아 대표님, IBM 배영우 상무님, 항상 곁에서 형님 미소로 조언주신 골드만삭스 조병우 상무님, 늘 저널리즘에 대한 태도를 가르쳐준 멘토 〈이코노믹리뷰〉의 임관호 대표님, 로봇에 대한 비전을 함께 품은 〈월간로봇〉의 정진영 편집장님, 환상의 콜라보 파트너 〈모비인사이드〉의 유재석 기자, 비전을 함께 하는 〈머니투데이〉의 황종덕 팀장님, 한국 O2O산업 조사를 성실히 맡아주었던 이동주 씨에게도 감사를 전한다.

마지막으로 늘 글 쓴다는 핑계로 주말에도 묵묵히 육아를 도맡아 주었던 사랑하는 아내와 아들 구현, 그리고 늘 곁에서 응원해주시는 아버지, 어머니, 누나, 매형, 동생에게 가장 큰 감사의 마음을 전하고 싶다.

차 례

제2부 O2O의 세상을 양분하다: 미국과 중국

제3부 O2O, 한국의 미래를 만들다

1부

IBM, 아마존Amazon, 텐센트Tencent, 알리바바Alibaba, 디디콰이디Didi Kuaidi, 우버Uber, 에어비앤비Airbnb, 카카오 … 이 기업들의 공통점은?

바로 O2O의 시대를 열어젖힌 주체라는 점이다. WWW의 시대가 시작될 때 세상은 놀랍게 바뀔 줄 알았다. 하지만 거품이 꺼졌고, 이대로 끝인가 싶었다. 그러나 천만의 말씀! 모바일의 시대가 열리면서 온라인 기업들이 머물러 있기에 가상의 공간이 너무 좁았다. 그래서 오프라인으로 뛰쳐나와 오프라인 기업들이 버티고 있는 아성을 하나하나 자신들의 영역으로 빨아들이고 있다. 1부에서는 O2O 시대가 우리에게 주는 의미에 대한 이야기를 담았다. O2O가 만들어내는 혁명적인 스토리에 한번 귀 기울여보자.

O2O, 인류를 혁명시키다

O2O혁명은 오프라인의 모든 것을 빨아들인다!

미래를 읽어야 희망이 보인다. 희망은 미래에 있다. 너무 당연한 이야기다. 그럼에도 불구하고 미래를 전망한다는 것은 얼마나 부질없는 일인가? 당연히 틀릴 것이고, 당연히 허구가 아닌가? 하지만, 미래를 꿈꾸는 전 세계의 수많은 창조자들을 관찰하면 저 멀리 흐릿하게 보이는 미래는 현재에 뚜렷한 실마리를 남기고 있지 않을까?

이런 고민에서 미래를 읽으려는 고민을 시작했다. 매일 영어, 중국어로 쏟아지는 소식들을 실시간으로 접하면서 미국 실리콘밸리, 중국 베이징과 선전에서 벌어지는 무한한 창조와 혁신의 에너지를 온몸으로 느끼려고 노력했다.

이 시대는 창조의 미국과 규모의 중국이 함께 만들어가는 양극의 시대다. G2 시대라는 전제 하에 미국, 중국의 미래지향적 기업들에 관심을 집중해보았다. 그래서 등장한 주인공들이 바로 아마존Amazon, 알리바바Alibaba, 텐센트Tencent, 샤오미, 화웨이, IBM과 같은 회사들이다. 이 IT 리딩 기업들이 만들어가는 미래에서 찾아진 키워드들은 아래의 5가지이다. O2OOnline to Offline, 사물인터넷IoT, 빅 데이터Big Data, 인공지능AI, 클라우드Cloud, 이 5가지 키워드는 O2OOnline to Offline에서 시작하고, O2O로 수렴된다.

그런 의미에서 O2O기업에게 2015년은 유의미한 한해였다. 온라인이 오프라인 시장으로 본격적으로 뛰쳐나오는 원년이었다. 텐센트, 알리바바, 디디콰이디Didi Kuaidi, 우버Uber, 에어비앤비Airbnb, 아마존은 O2O 영역에 수조 원의 투자를 감행하고 있다. 한국에서도 카카오택시, 직방, 쿠팡 등의 온라인 기업들이 오프라인 생태계에 대한 혁명적 도전을 시작했다. 이유는 간단했다. 온라인에서 무르익은 스마트 모바일 기술이 온라인이라는 가상공간에만 갇혀 있기에는 너무 좁고 갑갑해진 것이다. 오프라인으로 뛰쳐나오지 않으면 못 살 정도로 말이다. 그래서 서비스 공급자들은 모바일 기기의 기술 발전, 모바일 서비스의 혁신을 통해 오프라인 시장을 향한 교란disruption 시도를 하고 있다.

O2O는 오프라인의 모든 것들, 즉 오프라인에서 이루어지던 서비스가 온라인으로 빨려 들어가는 현상을 말한다. 모바일 기기들이 오프라인에 대한 일종의 리모컨이 되는 현상이 시작됐다. 우리 주변에서도 쉽게 찾을 수 있다. 대표적으로 택시를 부르는 모바일 앱 서비스인 '카카오택시'나 원룸을 검색하는 앱 서비스인 '직방'이 바로 그것이다.

O2O는 중국에서 먼저 쓰이기 시작한 용어인데, 요즘은 미국에서도 점

점 많이 쓰인다. 우버, 에어비앤비를 공유경제sharing economy로 지칭하지만, 그것은 본질을 제대로 표현하지 못하는 용어다. 오히려 O2O의 핵심을 짚는 용어는 '온디맨드On Demand 서비스'라고 생각한다. 우리 말로 간단히 표현하자면 "(스마트폰에) 터치하면 바로 되네!"라고나 할까.

O2O의 확산을 더욱 가속화시키는 키워드로 '웨어러블'wearable이 있다. 애플의 애플워치와 운동량을 측정해주는 미국의 핏빗Fitbit, 저가형 핏빗인 샤오미의 미핏Mi Fit. 그리고 무수히 많은 웨어러블 기기의 시도들이 오늘도 계속 이어지고 있다. 아이폰에서 시작된 스마트 모바일 기기는 이제 우리의 손목시계으로, 눈안경, 렌즈으로, 피부의류로 확장되고 있다.

O2O가 기업-고객 간 거래B2C에 무게중심이 실린 트렌드라면, O2O가 기업과 기업 간 거래B2B의 영역으로 확산되기 위해서 필요한 필수적인 개념이 바로 사물인터넷Internet of Things이다.

IoT, 세상의 모든 것을 연결하라

/

사물인터넷은 모든 것things이 온라인으로 연결conneted되는 현상을 말한다. 사람 뿐 아니라 사물들도 모바일환경에 실시간 접속돼 전 지구적인 온라인화를 가속화시킨다.(예: 스마트 시티, 스마트 홈, 스마트 그리드)

여기서 잠깐 깨알 같은 팁 하나, 사물인터넷의 줄임말 'IoT'에서 'o'는 소문자라는 것을 기억하자. 에디슨이 창업한 100여 년 역사의 제너럴 일렉트릭은 사물인터넷을 통해서 발전소, 도시 기반시설, 비행기 등 모든 것들을 스마트하게 만들겠다고 선언했다. 도시와 농촌을 가리지 않고 모든 지역을 스마트하게 만들 핵심에는 바로 사물인터넷이 있다. 제너럴 일렉트릭은 지금 보유하고 있던 수백조원의 부동산과 금융자산을 매각하고 온전히 IoT로 기계에 마음을 이식하겠다는 무서운(?) 비전에 집중하고 있다.

사물인터넷IoT이 보편화된 세상이 오면 결국 사람에 대한 데이터를 넘어서 사람과 관계 맺는 사물에 대한 데이터까지도 필요한 세상을 창조하는 것이고, 모든 공간에 모든 사람과 사물이 인터넷에 연결된 시대가 도래하는 것이다. 그렇게 되면 스마트 모바일 기기는 단순한 정보의 검색과 관리를 넘어서 오프라인의 생태계와 실시간 호흡하고 모든 종류의 사물들과 정보를 주고받으면서 인간의 삶에 효용을 가져다주기 위해 노력할 것이다. 아마도 "나는 네가 어디를 가는지, 무엇을 원하는지 알아!"라고 외치면서.

O2O와 IoT, 이 두 가지 키워드의 핵심에는 '데이터'가 있다. 사람과 사람, 사람과 사물, 사물과 사물 간에 서로 교신되는 데이터 속에 소비의 패턴이 숨어있고, 가치가 숨어 있기 때문이다. O2O와 IoT의 확산으로 수집되는 무수히 많은 데이터를 효율적으로 분석하고 정제한 유의미한 지식, 즉 인사이트insight로 정제하는 기술이 바로 빅 데이터다!

과거 정보가 인간과 인간 간에 교류됐다면 이제는 사물과 사물, 사물과 인간으로도 확장되며 정보교류의 가짓수와 복잡성, 그리고 물리적 정보교류의 양 자체가 기하급수적으로 늘어나고 있다. 무한한 정보 속에서 질서를 찾아내고 유의미한 지식을 가공하는 기술이 바로 빅 데이터 기술인 것이다.

빅 데이터, 데이터 시대의 연금술사

/

빅 데이터Big Data는 맥락도 없고 무정형한 미가공 자료raw data를 다루는 기술이다. 그동안 데이터는 미개발의 영역이었지만 인공지능의 발달로 데이터를 효율적으로 가공할 수 있는 기술이 진보해 거대한 규모의 데이터에서 유의미한 정보와 지식, 즉 인사이트를 뽑아낼 수 있게 됐다. 이런 데이터의 효율적 분석은 단순히 인간의 행동 패턴을 예측하는 것을 뛰어넘어 행동 패턴을 조장할 수 있는 방법까지도 알려준다.

데이터를 가장 효율적으로 분석하고 가공하는 방법은 무엇일까? 기계에게 인간의 합리성을 장착시키면 된다. 그것을 '머신 러닝'Machine Learning이라 부른다. 기계는 이제 단순한 정보의 연산자가 아니라 판단하는 주체가 되어가는 중이다. 무수한 빅 데이터를 바탕으로 합리적 추론을 하고 스스로 판단하고 솔루션까지 고안해내는 기계의 시대, 바로 인공지능 기술이 열어간다.

기계 + 마음 = 인공지능

산업혁명이 기계에 근육을 붙여주었다면 정보혁명의 성숙기 O2O시대에는 기계에 마음을 붙여주고 싶어 한다. 이른바 '머신 마인드'mechanical mind의 시대가 태동하기 시작했다. 데이터, 정보, 지식, 인사이트의 위계 구도 즉 DIKW 피라미드Data, Information, Knowledge, Wisdom, 50p의 DIKW피라미드 이미지 참조로 데이터 정제작업을 사람의 손이 필요 없이 기계가 스스로 할 수 있게 됐다. 스스로 판단하고, 스스로 예측하고, 사람의 판단을 유도하고 유혹하는 단계까지 진화해나가고 있다.

인간의 의사意思는 하나의 전공 분야를 연구하기 위해 수십 년의 시간이 필요하지만, 인공지능은 수많은 전공 분야를 혼자서 마스터하고 통섭하는 솔루션을 도출해낼 수 있다. 인간을 닮아가는 기계. 하지만, 인간 두뇌의 한계를 극복하는 기계. 우리가 과거 산업혁명 시대를 통해 기계의 놀라운 물리적 능력을 경험했다면, 인공지능이 만들어가는 새로운 세상에서는 기계의 놀라운 지적 능력에 감탄하게 될 것이다. 그럼, 인간은 이제 무엇을 해야 할까? 로봇을 창조하는 인간밖에 떠오르지 않는다.

모든 데이터는 구름 속으로 빨려 들어간다

/

클라우드 컴퓨팅cloud computing은 온라인의 가상공간에서 공유된 서비스나 저장 공간을 통해 컴퓨터의 저장하고 연산하는 기능을 수행하는 것을 말한다. 이제 PC나 스마트폰에 저장하기보다 클라우드 공간에 저장하고 실시간으로 내려받는 것이 보편화된 세상이 됐다. 네이버 클라우드, 구글Google의 구글 포토, 구글 닥스Docs, 아마존 AWSAmazon Web Sercices 등의 서비스를 통해서 말이다.

O2O, 사물인터넷으로 연결된 사람, 사물들에 관련된 빅 데이터는 클라우드 공간에 저장되고, 연산된다. 24시간 일주일 내내 항상 온라인에 연결online connected되는 세상이라면 무거운 저장 공간이나 연산을 위한 하드웨어가 필요치 않다. 결국, 모든 사람, 사물은 언제나 실시간으로 온라인에 연결되고, 모든 관련 데이터는 구름Cloud 속으로 빨려 들어간다. 보이지는 않지만 분명히 존재하는 가상의 공간으로.

O2O, 사물인터넷IoT, 빅 데이터Big Data, 인공지능AI, 클라우드Cloud, 이렇게 5가지 키워드keyword는 상호 연관적으로 얽히고설켜 오프라인의 모든 부가가치를 빨아들이는 시대를 새롭게 형성해가고 있다. 그 새로운 시대를 'O2O의 시대'라 정의하고, 이 O2O시대에 인류는 더 연결되고, 더 빠른 삶의 속도를 느끼게 될 것이며 더 효율적인 자원의 배분 속에 살아갈 것이다.

어쩌면 앞으로 살아갈 O2O시대에는 만화 '드래곤볼'에서 나온 전투력 측정 기계인 스카우터 같은 기계가 현실화될지도 모른다. '증강'augmented된 감각기관의 능력을 부여 받은 인간이 모바일 단말기를 통해서 오프라인의 모든 서비스를 자신의 통제 하에 두려는 움직임이다. 어떤 측면에서 O2O으로 흘러가는 것은 너무나 당연하다. 환경에 대한 통제는 인간의 본능적인 욕망이다. O2O기술은 인간에게 자신을 둘러싼 환경에 대한 통제의 힘을 가져다준다. 그래서 재미있고, 신기하고, 또 열광하는 것이다.

하지만, 그러한 변화가 반드시 인류 모두의 행복의 증가로 이어질지는 미지수다. 그럼에도 불구하고 기술은 더 빨리 진보한다. 그리고 인류가 진보시킨 기술로 인류도 변화한다. 그게 진보일지는 모르겠지만.

이런 기술의 진보를 막을 수 없다면, 우리는 변화의 맨 앞에 서야 한다. 어떻게? 그 구체적인 고민과 대안을 찾는 과정이 바로 이 책의 핵심이다.

제조와 서비스가 융합하는 시대

르네상스 이후 유럽에서 미국으로 청교도 정신을 타고 넘어온 탐험, 자유, 창조의 정신이 IT모바일 시대가 성숙되면서 본격적인 융합의 꽃을 피운다.

창조와 융합의 시대를 이끄는 중국. 지금은 이 창조와 융합의 횃불이 아시아 대륙 중국에 다다른 것 같다. 샤오미는 하드웨어를 팔아서 자신의 소프트웨어 생태계를 구축하고 알리바바는 전자상거래에서 시작해 금융, 미디어, 콘텐트, 유통, 물류를 비롯한 모든 오프라인 서비스를 장악한다.

샤오미, 알리바바가 제조회사일까? 서비스회사일까? 장인일까? 상인일까? 둘 다 맞다. 중국 대륙의 실수는 더 이상 실수가 아니라 사건이며 거대한 역사적 현상이 될 것이다. 우리는 더 이상 과거의 프레임 속에서 중국을 바라보면 안 된다. 수백 년 간 이어온 인간의 기술 변천, 자본주의의 변화 속에서 O2O, 그리고 중국의 부상을 바라보아야 한다.

O2O는 블랙홀처럼 오프라인을 온라인으로 빨아들이고 있다. 샤오미와 알리바바의 접점에는 데이터가 있고 전 지구적인 수 천조 원의 투자 행렬의 종착지에도 역시나 데이터가 있다. 인간보다 인간을 더 잘 아는 기술. 인간보다 더 인간다운 기술. 그래서 쉽게 중독되는 기술. 기술은 인간을 파악하는 걸 넘어서 인간을 통제하고 선택을 강요한다. 강요할 수 있는 영향력은 바로 데이터에서 시작된다. 지피지기백전불태(知彼知己百戰不殆). 기술은 우리도 알고 스스로도 알고 그래서 항상 우리를 이길 수 있다. 오프라인의 가치사슬은 데이터라는 거대한 권력에 무릎을 꿇을 수밖에 없다. 그래서 지구상의 무수한 자본과 천재들이 O2O 생태계의 절대적 지배자를 꿈꾼다.

대한민국은 외세의 침공과 지배에 취약하다. 중국과 미국의 O2O시대 데이터 공룡들의 진격을 감당할 체력이 우리에겐 아직 부족하다. 게다가 모바일 생활화와 인터넷 속도는 세계 최고 수준인 우리는 공룡들의 거점지역으로 안성맞춤이다.

과거의 프레임에서 벗어나야 우리의 미래는 우리가 결정한다. 우리가 내리는 현재의 결정이 바로 우리의 운명이다. 과거에 살고 싶은가? 과거의 프레임 속에서 나오지 말고 살라. 미래를 자유와 풍요 속에 살고 싶은가? 미래를 품어라! 아니 그 미래가 이미 중국 미국의 현재일 수 있다. 이미 많이 뒤쳐진 현실이 놀랍게 느껴져야 한다.

위기의식을 가져야 기회가 보인다. 위기는 바로 기회를 내포하므로!

지금은 중세에서 근대로의 전환처럼 거대한 역사의 틀이 변화하는 시기임을 잊지 말자!

네 번째 혁명(the 4th Wave), O2O

인류는 기원전 7천 년 전 무렵이 되어서야 채집 수렵 활동에서 곡물의 경작, 가축을 기르는 정착의 변화를 겪게 된다. 단순한 변화가 아니었다. 정착은 불을 사용하고, 도구를 사용하면서 '라이프스타일의 변화'를 불러왔다. 농업혁명 시기 동안 인류는 문자와 문화를 창조했고, 문명은 세계 곳곳에서 각자의 모습으로 역사를 써내려갔다.

지금의 기술 진보 속도와는 비교할 바가 못 되지만, 농업혁명의 시대 내내 지속적으로 기술 혁신을 만들었다. 종자를 개량해 말과 소를 더 효율적으로 활용한 생산성의 혁신을 이루었다. 그런 진보를 보다 빨리 만들어낸 부족이나 국가가 전투와 전쟁을 통해서 역사의 승자가 되었다.

하지만, 수천 년간 지속된 농업혁명의 시대의 변하지 않는 한 가지가 있다면 그것은 여전히 노동을 통해 사람 혹은 동물의 땀이 투입되어야 하는 것이었다.

그러나 땀의 절대량이 발전의 속도를 좌우하는 진리가 깨지는 시대가 도래했다. 산업혁명의 시대가 온 것이다. 산업혁명이 시작되면서 화석연료를 투입하면 에너지가 발산되고 유기체가 아닌 기계가 땀 흘리는 유기물의 노동을 대신했다. 차가운 기계가 사람과 동물의 근육을 대체한 것이다.

그래서 인간은 더 지적인 탐구에 집중할 시간을 확보했고, 인류는 지식사회를 향해 급속히 변화해갔다. 지식은 기술을 발전시켰고, 기술은 또 다른 기술로 이어져서 기술의 무한발전이 이어졌다. 산업혁명은 모든 것을 분화시키고, 분업화시키고, 세분화되었다. 완벽 무결점을 추구했고, 잭 웰치John Frances Welch Jr의 6시그마six sigma는 무결점 제조업의 상징적인 정점이었다.

그러나 시작이 있으면 끝이 있는 법. '기계 근육'으로 비유되는 산업혁명은 정보혁명의 시대를 맞아 내리막길로 들어서는 중이다. 한국의 조선, 화학, 제조업만 우울한 상황이 아니다. 이미 전통 제조업의 몰락은 전 세계적인 메가트렌드megatrend인 것이다. 앞으로 제조업은 사물인터넷과 결합되어 인터넷에 연결되어야만 성장궤도로 복귀할 수 있다. 인터넷으로 연결된 구름속의 공간Cloud에는 기계두뇌 즉, 인공지능이 자리 잡게 된다. 이러한 현상을 독일에서는 '제조4.0'이라 하고, 중국에서는 '스마트 제조'라 부른다.

정보혁명의 the 1st Wave, PC의 탄생

/

1950년대 컴퓨터의 탄생으로 잉태된 정보혁명은 1980년대 IBM, 애플이 주도한 퍼스널 컴퓨터PC의 전 세계적 보급과 함께 본격화되었다. 정보혁명의 1단계 PC시대가 만든 가장 중요한 창조물은 스프레드시트Spreadsheet, 엑셀이다. 무수히 많은 연산을 인간을 대신해주는 것. 하지만, 효율적으로 생산된 데이터와 정보는 여전히 퍼스널 컴퓨터에만 존재하는 상태였다.

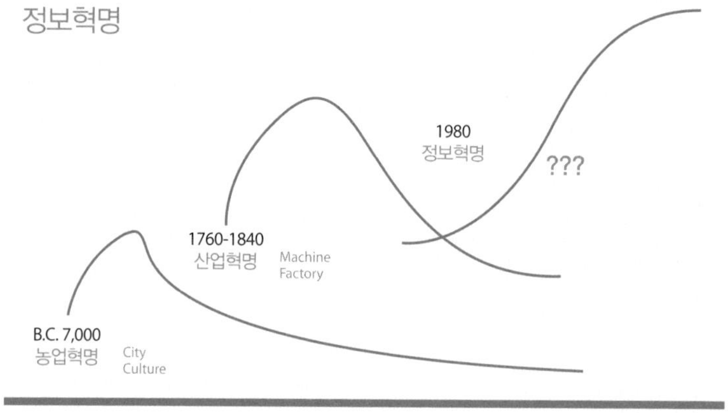

기원전 7천 년 전 농업혁명을 경험한 이래 산업혁명과 정보혁명의 시대를 거쳐 지금은 O2O혁명의 시대를 눈앞에 두고 있다.

정보혁명의 the 2nd Wave, 인터넷혁명

/

인터넷의 보급으로 세상의 모든 퍼스널 컴퓨터는 연결되었다. 그 결과 지구상의 모든 정보, 지식은 하나의 플랫폼에 모였고, 구글은 '전지전능한 구글신'으로 승격되었다. 인터넷의 보급이 세상을 혁명적으로 바꿀 것이라는 장밋빛 기대감이 가득했다. 그러나 기대감이 잔뜩 반영되었던 인터넷 관련 기업들의 주가는 1995년부터 2000년에 걸친 닷컴 버블과 나스닥 주가 하락을 거치면서 인터넷만으로는 혁명적 변화가 불가능하다는 것을 깨닫게 했다. 인터넷은 여전히 가상공간에 갇혀 있었고, 오프라인에 대한 파급력은 제한적이었다. 이유는 인터넷 보급이 확산되었어도 여전히 퍼스널 컴퓨터는 사무 공간에 존재하고 있었기 때문이다.

PC가 우리 엄지손가락 끝으로 달라붙기 시작한 것이 바로 정보혁명의 3번째 단계, 모바일혁명이다. 모바일혁명은 신석기혁명, 산업혁명과 견줄 수 있을 만큼 인류의 라이프스타일을 근원적으로 바꿔놓은 진짜배기 혁명이었다. 텐센트의 마화텅 회장은 에디슨이 전기를 발명한 것만큼이나 모바일혁명이 인류에 끼치는 영향력은 거대하고 역사적인 것이라고 외친다. '혁명'은 '혁신'과는 근본적 차이를 갖는다. 혁신이 기존의 패러다임에 효율성을 배가하고 개선하는 정도의 변화라면, 혁명은 사고의 틀, 시스템을 아예 송두리째 바꾸는 근본적인 변화이다.

2007년 이후 지금까지 우리는 모바일혁명이 인류의 삶을 뿌리부터 바꿔놓는 전환기를 현재진행형으로 살고 있다. 심지어는 기억력보다는 빠른 판단력이 강조되면서 인류의 뇌 구조에도 변화가 나타날 정도이다. 요즘 유치원에서 아빠, 엄마를 그리라고 하면 엄지손가락 끝에 스마트폰을 그려 넣는다고 한다. 그만큼 현대인의 삶에 스마트폰은 필수적인 기기가 된 것이고, 심지어 우리의 6번째 감각기관으로 자리 잡은 것이다.

2007년 스티브 잡스가 청바지에 운동화를 신고서 아이폰을 처음 세상에 들고 나왔을 때, 우리는 그저 참신한 핸드폰 정도로 생각했었다. 그러나 이후 8년의 시간이 지나는 동안 스마트폰을 통해서 변화된 우리네 일상의 변화는 가히 혁명적이라 불러도 전혀 손색이 없다.

PC와 스프레드시트Excel의 탄생을 통해 업무의 효율성에 혁신이 이뤄졌고, 월드와이드웹www을 통해서 세상의 PC들이 연결되어 정보에 대한 무한한 접근성이 창조되었다면, 모바일은 이런 모든 변화를 바탕으로 오프라인의 모든 부가가치를 모바일기기로 블랙홀처럼 빨아들이고 있다. 스마트폰을 터치하는 엄지손가락을 지배하는 자가 부가가치의 최상단 포식자가 되어가는 시대다.

모바일 시대, 인간은 눈을 떠서 눈을 감기까지 깨어있는 모든 시간 모바일폰과 소통한다. 스마트폰이 먹통이 되면 감각기관이 아픈 것처럼 답답하다. 일상이 제대로 되지 않을 정도다. 이러한 스마트폰 의존을 꼭 병적이라 치부하기에는 이것으로부터 얻는 효용이 너무나 크다. 거부하려고 몸부림쳐도 세상의 가치는 모바일로 빠져 들어간다. 중력의 법칙처럼.

왜 그럴까? 이유는 의외로 심플하다. 모바일이 편하고, 빠르고, 재미있으니까!(사실, 진리는 언제나 심플하다.)

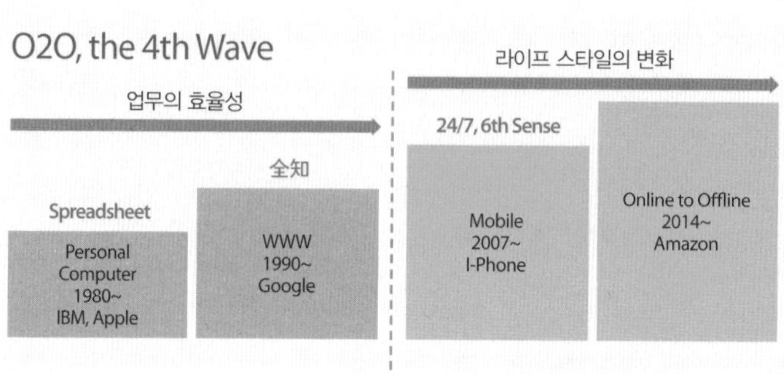

1980년대 초반 퍼스널 컴퓨터의 발명으로 시작된 정보혁명은 2000년대 초반 닷컴 버블로 위기를 맞았으나 모바일 혁명으로 부활해 인류의 라이프스타일을 혁명적으로 바꾸고 있다.

스마트폰에 의존하면서 인간의 기억력이 예전보다 많이 퇴화되고 있지만, 거꾸로 무한한 정보에 대한 접근 능력을 부여받아서 마음만 먹으면 과거엔 상상할 수 없었던 지식을 빠른 속도로 축적할 수 있다. PC에서 저장 공간이 사라지고 클라우드 컴퓨팅으로 옮겨가는 것처럼, 인간도 자신의 뇌에 정보를 저장할 필요성이 사라지고 있는 것이다. 이제 인간은 무수한 정보 속에서 판단하고, 방향을 제시하고, 새로운 것을 시도하는 역량에만 온전히 집중할 수 있게 되었다.(우울하게도, 그런 노력을 하지 못하는 인간은 도태될 것이다.)

1990년대 시작해서 2000년 닷컴 버블로 꺼졌던 월드와이드웹의 혁명적 변화를 스마트폰이 '모바일'이란 키워드로 다시 부활시켰고, 인류의 삶을 송두리째 바꿔놓고 있다. 지금 이 시대를 이끌어가는 세계 유수의 모바일 기업들이 수백 조 원의 기업 가치를 인정받는 이유는 닷컴 버블 때와는 근본적으로 다르다. 기대감만으로 형성된 가치가 아니라 실제 현금흐름, 당기순이익에 탄탄하게 근거한 가치평가다.

페이스북의 사례를 한번 살펴보자. 페이스북은 단순한 SNS 서비스로 시작해서 불과 3년 전까지만 해도 순이익이 거의 없었던 회사였다. 당시 월가에서는 페이스북은 닷컴 버블 시대 회사들의 행적을 좇아갈 것이라 예상했다. 그래서 주가도 20달러 수준이었다. 하지만 불과 몇 년 사이 페이스북은 지구상에서 가장 빠른 속도로 성장하는 광고회사이자 가장 영향력 있는 미디어로 진화하고 있다. 매출, 이익 모두 견조한 성장세에 안착했고, 매출은 당시의 3배 이상 성장했다. 그 결과 주가도 5배 이상 급등했다. 시가총액은 350조 원 수준! 삼성이 200조 원 수준이니 페이스북의 거대한 존재감은 쉽게 이해되리라. 이제 페이스북은 드론을 아프리카 대륙에 띄워 자신들의 시장을 확장시키겠다고 하고, 가상공간을 현실처럼 느끼게 해줄 가상현실virtual reality 헤드셋 업체 오큘러스VR을 2조 원에 인수해 가상공간의 현실감 극대화에 과감한 투자를 감행하고 있다.

물론 페이스북의 기업 가치는 주가수익배율PER: Price Earning Ratio 100배 이상의 초고평가 상태이다. 하지만, 내년 후년 연속해서 2배 이상의 이익 성장세를 확신한다면 그런 가치평가도 합리화될 수 있는 게 지금 우리가 사는 세상이다. 즉, 이 페이스북의 350조 시가총액을 이해하고, 100배 PER을 이해하기 위해서 우리는 O2O에 대해서 깊이 알아야 하는 것이다.

Bloomberg 2015년 12월 30일

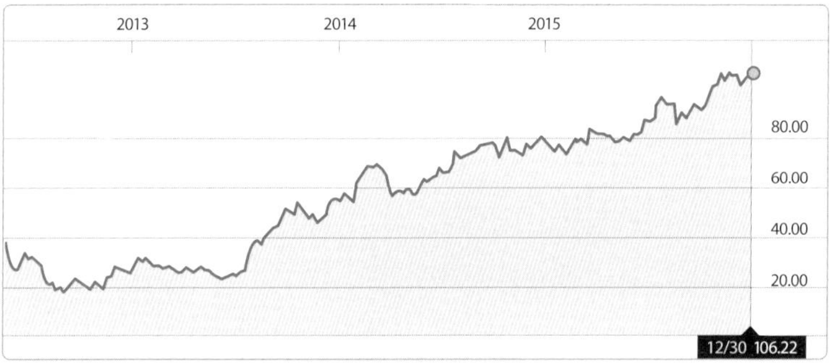

페이스북의 기업 가치는 지금도 초고속 성장 중이다.

발명을 하다보면, 늘 예기치 않은 행운이 따르기 마련이다.

아마존 CEO 제프 베조스

오! 놀라워라, O2O

모바일은 생활밀착형

모바일 기술은 온라인 기업들이 가상 공간에서 오프라인으로 뛰쳐나올 수 있게 해주었다. O2O는 어느 날 하늘에서 갑자기 툭 튀어나온 개념이 아니다. 일상 밀착형이라는 모바일의 특징에서 자연스레 도출되는 것이다. O2O야 말로 모바일 시대의 속성을 가장 잘 반영한 키워드다.

모바일은 온라인시대와는 근본적으로 다르다. 생활밀착형이다. 우리의 일상과 더욱 가까워졌다. 더 이상 컴퓨터 앞에서 전원 버튼을 누르고 윈도우의 부팅을 기다릴 필요가 없다. 스마트폰에 엄지손가락으로 몇 번 톡톡 터치하면 정보가 튀어나오고, 제품을 구매할 수 있고, 오프라인의 택시를 내 발 앞으로 부를 수 있다.

요즘 아기를 키우는 엄마들은 기저귀를 사러 마트에 가지 않는다. 대신 스마트폰을 켜고 쿠팡 같은 앱에서 터치 몇 번으로 배달시킨다. 모바일 시대에 맞는 서비스를 제공해주기 때문이다. 과거에는 집 근처 마트에 가서 할인 판매하는지 확인하고 구매했다면, 지금은 앱에서 가격 비교하고 구매 버튼을 누르면 바로 다음 날 현관 앞에 기저귀가 도착한다.

모바일 전자상거래 업체가 빠른 배송에 집착하는 이유는 오프라인과의 경쟁구도 때문이다. 배송에 소요되는 시간을 하루 혹은 몇 시간으로 단축시키면 기존 전자상거래 산업의 영역이 오프라인 유통업체들의 영역으로 침범하고 확장된다. 오프라인 유통의 장점은 즉시성이다. 상품 진열대에서 원하는 물건을 보는 즉시 구매할 수 있다. 그런데 전자상거래 산업의 플레이어들이 상품의 배송시간을 현격히 단축시키면 오프라인 유통의 장점이었던 즉시성이 희석된다. 온라인 사업 영역이 혁명적으로 확장된다.

이마트, 홈플러스와 같은 기존의 유통 공룡들이 긴장해야 하는 시점이다. 모바일 업체들이 소비자들의 엄지손가락에 대한 강력한 지배력을 바탕으로 오프라인 가치사슬value chain까지 통합하며 기존의 유통 시스템을 위협해오고 있기 때문이다.

끊김 없는 사용자 경험(Seamless UX)이 가능한 세상

빛의 속도로 정보가 소비되며 정보혁명의 가속도가 최고치를 지속적으로 갱신해나가고 있다. 이와 동시에 소비자들의 인내심은 점점 부족해진다. 유저는 인간의 촉감 수준으로 즉각적instant 인 반응속도를 원한다. 그런 촉감을 우리는 사용자 경험user experience 또는 사용자 인터페이스user interface라 부른다. 모바일 시대의 촉감이라 할 수 있다.

2014년까지는 사용자경험과 사용자 인터페이스UX, UI를 극한으로 향상시키는 자가 모바일 세상을 지배하는 시대였다. 그래서 스마트폰 생태계에서는 앱을 보다 직관적이고, 보다 아름답고, 보다 빠르고, 보다 쉽고, 보다 즐겁게 만드는데 모든 역량을 쏟아 부으면서 무한 경쟁을 지속해왔다. 그런데 이런 전 지구적인 무한경쟁의 결과, 사용자 경험의 경계가 온라인을 넘어 오프라인으로 뚫고 나오고 있다. 그게 O2O로 표현되는 것이다.

예를 들어 쿠팡은 2014년 하반기부터 배송에 목숨을 걸고 수천억 원을 물류창고, 배송 트럭, 그리고 배송 기사의 정규직화에 투자하고 있다. 특히 젊은 여성 소비자 사이에서 쿠팡 '로켓배송'의 명성은 자자하다. 사용자 경험의 극대화라는 측면에서 바라보지 않으면 절대로 그 이유를 알 수 없고 '감'을 잡을 수 없다. 유저의 눈과 엄지손가락에서 시작된 쿠팡의 UX는 상품의 빠른 배송, 그리고 호감형 외모를 가진 배송기사의 상쾌한 미소로 마무리된다. 'Seamless UX'를 완성하고자 하는 것이다.

쿠팡의 배송은 '로켓배송' 기사들의 미소로 마무리된다.

과도하게 로맨틱한 쿠팡 배송 기사의 도착 안내 문자는 무뚝뚝한 남편들을 긴장시키고 심지어 부부관계를 교란disrupt하기에 이른다. 이 모든 과도한 서비스 정신은 바로 스마트 모바일의 UX/UI 극대화의 노력에 익숙한 쿠팡에겐 너무나 당연한 것일지도 모른다. 하지만 기성 오프라인 플레이어들, 즉 분절화된 물류업체, 배송업체, 유통업체들에겐 참으로 황당한 일인 것이다. 그래서 이들은 언론을 통해, 정부 관료의 입을 통해 쿠팡과 같은 O2O 사업자에게 온갖 협박을 가한다. 그러나 유저들은 급속도로 늘어나고 있다. 왜? 재미있고, 신기하고, 호감 가고, 무엇보다 이 O2O시대에 더 적합하기 때문이다.

이런 업체들 앞에는 투자자들이 몇 개월마다 수천억 원을 들고 줄을 서기에 이르렀다. 쿠팡의 기업가치 5.5조 원2015년 소프트뱅크 투자 당시 기업가치 기준은 유통업의 대표적인 상장기업인 롯데쇼핑7.3조 원, 이마트의 시가총액5.3조 원, 2015년 12월 기준에 육박하는 규모다. 투자를 받아 1조 원이 넘는 현금을 손에 쥐고 있는 쿠팡은 진정 오프라인과 온라인을 모두 내려다볼 수 있는 지위에 올라서 있다.

미국의 아마존과 월마트의 주가 추이 역시 O2O혁명으로 인한 극명한 대비를 보여준다. 전자상거래와 IoT를 접목시킨 대시Dash, 생필품 자동 주문 기기, 키바Kiva 로봇을 통한 물류센터 비용 절감, 오프라인 서점가를 강타한 아마존 프리미엄 구독제 서비스 등 미국의 O2O혁명을 전 방위에서 이끌고 있는 아마존은 주가도 지속 상승 중이다. 반면 오프라인에서 벗어나지 못하고 있는 전통의 유통 물류 최강자 월마트의 주가는 지난 1년간 급락 추세를 면치 못하고 있다.

전통 유통업체인 월마트와 O2O 업체인 아마존의 주가 추이

이처럼 O2O의 파괴력은 거대하다. 스마트 모바일 기술은 온라인 가상 공간에 머물지 않는다. 오프라인의 가치사슬을 직접 교란시키고 통제하고 지배하려는 시도를 한다. 무엇보다 이 대결은 너무나 불공평한 게임이다. O2O의 주도권을 놓고 벌이는 온라인모바일 기반 업체와 오프라인 기반 업체의 대결에서 전자의 압도적인 승리는 불을 보듯 뻔하다.

스마트 모바일 경쟁에서 살아남으며 UX/UI 향상에 달인이 된 모바일 서비스 기업들의 입장에서 보면 오프라인의 경쟁상대는 너무나 쉬운 공략 상대다. 마치 화석화된 공룡처럼 과거 속에 살아가는 오프라인의 세상은 더 이상 이 시대에 적절한 존재가 아니다.

아마존 '대시' 버튼. 전혀 새로운 형태의 서비스가 될 전망이다.

O2O, 사물인터넷, UX의 극대화가 어우러진 참신한 시도로 원클릭 주문결제 서비스인 아마존의 '대시'를 들 수 있다. 2015년 3월 처음 공개된 '대시'는 PC 또는 스마트폰이 없어도 여러 종류의 소모품을 주문할 수 있는 서비스로 2015년 9월에는 총 29종, 500여 개 이상의 제품에 대한 서비스를 시작했다.

대시 버튼은 간단하다. 세탁기 위에 손가락만한 크기의 아마존 대시미국 대표 세제인 Tide를 붙여놓고 세제가 떨어질 때가 되면 대시 버튼을 누른다. 그러면 다음날 세제가 문 앞에 도착한다. 스마트폰으로 로그인하거나 복잡한 클릭 과정을 거치지 않아도 된다. UX를 극대화한 것이다. 언젠가는 세제 통에 센서를 부착해서 세제가 바닥날 때 즈음 자동으로 새로운 세제가 주문되는 날이 올지도 모른다.

이미 20여 브랜드 제품의 대시가 제공되고 있으며 부가 이용료는 없다. 화장실 휴지, 기저귀 등 반복적으로 구매되는 제품에 잘 적용될 것이다. 아직 대시의 성공 여부는 장담하기 힘들다. 하지만 사물인터넷, O2O, 참신한 UX 등 새로운 기술 진보에 기반을 둔 다양한 시도의 경험이 쌓이면 결국 킬러 아이템이 나올 것이다. 아마존이라는 회사의 클래스를 보여주는 시도다.

사람 냄새가 난다

/

"Be relevant! Get some flavor!"

지금 이 시대에 부합하는 비즈니스 모델을 만들기 위해선 모바일에 열광하는 새로운 소비자 종족들과 호흡하고 그들을 열광시킬 자신만의 '비밀 조리법'hidden recipe을 갖고 있어야 한다. 단순히 잘 나가는 회사의 사업 모델을 따라 한다고 유저들이 열광하지 않는다. 자신의 독특한 맛깔flavor을 지녀야 한다.

대박 터지는 맛집의 비법은 손맛! 사람 냄새가 폴폴 난다. 기술이 극도로 개인화되고, 초근접 접촉의 기술로 진화하는 시대에 참으로 아이러니하게도 기술은 인문학을 입어야 인간을 유혹할 수 있다. 인간다운 기술이 절실히 요구된다. 복잡한 알고리즘, 인공지능을 통한 데이터 분석을 통해서 결국 도달하고자 하는 극단의 최종 이미지는 바로 '인간'이다. 인간은 인간다움에 매력을 느끼기 때문에! 그것이 우리다. 차가운 기술보다는 따뜻한 감성을 그럴듯하게 복제해내는 기술에 중독되는 게 연약한 우리다. 그래서 소프트뱅크 손정의 회장은 감정을 읽는 로봇 페퍼를 세상에 소개했는지 모르고, 2,000대가 판매 몇 분 만에 모두 매진된 이유도 그래서일지 모른다.

페이스북 또한 사람 냄새가 나는 서비스의 대표적 사례다. 인간의 관계 맺기와 너무나도 닮아있다. 페이스북 콘텐트의 특징은 검색 불가와 휘발성이다. 검색할 수도 없고 시간이 지나면 찾아보기 어렵게 되어있다. 이런 콘텐트의 불편함은 고도로 의도된 전략이다. 지속적으로 로그인해서 활동하지 않으면 잊어지는 존재가 될까 두려워지게 만드는 '불안감'을 증폭

시킨다. 내가 쓴 글도 어디서 찾지도 못하도록 띄엄띄엄 지워버리는 것이 '망각'의 기술이다. 그러다가 갑자기 1년 전 내가 썼던 글과 사진을 알려 주는 전지한 존재로서 '우월감'을 과시한다. 그럼에도 우리는 페이스북에 글을 쓰고 사람들의 '관심'을 끌기 위해 온갖 노력을 다한다.

위에서 따옴표 안에 넣은 단어들은 인간 심리를 표현한다. 페이스북의 중독성은 인문학적 맥락에서 더욱 직관적으로 이해된다.

이처럼 촉감, 맛깔, 사람 냄새가 요구되는 O2O 시대는 이제부터 시작이다. 모바일 기반의 O2O 서비스가 택시, 음식 배달, 부동산, 금융을 넘어서 우리의 일상 모든 영역으로 침투해 들어올 것이다. 그러는 가운데 수많은 오프라인의 가치사슬은 교란될 것이고, 당황스러워질 것이며, 부가가치를 빼앗길 것이다.

그러나 놀라지 말자! 그것이 현실이다. 그게 현재이며 곧 다가올 미래다. 지금도 늦지 않았다. 'O2O'를 알고 즐기자.

데이터로 구매를 창조한다

"이 시대의 석유는 데이터." 알리바바 마윈 회장의 말이다.

맞다. 사용자의 데이터가 축적될수록 사용자의 행동패턴이 보이고, 그 행동패턴은 바로 제품과 정보의 소비로 이어지고 그게 돈이 된다. 데이터가 곧 돈이다. 그래서 O2O 시대의 선도 기업들은 앞 다투어 거대한 데이터센터를 직접 투자해서 건설하고, 사용자의 데이터를 기꺼이 공짜로 맡아주겠다고 선심 쓰듯 가상공간을 내어준다.

무료로 땅을 줄 테니 이곳에 와서 장사도 하고, 서로 뛰어 놀라고 자리를 마련해주고는, 수백만, 수천만, 수억 명이 그 공간에 모이면 그 장터, 놀이동산에 광고판을 설치하고, 대형 백화점도 건설해서 돈을 버는 것과 마찬가지다. 이들이 돈을 버는 기반은 모여든 사람들의 신상과 과거의 행동패턴, 선호, 관심사라는 정보들이다. 잠자는 시간 이외에 현대인은 스마트폰을 분 단위로 체크한다. 스마트 기기가 가져다주는 효용이 너무나도 많다. 그런데 세상에 공짜 점심이 어디 있겠는가. 우리가 누리는 편리함의 대가로 우리가 내주는 것이 바로 우리 자신에 대한 데이터다.

데이터를 블랙홀처럼 빨아들이는 O2O 플랫폼 사업자에게 우리의 마음을 활짝 자발적으로 여는 셈이다. 나보다 나를 더 잘 아는 기술! 그리고 나를 새로운 방향으로 이끄는 기술! 씁쓸하지만 데이터 기술은 '유혹을 유혹 같지 않게 둔갑시키는 기술'이다. 앞으로 우리 생활 속에는 온갖 광고가 묻어있을 것이다. 페이스북은 '광고스럽지 않은 광고'를 낸다. 페이스북이 거대한 광고 미디어 사업자로 변신해 영업 현금 흐름이 수조 원이 되는 모습을 보면 앞으로 이런 추세는 더욱 가속화될 것이 분명하다.

과거에는 무수한 정보를 효율적으로 가지치기해서 지식으로 격상시키는 일은 인간만이 할 수 있다고 여겨졌다. 이제는 인공지능을 지닌 기계가 할 수 있는 일이 됐다. 딥 러닝, 머신 러닝, 빅 데이터 등 기술의 이름은 다르지만 결국 기계에 인간의 학습능력을 부여해서 정보를 지식으로 가공하는 진보를 만들어낸다는 이야기다. O2O 혁신 기업은 이런 기술을 이용해 아래와 같은 3단계를 통해 데이터를 사용한다.

첫째, 당신에 관한 수많은 데이터로 당신의 라이프스타일과 행동패턴을 분석하고, 다음으로 당신의 소비를 예측한다. 그리고 당신의 시선을 사로잡을 콘텐트를 슬쩍 던져주고 "물어!"라며 유혹한다. 결국, 데이터는 당신의 소비를 예측하는 것을 넘어서 당신의 소비를 조작 혹은 창조하는 데에 이른다. 과거 성공한 기업들이 제조업에서 자본과 고정자산으로 규모의 경제를 달성해서 독과점을 만들고 진입 장벽을 만들었다면, 이제는 데이터를 지배하는 자가 소비와 선택을 정교하게 예측하고, 조장하고, 심지어 강요하는 단계에 이르게 될 것이다.

유저를 끌어 모으고 그들이 서로 상호작용하면서 자발적으로 수많은 데이터를 쏟아내게 유도하는 것! 요즘 흔히 말하는 '플랫폼 사업자'란 바로 이런 데이터를 끌어 모으는 '가두리 양식장 사업자'를 말한다. 오늘날 정보의 비대칭성은 지리적 거리에서 생기지 않는다. 데이터에 대한 접근 권한, 데이터를 끌어 모을 수 있는 메커니즘을 보유했는가에서 권력과 경쟁우위가 만들어진다.

이런 점에서 우리는 세계 최대 유료동영상 스트리밍 서비스 기업인 미국의 넷플릭스Netflix를 주목해야 한다. 유료 가입자만 5,700만 명에 이르는 넷플릭스는 시청자가 원하는 장르의 드라마가 무엇인지 세상의 누구보다도 더욱 세밀하게 파악하는 데이터 기반의 조직이다. 수요를 정확히 파악할수록 더 과감해질 수 있다. 그래서 일개 비디오 대여업자였던 넷플릭스가 데이터의 우위를 바탕으로 콘텐트 생산의 큰 손으로 변모할 수 있었다. 이 회사가 수조 원의 투자로 콘텐트에 대한 과감한 베팅을 이어나갔던 자신감의 근거도 바로 데이터에 대한 접근 권한과 분석 능력에 기반을 둔다. 데이터 수집과 분석역량이 경쟁사 대비 가장 정교한 예측, 수요 창출을 가능케 해줬다.

이렇게 우리는 데이터가 가치창조의 원천이 되는 세상에 살아간다. 알게, 또 모르게. 오늘날 특정 목적에 유용한 데이터를 커다란 스케일로 실시간으로 수집할 수 있는 역량은 마치 과거 강남 사거리 목 좋은 자리에 땅을 사놓은 것과 마찬가지다.

그런데 데이터에도 규모의 경제economies of scale가 있다. 1등의 선점 효과first-mover advantage가 더욱 뚜렷하다. 빨리 규모를 확대해놓으면 사람들은 더 그 플랫폼을 신뢰하고 그 플랫폼에 익숙해진다. 앞서가면 데이터에 대한 시행착오도 먼저하고 경험치도 먼저 쌓인다. 무엇보다 사소한 실패도 성장 속도에 묻힐 만큼 성장 속에서 폭발적 네트워크 영향network effect을 경험할 확률이 커진다.

데이터가 임계점을 넘어서면 가치는 폭증한다. 백만 명이 사용하는 앱과 천만 명이 사용하는 앱은 산술적으로 열 배의 가치 차이가 아니다. 경우에 따라 수십 배, 백배의 차이가 가능하다. 데이터가 또 새로운 데이터를 긁어모으고, 그로 인해 지식이 창조되고, 지식이 모여 인사이트와 트렌드에 대한 맥락으로 이어지기 때문이다. 궁극에는 트렌드를 세팅하는 산업의 리더가 된다. 바로 데이터 때문에!

기술은 별 것 아니다. 중요한 것은 사람에 대한 믿음이다. 그들은 근본적으로 선하고 현명하다. 그들에게 도구를 쥐어주면 멋진 일을 해낼 것이다.

애플 CEO 스티브 잡스

기술, 사람 냄새가 성공의 키

기술에는 사람 냄새가 나야 한다. 왜? 사람이란 서로가 서로에게 끌리는 존재이기 때문이다. 기술이 기술만을 위하면 연구 개발자에게는 만족을 줄 수 있지만 그 기술을 이용할 많은 사람을 중독시킬 정도의 파괴력은 가질 수 없다. 인간적 기술, 이것이 상업화(monetize)의 핵심이다. 치명적 중독성을 지닌 기술은 사람 냄새가 폴폴 나야 한다. 기술만 앞세운 서비스에는 매력을 못 느끼고 시크하게 돌아서는 것이 지금의 소비자다.

사람 냄새를 가장 잘 풍기는 기업이 바로 페이스북이다. 페이스북은 망각과 불안 그리고 끈끈한 현실의 인간관계를 가상공간에 복제하려고 애쓴다. 절대 완벽한 기술로 승부를 보려 하지 않았다. 페이스북보다 기능적으로 훨씬 더 월등한 서비스는 이전에도 많았다. 페이스북, 어찌 보면 누더기처럼 불편한 서비스 아닌가? 불편함을 무릅쓰고 '좋아요' 버튼을 클릭하는 이유는? 바로 사람에게는 다른 사람의 이야기에 관심을 가지고 싶어 하는 욕망이 있기 때문이다.

두 번째 사례로, 소프트뱅크의 로봇 페퍼가 있다. 사랑스럽고 귀여운 로봇이 가능할까? 물론 가능하다. 소프트뱅크가 애완견 같은 로봇 페퍼를 출시하자 1분 만에 1천대의 로봇이 완판 됐다. 그렇다고 소프트뱅크의 페퍼는 엄청난 기술적 진보를 이룬 결과물이 아니다. 하지만 언어에 반응하고 주어진 과제를 나름 귀엽게 수행한다면 사람들은 구매 결정을 하는 것이다. 이제 페퍼는 산부인과에서 갓 나온 상태. 앞으로 성장 속에 어떤 진화를 보여줄지 기대된다.

앞으로 인공지능, 빅 데이터, 웨어러블 기술이 총동원될 것이다. 궁극적으로 인간의 소비욕구를 자극하려 달려들 터인데, 결국 최종 승부의 관건은 기술로 어떻게 인간다운(human like) 서비스와 제품을 만들어내느냐에 있다. 기술이 완벽하지 않더라도 너무 고민하지 말자. 일단 빨리 시장에 던져보고 적응하면 된다. 시간이 지나면 사용자들의 피드백을 통해 자연스러운 진화의 과정을 거칠 것이다. 그게 사람 냄새 나는 적응의 방식이다.

기술의 인간화(humanizing technology)가 필요하다.

데이터를 지배하라

데이터는 O2O시대 로켓 성장의 연료!

/

지금 이 시대는 데이터가 어떻게 수집되고, 분석되고, 가공되고, 소비되는지 반드시 관심을 가져야 한다. 마치 예전 석유파동 때 중동 정세에 촉각을 곤두세웠던 것처럼, 데이터에 대한 기업들의 경쟁 구도에 깊은 관심을 가져야 한다. 그래야 수동적 데이터 제공자가 아니라 데이터 가공자와 활용자가 될 수 있다. 그게 앞으로 미래의 핵심적 생존 역량일 것이므로. 개인 뿐 아니라 기업도, 은행도, 정부도 마찬가지다. 중국 텐센트는 SNS의 '꽌시'망 분석을 통해 대출심사를 시도한다. 미국에서는 총기 사고가 발생하면 범죄자의 SNS를 분석해 범행동기를 파악한다.

데이터는 이 시대를 로켓 성장하게 만드는 연료다. 데이터는 모여서 가공되고 이해되는가 하면 화학반응을 일으키면서 유용한 정보로 거듭난다. 지식으로 축적되고 인사이트의 기반으로 활용된다. 반대로 데이터가 없다면 아무리 좋은 제품을 만들고, 훌륭한 서비스를 제공하더라도 고객에게 외면당할 수 있다. 소비자와의 접점을 빼앗기기 때문이다. 소비자의 발걸음, 소비자의 엄지손가락 터치를 실시간으로 따라다니면서 유혹할 방법을 상실한 기업은 그런 영향력을 지닌 자에게 헤게모니를 넘겨줄 수밖에 없다.

데이터를 지배하는 자는 O2O 시대의 먹이사슬 가장 상단으로 수직 상승할 수 있다. 데이터에 목말라 하자. 어떻게 더 많은 데이터를 유용한 정보로 가공할지 고민하자. 사람과 사람간의 데이터에서 사람 주변을 둘러싼 수많은 사물과 사물간의 데이터까지 고민하자. 데이터는 더욱 다변화되고 복잡해진다. 그만큼 정교한 분석을 필요로 하지만 그만큼 더 유용하고 유의미한 패턴을 뽑아낼 가능성도 높아진다는 측면에서 더욱 큰 기회를 잡을 수 있다는 것을 의미한다. 가능하다면 그 기회를 맨 먼저 잡아야 한다. 그래서 다시 강조한다. '데이터는 이 시대의 석유'다.

그렇다면 O2O 비즈니스에서 성공하기 위한 접근법은 무엇일까. 이것을 'O2O 삼차방정식'이라고 이름을 붙여봤다.

첫째, 땀나게 뛰어야 한다. O2O는 'Online to Offline'을 의미한다. 여기서 문제는 오프라인 쪽에 있는 경우가 많다. 오프라인 사업은 발품을 팔아야 한다. 그래서 규모를 무한히 확장하기 어렵다. 직접 뛰어야 하니까. 이제는 대표적 부동산 O2O 서비스가 된 '직방'은 사업 초기 튼튼한 두

다리로 뛰어다니며 방을 구했다. 대학가에서 시작된 직방의 떰박질은 서울 전역으로 그리고 전국으로 확장됐다. 그렇게 해서 오프라인 시장의 진입장벽을 뛰어 넘었다.

플랫폼 사업자는 가능한 많이, 그리고 최대한 빨리 뛰어다녀야 성공 확률이 높아진다. 생산자와 구매자가 참여하는 투표에서 1등에 당선되어야만 받을 수 있는 금메달과 같다. O2O 플랫폼 사업자의 타이틀을 획득하기 위해서는 발에 땀이 나도록 뛰어야 산다. O2O 시대에 판을 뒤집는 플랫폼이 되려면 인터넷 산업 종사자들도 바깥 공기를 마시며 오프라인의 비효율을 몸으로 느껴봐야 한다. 발에 땀나게 뛰고 방에 들어와서 온라인과의 시너지 접점을 찾아보라.

둘째, 호감형이 되어야 한다.

O2O는 사업의 본질상 오프라인 영역의 기득권 세력을 불편하게 만든다. 그들의 생존을 위협하기 때문이다. O2O에게 구질서와 정면 대결은 숙명과도 같다. 스마트폰 차량 호출 서비스 '우버'가 세계 각국의 택시 노조와 정면 대결하고 있는 것이 대표적 사례다. 이런 상황에서 O2O기업의 가장 든든한 지원군은 구질서를 무시하고 나의 서비스에 열광하고 사용해주는 사용자다. 사용자가 급속도로 늘어나고 대세로 자리 잡으면 어떤 규제도, 반대 세력의 반발도 무서워할 것이 없다.

하지만 사용자들의 마음은 갈대와 같다. 여론은 하나의 사소한 주제로도 순식간에 악화될 수 있다. 기득권 세력은 없는 이야기도 사실처럼 인식하도록 만들기도 한다. O2O기업이 다방면에서 가해지는 공격에서 자유로워지려면 소비자의 두터운 팬심이 필수적이다. 그러려면 서비스가 편리함을 넘어서, 시대를 선도하고 미래를 느낄 수 있는 근본적인 냄새가 나야 한다. '아! 이 기술이야말로 미래의 방향이로구나'라는 깨달음을 사용자에게 줄 수 있다면 사용자는 이제 믿음을 지닌 '신도'로 승화된다. 단단한 팬덤은 어떤 여론놀이에도 자유로울 수 있다. 또 경쟁하는 기득권을 가진 오프라인 기업의 입장에선 여론의 역풍이 두려워지므로 쉽게 공격하기 어려운 존재가 된다. 단순히 기존 오프라인 업체들의 파이를 빼앗아오면 비호감으로 등극할 가능성이 크고, 시장 교란의 정당화가 어려워진다. '안티'가 많아진다. 그러면 결국 규제의 희생양이 될 가능성이 크다.

이런 측면에서 우버는 미숙한 모습을 보였다. 우버는 서울을 비롯한 세계 여러 도시에서 사실상 퇴출됐다. '비정규직 양산 기업'이라는 이미지가 있기 때문이다. 우버 기사의 정규직 이슈는 미국에서도 계속 불거지고 있다. 단순히 로비스트를 고용해서 해결할 수도 있어 보이지만, 근본적 해결책은 아니다. 우버가 정말 지속적인 고용을 하고 있다면 정규직 채용에 대한 의지를 밝혀야 한다. 물론, 비용과 자본이 엄청나게 필요할 수 있다. 하지만 O2O는 결국 오프라인, 즉 우리네 삶의 현장 속에서 이루어지는 서비스이므로 기존에 공유된 가치와 도덕적 기준에 부합해야 한다. 그렇지 않다면 그 기업의 서비스는 오프라인에서 영속적으로 존재하기 어려울 것이다.

우버와는 달리 시장에 성공적으로 정착한 사례도 있다. 한국의 쿠팡은 2014년 비정규직 택배 기사를 양산한다는 여론의 공격을 받게 되자, 택배 기사들을 정규직으로 채용하는 결단을 신속하게 내렸다. 그리고 블로그와 SNS에서 쿠팡 배송 기사의 연봉을 공개했다. 이로 인해 쿠팡은 양질의 일자리를 창출하는 호감형 기업으로 탈바꿈했다. 반전 카드가 성공한 것이다. 기술은 변해도 사람은 변치 않는다. 사람의 마음을 움직이는 것은 결국 사람이다. 쿠팡의 성공이 소비자와의 접점이 되는 '쿠팡맨' 택배기사의 서비스 품질을 올려놓은 데서 비롯된 것은 우연이 아니다. 어려운 결정, 과감한 결정이었던 쿠팡맨의 정규직화를 통해 좋은 일자리를 창출한 것이 결국 최상의 배송 서비스로 이어졌다.

O2O는 본질상 시장 교란적이다. 적이 반드시 존재한다. 적의 공격을 막을 최고의 방어막은 바로 믿음과 호감을 가지고 응원해주는 팬심이다. 여론을 조성하는 것이다. 오프라인의 기득권 세력에 대한 두려움을 버리고 당당하게 맞서라. 부정적인 비난에 긍정의 메시지로 맞서라. '난 이래서 좋다'는 팬들의 감동 수기가 넘쳐나도록, 사용자에게 깜짝 놀랄 편리함을 선사하라. 그러면 오프라인의 '꼰대'들의 겁박은 오히려 보약으로, 드라마의 클라이맥스처럼 기억될 것이다.

셋째, 탄생부터 글로벌을 지향해야 한다.

한국은 미국, 중국, 일본과는 비교할 수 없는 작은 규모의 시장을 가지고 있다. 전 세계 O2O 생태계는 경쟁적으로 문어발식 확장을 시도하고 있다. 이 시점에서 글로벌이란 '선택'이 아닌 '숙명'이다. 단지 국내용 서비스에만 머문다면 머지않아 중국과 미국의 글로벌한 공룡 기업들의 풍부한 자본력에 밀려 잡아먹히는 운명에 처할 것이 분명하다. 그러므로 시작 단계에서부터 세계 시장을 향한 확장성을 생각해야 한다. 미국과 중국 시장이 이미 너무 멀리 달아났다면, 현실적으로 가능한 동남아 시장부터 시작해 인도와 유럽, 남미로의 확장성을 고민하자. 그러한 노력 속에서 서비스는 더욱 인류의 습관에 최적화 될 수 있고, 새로운 사업 모티브도 얻는 보너스까지 얻을 수도 있다. O2O시대에는 내수용이란 개념 자체가 존재하지 않는다. 모든 것이 글로벌이다. 네이버와 카카오가 나의 경쟁자라 생각해선 안 된다. 세계를 무대로 나와 현지 파트너와 합을 맞추며 O2O 시장에 대한 큰 그림을 그려야 텐센트나 아마존 같은 글로벌 거인의 침공에도 생존할 수 있다.

데이터 기술 시대, 데이터 '정제' 산업이 뜬다

데이터는 이 시대의 '석유'와 같다. 정제되지 않은 상태의 석유는 효용성이 극히 제한적이다. 석유를 정제하는 고도의 화학 기술을 통해 생산된 석유는 오늘날 현대인이 사용하는 거의 모든 제품에 원료로 공급된다.

데이터가 석유와 같다면 데이터를 어떻게 분석하느냐는 석유를 정제하는 화학 산업에 해당된다. '분석'analytics이 데이터 기술의 핵심이다. 오늘날 기술 속에서 가치를 뽑아내려는 대부분의 기업들은 무수히 많은 무규칙적인 데이터 속에서 "인사이트"를 얻어내기 위해 안간힘을 쓴다. 데이터에서 인사이트를 뽑아내는 정제의 기술이 바로 데이터 기술이고, 그것이 부가가치를 창조하기 때문이다.

인지 컴퓨팅cognitive computing은 바로 이런 데이터 가공 정제의 작업을 컴퓨터가 인간의 판단능력에 최대한 유사하게 수행하도록 만드는 기술이다. IBM은 지구상 최고의 인공지능 프로젝트 '왓슨'Watson을 진행 중이다. 왓슨의 '과외학습'에 조 단위의 투자가 예정되어 있다. 왓슨이 목표하는 바는 "더 똑똑한 지구!"A smarter planet! 전 세계의 기술을 이끄는 기업의 스케일이 느껴진다.

자연어 인식 기술 또한 컴퓨터의 판단을 인간에 가깝게 향상시키려는 노력의 일환이다. 그리고 이 노력 역시 결국 데이터 분석을 위한 부분적 기술에 해당한다. 인간의 언어를 아는 기계가 자연스러워지는 시대가 본격 도래 할 것이다. 자연어 인식 기술은 인간과 기계를 연결해주는 유저 인터페이스의 향상으로도 이어진다. 아마존의 자연어 인식 인공지능 스피커 에코의 '알렉사'가 대표적인 예다. 에코 스피커에 "알렉사"라고 부르면 알렉사는 당신의 말귀를 알아듣고 당신과 대화하면서 당신의 궁금증을 해결해주고, 당신의 비서 역할을 해준다. 스마트폰에 터치하지 않고도 웹과 연결되는 세상이 이제 도래할 것이다.

클라우드 컴퓨팅Cloud Computing 시대의 데이터는 온라인의 모든 행위 속에서 생성되고, 구름 속 어딘가의 데이터 창고warehouse에 저장되고, 분석되고, 유용한 가공된 정보, 지식, 인사이트로 '정제'되어 데이터를 활용하고자 하는 기업들에게 제공된다. 그것도 실시간으로! 더욱 낮은 가격에 더욱 폭넓게 클라우드 컴퓨팅이 확산되는 추세는 데이터 정제산업의 파괴력을 배가시켜준다.

빅 데이터 기업 테라데이타의 통합 데이터 아키텍처

/

오늘날 기업의 대부분의 사업 영역에서 데이터는 이미 핵심 역량이 되었고 테라데이타Teradata, IBM, 델Dell과 같은 기업들은 이미 과거의 사업 모델에서 완전히 전환해 데이터를 분석하고 관리하는 기업으로 탈바꿈하고 있다. 시대의 흐름을 한 발짝 앞장서서 예측하고 베팅한 기업들이다. 특히 IBM은 시대적 변화에 대응하기 위해 하드웨어 사업을 지속적으로 매각해왔다. 워런 버핏Warren Buffett도 얼마 전 월마트의 지분을 줄이고 IBM의 주식을 추가로 매수한 것을 보면 IBM의 이런 선택은 옳아 보인다.

빅 데이터를 분석하는 기업들의 이야기는 절대 미래의 일이 아니다. 그 증거로 빅 데이터를 분석하는 기업들의 현재의 현금 창출 능력을 보면 알 수 있다. 참고로 테라데이타는 데이터에만 집중한 사업 모델로 작년 2014년 기준 약 7,000억 원이 넘는 세전 이익을 벌어 들였다. 현재 데이터에 집중하는 사업 모델로 전환하느라 재무적으로 고생하는 IBM도 향후 데이터 '정제'에 대한 수요가 급증하면 실적의 급향상도 가능할 것이다. 워런 버핏은 이러한 가능성 속에서 3년 이상의 기간을 바라보고 투자한 것일지도 모르겠다. 과거 산업혁명, 제조업 전성기에 석유 정제업이 가치사슬의 꼭대기에 있었다면, 이제는 정말로 데이터를 지배하는 거대 플랫폼 기업유전 개발 에너지 메이저에 해당, 데이터를 분석하고 가공하는 빅 데이터 기업화학, 정제 산업에 해당이 가치사슬의 꼭대기에 위치할 가능성이 매우 높다.

흥미로운 사실을 하나 들어보자. 텐센트와 IBM이 손을 잡고 중국에서 클라우드 컴퓨팅 서비스를 제공한다는 것. 중국-미국은 어디를 가나 경쟁보다는 '공생'이 맞다. 참고로 샤오미의 초기 벤처투자자 중 미국의 퀄컴이 있었다. 로열티에 대해 그토록 걱정하던 퀄컴이 샤오미의 주주라는 사실은 긴장 관계로 보이던 미국과 중국이 사실은 긴밀한 공존 관계에 있다는 것을 보여주는 사례다. 요즘 회자되는 중국 반도체 굴기堀起, 중흥 정책의 주역 칭화홀딩스도 인텔과 합자법인을 설립했다. 중국의 부상을 걱정하기에 앞서 피를 섞는 과감한 투자를 감행하는 미국! 그들은 중국을 뼈 속까지 이해하고 공존 공생한다.

과거에는 멋진 서비스를 만드는 데 30%, 이것을 알리는 데 70% 시간을 썼다.
새 시대에는 반대다.

아마존 CEO 제프 베조스

지금은 IT에서 DT로 넘어가는 전환기?

"세상은 지금 IT(정보기술)시대에서 DT(데이터기술)시대로 가고 있다."
마윈의 이 명제를 이해하려면 우선 정보와 데이터의 차이부터 알아야 한다.

DIKW피라미드 이해하기

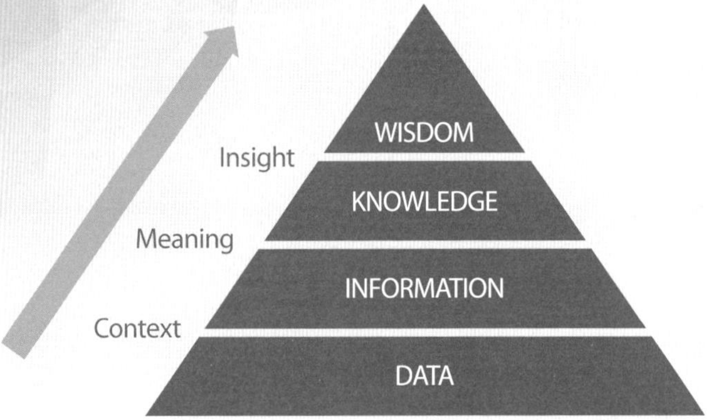

당신이 쿠팡 앱에서 이리저리 제품을 검색하면서 터치하는 행동에 대한 기록은 '데이터'이다. 늦은 밤 11시. 지금 어떤 헤드폰을 살 것인가를 고민 중이라고 가정해보자. 최저가 샤오미 헤드폰과 고가의 보스 헤드폰 사이를 왔다갔다 클릭만 하고 있다. 당신의 고민하는 행동에 대한 기록 자체는 '데이터'다. 당신의 행동 패턴을 기록한 데이터에는 '날 것'(raw data)이라는 수식어가 붙는다. 가공되지 않은 기록이라는 의미다. 1차원적인 원시 상태의 기록이 바로 데이터다. 즉, 데이터는 기계로부터 생성되어 아무런 가공도 이뤄지지 않은 상태를 말한다.

이 날것의 데이터가 한 차례 가공을 거쳐 특정한 맥락 속에서 이해된 것이 바로 '정보'(information)다. 마우스로 클릭하는 행동에 대한 데이터 속에서 이 남자는 샤오미 헤드폰과 보스 헤드폰 사이에서 왔다 갔다만 하고 있다는 사실을 전달하는 것이 바로 '정보'다. 그리고 그것을 구매결정을 고민하는 중이라고 해석하는 것은 '지식'(knowledge)의 단계 그리고 그러한 고민을 해결해줄 솔루션인 샤오미와 보스 사이의 제품인 소니의 보급형 헤드폰을 추천해주는 결정은 '지혜'(wisdom)의 영역이다.

이러한 데이터 – 정보 – 지식 – 지혜의 위계구도를 'DIKW 피라미드'라고 한다.

데이터 기술의 시대는 이러한 피라미드의 가장 밑바닥의 데이터에서 가치를 창조하는 것이다.

데이터기술이 중요해지는 이유는?

요즘은 한 사람이 적어도 한 개의 스마트폰을 가지고 있다. 거기에 태블릿과 웨어러블 기기까지 합치면 한 사람이 소지하는 모바일 기기는 2~3개에 달한다. 모바일기기에서 만들어내는 데이터는 과거엔 상상할 수 없을 정도로 정확하고 유의미하면서 거대한 양의 데이터를 창조한다. 그것도 실시간으로. 당신의 스마트기기에서 생산되는 막대한 양의 데이터는 당신의 행선지, 습관, 기호, 소비 패턴에 대해 많은 것을 이야기해줄 수 있다. 어찌 보면 당신 자신보다 당신을 더 잘 아는 기계들에 둘러싸여 있는지도 모른다. (심지어 아이폰은 당신의 지문을 통해 당신을 확인한다.)

데이터에 대한 실시간 접근권을 바탕으로 모바일 서비스 기업들은 오프라인으로 진격중이다. 이제 쿠팡, 티켓몬스터의 경쟁자는 옥션이 아니라 오프라인의 유통, 물류산업 전체다. 가장 강력한 경쟁우위는 다름 아닌 데이터 기술에 있는 것! 데이터에 기반을 둔 자신감에서 과감한 대량구매가 가능하고 재고의 최소화도 이뤄진다.

데이터의 또 다른 근원, IoT와 M2M

데이터는 기계와 사람 간에만 창조되는 것이 아니라 사물과 사물간(IoT), 기계와 기계(M2M)간에도 이뤄진다. 그리고 그 데이터를 저장하고 처리하는 공간은 개별 모바일 기기에서 이뤄지지 않고 하늘 위 구름(클라우드) 속에서 이뤄진다.

수많은 데이터 속에서 패턴을 찾고 유의미한 정보 – 지식 – 지혜로 이어지는 고도화된 가공작업을 기계가 대신해주려면 인공지능이 필요하고 머신 러닝이 필요하다. 생산되고 가공된 정보 그리고 지식은 다시 구름 속으로 빨려 들어간다.

데이터 시대에서 필요한 핫 키워드(hot keyword)를 마구 나열해봤다. 이 모든 키워드들이 하나의 생태계에서 뱅글뱅글 돌아가는 것이 느껴지는가? 이게 바로 우리가 살고 있고 변화해갈 미래의 데이터 기술의 세계의 일부분이다. 여기에 가정용 로봇, 자율주행자동차, 배송용 드론이 추가되면 아마 2020년의 우리가 살아갈 모습이 아닐까? 몽상일 수도 있겠지만 미래는 꿈꾸는 자의 것이라기에 잠시 눈을 감고 상상해본다. 데이터기술의 시대를!

O2O는 IoT를 품고, B2B로 확장된다

2016년이 되면 단순히 스마트폰 앱만으로 어떻게 해보겠다는 사업 모델은 이제 과포화 상태에 들어갈 것이다. O2O의 B2CBusiness to Consumer 영역에서 산업의 통합, 거대한 문어발 기업으로의 수렴이 이뤄진다. 다수의 수렴되지 못한 기업들은 스스로의 수익모델을 찾지 못해 존폐의 갈림길에 설 것이다.

이미 O2O 선진국 중국에서는 '옥석가리기'가 급속히 진행 중에 있다. 치킨 게임에서 카테고리별로 1~2개 서비스만 살아남는 중이다. 소비자를 모으면 매출이 찍히고, 매출이 찍히면 이익이 날 것이란 기대는 극소수의 산업 통합자에게만 통하는 것이다. 지난 2~3년간 기대감 가득하게 모든 기업의 가치를 올려놓았던 벤처 투자가 결과가 드러나기 시작했다.

각종 기업과 서비스들이 심판대에 올라서고 옥석가리기는 본격화될 것이다.

하지만 그렇다고 O2O가 잠시 반짝하는 일시적 트렌드는 아니다. O2O와 IoT는 데이터 기술DT의 시대를 심화시키면서 B2B 영역으로 폭발적으로 침투해나간다. 미국의 IBM, GE, AT&T는 이러한 움직임의 방향성을 보여준다.

도시, 농촌, 공장, 공항, 발전소, 대중교통, 가정 등 모든 곳, 모든 사물들이 인터넷에 연결되고 자원의 효율적 활용이 극대화될 것이다. B2B Business to Business로의 확장은 어찌 보면 필연적이다. 이 모든 것이 빠짐없이 촘촘한 O2O환경을 위한 것이다.

O2O가 진정 폭발적 성장을 만들어내려면 온라인에 오프라인을 연결시키기 위해 사람 뿐 아니라 사물에게도 스마트폰을 하나씩 개통해줘야 한다. 그래야 사람과 사물, 사물과 사물간의 교신이 이루어지고 진정 빠짐없는 전 지구적 O2O 시대가 열리기 때문이다.

사물들이 인터넷과 연결되는 기술. 바로 사물인터넷 IoT다. 아마존은 이미 스마트 홈을 구축하기 위한 구체적 실천을 보여주고 있으니 바로 '대시'다. 손가락만한 접착식 버튼 하나만 꾹 누르면 예전 같으면 반복 구매해야 할 제품을 원터치로 구매할 수 있다. 대시의 사례에서 보듯 스마트한 UX/UI는 앱의 그래픽을 예쁘게 만들어 해결되는 시대는 지나갔다. 스마트폰 화면 자체를 벗어나 우리의 라이프스타일 전체를 접점으로 삼아야 한다. O2O는 IoT를 통한 확장 속에 서비스와 제조의 융합이 이뤄진다. 제조와 서비스를 넘나들면서 스마트한 개인을 뛰어 넘어 스마트한 집,

도시, 교통, 농촌 등 우리 삶의 전 영역으로 확장되어야 한다.

어찌 보면 O2O의 B2B영역은 사업모델이 더 뚜렷하다. 드러나 있는 비효율이 너무나 확연하기 때문이다. 온라인에 연결해서 사물을 인터넷에 연결해서 스마트한 지능을 이식해주면 바로 수치화된 부가가치가 튀어나온다. 한국에 이런 시도를 성공적으로 하고 있는 기업이 있으니 스마트에너지 관리 시스템을 제공하는 인코어드Encored라는 기업이다. 가정의 전력 사용량을 실시간으로 체크해 에너지 효율을 극대화시켜주는 '에너지미터' 서비스로 국내뿐만 아니라 해외에서도 주목받고 있다. 특히 얼마 전에는 소프트뱅크의 투자를 받기도 했다.

농업용 드론 제조사 프리시전 호크Precision Hawk는 통신사 AT&T와 손잡고 스마트한 재배 모니터링 시스템을 구축하고 있다. GE는 산업인터넷Industrial Internet을 외치면서 소프트웨어 기업이 되겠다고 선언하고 개방형 생태계를 구축 중이다. 발전소, 비행기 엔진부터 철도, 도시의 모든 기간 시설에 이르기까지 모든 산업적 사물들을 인터넷에 연결하겠다는 계획이다. 다양한 시도를 혼자 못하니 당연히 개방성이 핵심이다. 창조를 위해서는 혼자서 다 할 수 없다. 거대기업 GE마저도 그렇다. 공정한 분배를 통해 무수히 많은 파트너십을 맺을 때 스마트한 생태계는 무한히 확장될 수 있다는 것을 아는 것이다. B2B 영역에선 더욱 그러하다. 결국 B2B에서 더욱 강조되는 것은 역시나 파트너십 문화다. 갑과 을의 주종 문화 속에서는 새로움의 흉내는 낼지언정 진정한 혁신적 창조는 기대하기 어렵다.

한국은 절대 바뀌지 않는다? 이것 하나는 기억해야 한다. 변하지 않으면 우리의 도시, 농촌, 가정 모두가 미국 중국 IT공룡들의 생태계 안으로 편입될 것이다. 변하든, 변하지 않든, 판단은 우리의 몫이다. 어쨌든 2016년, B2B영역의 O2O의 본격화, 사물인터넷의 다양한 시도. 기대되면서도 두렵다. 영화 '터미네이터'에 등장하는 스카이넷이 현실로 나타나는 것은 아닐까?

나는 선구자가 더 좋은 제품을 만든다고 확신한다. 그들은 더 많이 고민한다. 선구자에게는 어떤 일이 단순한 사업이 아니다. 돈이 돼야 하고, 말이 돼야 하지만 그게 전부가 아니다. 선구자는 자신을 설레게 만드는, 가치 넘치는 일을 한다.

아마존 CEO 제프 베조스

O2O혁명의 시대, '문어발식' 산업 통합자가 필요하다!

한국에서도 중국의 텐센트, 미국의 아마존과 같은 기업이 탄생할 수 있을까? 무엇보다 탄생에 앞서 이 시대에 걸맞은 패러다임의 전환이 먼저 절실하다. 얼마 전 알리바바와 텐센트의 문어발식 사업 확장이 바람직한가에 대한 갑론을박이 SNS상에서 펼쳐지는 것을 본 적이 있다. 사실, 옆나라 중국의 거대 모바일 기업에 대한 갑론을박 자체가 넌센스이지만, 나는 그들의 문어발식 사업 확장 모델이 이 시대에 아주 적절한 사업전략이라고 생각한다. 왜? 문어발식 사업 확장이 O2O혁명의 시대에 걸맞기 때문이다. 지금은 2007년 스티브 잡스의 아이폰으로 시작된 모바일 혁명이 오프라인으로 뛰쳐나와 오프라인의 모든 부가가치를 블랙홀처럼 빨아들이는 O2O의 시대가 됐다. O2O 시대의 핵심 성공전략은 소비자들을 끊임없이 자신의 생태계에 접속하게 유혹해서 라이프스타일을 통째로 장악하는 데 있다. 모바일 기기는 바로 이러한 "라이프스타일 지배전략"의 유용한 도구이자 최전방 전령인 것이다.

대부분의 소비자는 아침에 일어나자마자 스마트폰으로 뉴스를 보고, SNS를 확인하고, 메신저 메시지를 주고받으며 하루를 시작한다. 일단 소비자 입장에서 '미디어 + SNS + 메신저 앱'은 하나의 묶음이나 마찬가지다. 여기에 추가되는 또 하나의 문어발은 '방송'이다.

세계는 넷플릭스화 중

본방 사수? 이젠 옛말이다. 요즘은 출퇴근길의 버스와 전철 안에서 스마트폰으로 보는 '다시보기'로 더 많이 소비된다. 이제 집에 앉아서 본방 사수하는 일은 아주 특별한 상황에만 해당되는 시대로 넘어가고 있다. 이미 방송의 모바일화는 전 지구적 현상됐고, 이는 '넷플릭스'란 시대를 리드하는 걸출한 기업의 등장으로 설명할 수 있다.

전 세계 방송 산업은 급속도로 '넷플릭스화'되고 있다. 공중파, 유선 방송의 시대는 저물고 모바일기기의 보급과 클라우드 컴퓨팅 발전으로 원하는 콘텐트를 원하는 시간에 원하는 방식으로 소비자에게 제공하는 시대로 급속히 전환되고 있는 것이다. 이러한 시대적 변화를 이끄는 미국의 넷플릭스가 전통의 미디어 공룡기업들이 즐비한 방송 생태계를 무서운 속도로 교란하는 비결은 바로 '데이터'에 있다.

스마트폰을 비롯한 모바일 기기를 통해 수집된 방대한 양의 데이터에 대한 지속적인 분석을 통해 유의미한 소비자 유인acquisition 방안을 지속 '발견'해나감으로써 소비자를 자신의 생태계에 오랜 시간 머무르게 retention 만드는 방안을 '창조'해온 것이 바로 넷플릭스발發 미디어 혁명의 핵심이다. 결국, 넷플릭스에게 있어서 가장 소중한 무형의 자산은 데이터에 대한 분석 노하우이며, 데이터 분석 결과에 대한 확신에 근거해 매년 수조 원 이상의 콘텐트에 대한 투자를 과감히 감행할 수 있다.

지금 넷플릭스는 전 세계적으로 인기 있는 드라마와 영화를 스스로 제작하는 제작사의 역할도 수행하고 있다. 가장 소비자의 요구를 잘 아는 기업이 가장 과감하고, 빠를 수 있는 것이 이 시대의 특징이다.

이 시대의 진정한 문어발, 아마존

데이터의 소중함을 누구보다 깊이 알고 실천하는 이 시대의 진정한 문어발 기업은? 제프 베조스Jeff Bezos의 아마존이다. 전자상거래에서 시작된 아마존의 사업 모델은 전자책 단말기 킨들Kindle을 거쳐 클라우드 컴퓨팅을 지나 이제는 콘텐트의 배급과 창조를 모두 담당하는 넷플릭스식 콘텐트 사업으로 확장하고 있다. 그런데 한편으로 생각해보면 세상의 모든 걸 팔겠다는 아마존이 지식을 팔고, 콘텐트를 팔고, 저장 공간까지 파는 것이 뭐가 문제가 될까? 전혀 문어발스럽지 않게 느껴진다.

아니, 이렇게 변화무쌍하게 새로움을 흡수하고 진화하는 아마존은 새로운 시대를 선도할 자격이 있는 혁신 기업이라고 생각한다. 아마존은 최근 월마트의 시가총액을 능가했다. 아마존의 시가총액은 무려 270조원!

물론, 삼성전자보다 크다.

그런데 요즘 아마존이 야심차게 진행하는 사업이 무엇일까? 바로 인공지능 음성인식 스피커인 '에코'Echo. 에코는 360도 어디서 들려오는 사람의 말소리도 알아들을 수 있는 스피커다. 애플의 시리Siri처럼 귀에 속삭일 필요 없이 그냥 아무렇게나 들리게 말하면 알아듣고 대답한다. 한 마디로 말귀를 잘 알아듣는 음성인식 스피커인 셈이다.

"이게 무슨 대단한 일이냐?"라고 생각하면 오산이다. 앞으로의 모바일 시대는 당연히 더 발전할 것이다. 스마트폰의 터치에서 우리는 자유로워질 것이고, 그 핵심에 가장 인간다운 의사소통 방식인 대화가 있을 것이다. 그리고 대화를 하기 위해 필요한 것이 바로 음성 인식이다. 결국, 아마존의 에코는 스마트폰 화면의 유저 인터페이스를 가장 인간이 편안히 느끼는 방식으로 바꿔놓은 것이다. 에코가 나이를 먹으면서 더 영리해지고 지금보다 더 정확하게 인간의 말귀를 알아듣는다면 우리는 더 이상 거북목을 하고 스마트폰에 타이핑을 할 필요가 없어질 것이다. 엄지손가락에 불나게 터치해야하는 상황에서 우리를 자유롭게 해주는 것이다.

그럼 중국의 알리바바, 텐센트가 벌이는 문어발식 사업 확장으로 다시 돌아가 보자. 그들의 사업 확장은 한 마디로 O2O로 이해될 수 있다. 상인정신의 알리바바, 꽌시의 텐센트. 서로 자신이 시작된 사업적 뿌리는 달라도 그들이 지향하는 방향은 하나다. 결국 13억 인민의 라이프스타일을 지배하겠다는 야심이 바로 그것. 어떻게 그걸 가능하게 하는가? 쉽다!

비효율적인 오프라인의 시스템을 모바일 기기와 서비스로 혁신적으로 효율적으로 만들어주면 된다. 그래서 시작된 것이 음식점 예약, 배달, 택시로 확장된 것이고, 마무리는 핀테크로 이루어진다. 역시나 소비자 입장에선 이 모든 것이 하나의 생태계다.

일상생활에서 직접 찾아다녀야 하는 수고를 덜어주는 모바일 서비스, 그게 바로 O2O다. 이제는 나보다 나를 더 잘 파악해서 내가 필요한 것을 미리 알아서 대기시켜줄 정도이니 그 생태계를 어떻게 사랑하지 않을 수 있을까? 거꾸로 알리바바, 텐센트 입장에서 지속적인 고속 성장과 수익성을 확보하기 위해 O2O 문어발 확장 전략을 펼치는 것은 너무나 당연한 귀결이 아닐까?

텐센트와 알리바바는 지금 전 세계에서 가장 선진적인 핀테크 실험을 감행하고 있다. 한국은 아직도 갈팡질팡하고 있는 간편 결제가 중국에서는 이미 상용화되어 있고, 송금과 재테크 등의 모든 금융을 아우르는 종합금융 사업을 모바일 대기업이 맡고 있다. 중국 정부는 이러한 새로운 실험을 응원하며 바라보며 '규제자' 보다는 '문제해결사'로서의 역할을 해온지 오래다.

13억 인구를 상대로 펼쳐지는 핀테크FinTech의 거대한 실험은 지금까지 아주 성공적으로 세계에 모범 답안을 보여주고 있다. 앞으로 지켜보시라. 한국의 핀테크가 계속 지지부진하고 우물쭈물하다보면 자연스럽게 알리바바와 텐센트가 교란을 시작할 것이다. 그 때가서 후회하면 늦는다. 이미 뒤쳐진 1년이라는 시간은 시장에서는 영겁의 세월과 맞먹는다.

텐센트와 알리바바의 적벽대전은 여기서 끝나지 않는다. 중국판 넷플릭스화를 위해 콘텐트 사업도 무섭게 확장중이다. 두 회사는 전 세계의 영화, 드라마, 음원 저작권을 경쟁적으로 사들이고 있고 그 덕분에 중국의 저작권 보호 수준은 급속도로 선진화되고 있다. 중국 정부가 아무리 시도해도 못 하는 일을 민영 기업이 뚝딱 이뤄낸다.

올해 초 알리바바는 소프트뱅크, 폭스콘鴻海과 손잡고 감정을 읽는 로봇 페퍼의 대량생산 공장 합작법인에 투자했다. 텐센트는 스마트카의 생산을 위한 준비 작업에 돌입했다. 두 회사의 경쟁 덕분에 중국의 미래 만들기는 끊임없이 외연과 깊이를 확장해나가고 있는 형국이다.

리드하기 위해서는 문어발이어야 한다

/

한국판 O2O 공룡을 키워야 한다. 미국, 중국의 거대 공룡들과 어깨를 나란히 하려면 한국도 미디어, 인공지능, 로봇 산업을 아우르는 거대 O2O 공룡을 탄생시켜야 한다.

한국을 시험무대로 삼아 빠르게 검증하고 동남아와 인도, 남미, 유럽시장으로 확장해서 미국, 중국 공룡들이 아직 간과하고 있는 시장을 선점해야 한다.

그러기 위해서는 자유로우면서도 교란적이고 다소 위험한 새로운 시도를 방임에 가깝게 허용해야 한다. 또 기술 변화를 세상에서 가장 빠르고 과감하게 도입하는 나라로 전 세계인에게 각인되어야 한다. 우리는 그럴만한 조건도 모두 구비되어 있다. 모바일 침투율이 가장 높고, 가장 참을성 없는 소비자를 갖춘 최적의 상황을 가지고 있지 않은가? 이제 방향성만 뚜렷하게 지니면 우리의 로켓은 점화 발사될 수 있다. 뚜렷한 미래지향적 방향성을 갖고 응원하고 밀어줄 기업을 더 키워주자. 한국판 아마존, 텐센트, 알리바바를 키워내야 미래가 있다. 그 비결은 바로 '문.어.발'이다.

O2O기업 가치평가 방법론 : MAU와 CLV

모바일 O2O기업들에 대해서는 기업가치 평가의 방법이 어렵다.

유저 확보를 위한 비용지출로 대부분의 기업들은 순이익이 나지않고 당기순이익을 기반으로 하는 주가수익배율PER은 적용이 안 되며, 매출도 천차만별이라 비교하기도 어렵다.

그래서 적용되는 것이 유저 숫자로써 가치를 평가하는 방법이다. 매월 적극적으로 활동하는 유저 숫자를 기업가치 평가의 척도로 삼는 것이다. 실제 이 방법은 직관적이고 글로벌 투자은행들도 이러한 방법론을 준용해서 애널리스트 리포트를 발간한다.

MAU, 넌 누구니?

/

월간 활동 유저 숫자는 'MAU'Monthly Active User로 불리는데, 월간 활동 유저 1명 당 가치를 어느 정도로 인정하느냐가 그 기업의 가치 평가의 기준이 될 수 있다. 1천만 명 MAU에 1명 당 10만 원씩 곱해주어서 기업 가치를 1조 원에 평가하는 방식, 즉 고객 1명의 가치평가를 하는 방식은 절대 새로운 것은 아니다. 사실, 고객관계관리Customer Relation Management라는 경영학의 한 가지 과목에 고객생애가치CLV: Customer Lifetime Value 개념과 대동소이하다. 즉, 한 명의 고객이 유입되면서 기업에 창출해줄 것으로 기대되는 추가적 가치를 평가하는 것이다.

구체적으로 어떻게 가치를 구하느냐를 세분화해서 살펴보면 MAU의 속성을 더 세밀하게 알아낼 수 있다. 우선, 기본 콘셉트는 고객 1명의 유입으로 창출되는 가치를 매년 추정하고 가치들을 현재가치화화폐의 시간가치 개념하여 그 현재가치를 모두 합하면 고객 한 명이 창출하는 가치의 순현재가치, 즉 'NPV'Net Present Value가 된다. 결국 CLV는 고객 한명이 이탈하지 않고 '고객'으로 남아있는 기간 동안의 모든 창출 가치의 NPV라고 이야기할 수 있다.

그럼 이 명제에서 몇 가지 변수를 다시 뜯어볼 수 있다.

변수 하나! 유지율 'R'

/

각 유저는 과연 몇 년간 이탈하지 않고 고객으로 남을 것인가? 이게 유지율Retention Rate다. 유지율은 'R'로 표기하자. 'R'이 높을수록 'CLV'는 높아진다. 물론이다. 고객으로 유입되고 바로 다음날 이탈한다면 하루치 가치만 반영될 것이니까. 그럼 많은 유저를 유입시키고 유지시키면 'CLV'는 극대화될 것이다.

변수 둘! 유치비용 'A'

/

하지만, 유저를 유입시키는 데는 많은 비용이 소요된다. 요즘 유저 유입을 위해 모바일 기업들은 거대한 비용부담을 겁 없이 감수한다.

유저 한 명을 유입시키는데 소요되는 단위 비용을 '고객유치비용' Acquisition Cost이라고 한다. 'A'로 표기하자. 그럼 'A'는 1명의 고객이 창출할 'NPV'보다 절대 크면 안 된다는 결론에 다다른다. 그래야 'CLV'가 0보다 커진다. 'CLV'가 0보다 작다면 기업은 유저수를 늘리지만 점점 돈을 잃는 장사를 하게 되는 것이고 결국 기업은 영속적으로 존재할 근거를 잃는다. 계속기업going concern으로서의 영속성에 문제가 생기는 것!

변수 셋! 마진 'M'

/

자, 여기에 한 가지 더 변수가 있다. 바로 마진Margin! 'M'. 매출대비 이익률이 높으면 단위 유저당 수익성은 현격히 개선된다. 마진율이 높아지고 유저가 지속적으로 남아 있고 신규 유저 유치에 소요되는 비용을 줄일 수 있다면 'CLV'는 극대화된다. 여기서 우리는 'MAU'가 단순히 모든 기업에 동일한 가치로 비교될 수 없다는 것을 알 수 있다. 한 기업이 매출 마진이 낮고 유저가 수시로 대거 이탈하고 유저 유치에 돈이 점점 더 많이 나가고 있다면

그 반대의 기업과는 전혀 다른 'MAU'가치를 적용해야 할 것이다. 그래도 여기까지는 아주 심플해 보인다. 자 문제는 이제부터 시작이다! 모바일 기업들의 R, M, A라는 세 가지 변수들은 유저가 늘어나는 규모와 속도, 그리고 유저들의 감정적 몰입도에 따라서 급격히 변화한다는 사실이다.

페이스북을 예로 들어보자. 페이스북도 몇 년 전만해도 순이익이 나지 않는 적자 기업이었다. 'A'가 커서 'CLV'가 0보다 정말 큰가, 하는 의문이 팽배했다. 하지만 유저 수가 급증하면서 기존 유저들도 더 오래 페이스북에 머물고 이탈하지 않는 현상R의 증가이 나타났다. 동시에 유저가 늘어나면서 미디어 광고 플랫폼으로서 역할이 급증했다. 동시에 'M'도 증가했다. 페이스북이 인스타그램, 왓츠앱을 거액에 인수할 때의 가치평가 합리화도 'CLV'로 해석될 수 있다. 페이스북의 'CLV'가 인스타그램 왓츠앱이 단독으로 있는 것보다 현저히 높다면 충분히 인수의 가치가 있는 것! 실제로 왓츠앱 인스타그램의 'MAU'가치는 5만 원도 안 되었지만 현재 페이스북의 'MAU' 1인당 가치는 18만 원이다. MAU는 15억 명, 시가총액은 280조

그럼 최근 사례를 들어보자. 미국 10대 사이에 가장 핫한 SNS인 스냅챗Snapchat의 최근 투자유치 기업가치가 18조 원이었고 'MAU'는 1억 명이었다. 'MAU'당 가치 18만 원. 정확히 동일하다. 스냅챗은 미국 10대의 페이스북으로 불리는 가장 핫한 메신저다. 페이스북의 인수 제안도 한 칼에 거절한 것으로도 유명. 이런 유명세로 페이스북과 동일한 가치평가를 인

정받은 것. 하지만 스냅챗의 현재 상황은 'M'과 'A'가 모두 페이스북보다 현저히 높은 상황! 단, 'R'은 페이스북보다 낮을 수 있다. 관건은 스냅챗에게 규모의 경제가 언제부터 기하급수적으로 폭발할 것인가이다.

결국 유저 수가 1억 명일 때와 3억, 5억 명일 때는 몰려드는 유저에 대한 플랫폼 사업자로서의 몸값협상력, bargaining power은 현저히 차이난다. 특히 SNS의 경우는 더욱 그러하다. 커질수록, 붐빌수록 네트워크 이펙트Network Effect는 가속화되고 예기치 못한 부가가치가 하늘에서 툭툭 떨어질 수 있기 때문이다. 따라서 동일한 18만 원이란 스냅챗의 가치에는 더 큰 기대와 성장성에 대한 믿음이 들어가 있는 것이다. 페이스북과 같은 숫자이지만 그 숫자의 구성 요소는 전혀 다르다는 얘기다.

오늘은 고통스럽다. 내일은 더 고통스럽다. 그리고 내일 모레는 아름다울 것이다.

알리바바 마윈 회장

O2O혁명은 저성장, 저금리를 조장한다?

O2O혁명으로 정보의 검색, 소통, 구매 등 일상의 모든 거래 행위(transaction)를 효율화시킬 수 있게 됐다. 하지만 그로 인해 오프라인의 다양한 일자리는 사라지고, 앞으로 더욱 사라질 것이다. O2O혁명이 오프라인 산업을 교란하면 할수록 고용 또한 감소될 수밖에 없다.

O2O업체들에서 새로운 고용이 생겨나긴 하지만 모바일 서비스업의 본질상 신규 고용은 아주 제한적이다. 모바일의 특성은 효율성의 극대화다. 거꾸로 보면 저비용이란 말이고, 곧 외형이 성장해도 인건비의 증가는 제한적이라는 이야기다. O2O산업의 규모가 거대하게 성장해서 오프라인의 부가가치를 빨아들여도 추가로 늘어나는 고용은 미미하다.

실제로 미국에서 이러한 현상이 나타나고 있다. 미국 경제 전체는 안정적인 성장의 궤도에 올랐지만 우량한 일자리는 줄어들고 있다. 실리콘밸리의 IT 청년갑부들의 대박 성공 스토리가 하루가 멀다 하고 언론의 조명을 받지만 고용시장은 점점 양극화로 치닫는다. 미국을 비롯한 각국의 스타트업 업계에서 '교란'(disruption)이란 말은 요즘 매우 창조적 뉘앙스로 사용되는데, 본질상 부정적 의미를 함축하고 있기도 하다. 그 부정적 의미의 핵심은 바로 고용의 감소다.

2부

미국과 중국.
이제 세상은 G2라 불리는 이 두 국가에 의해 움직이고 있다 해도 과언이 아니다.

O2O 역시 마찬가지다. 아마존, 애플, IBM, GE, 우버에서 텐센트, 알리바바, 샤오미까지 두 나라의 거대한 IT공룡 기업들이 세계 시장을 석권하기 위해 치열한 경쟁을 펼치고 있다. 이 거대 기업들의 이합집산과 새로운 시도 속에서 우리의 미래에 대한 답을 찾을 수 있을 것이다.

O2O의 세상을 양분하다: 미국과 중국

돈, 에너지, 기술
그 중의 제일은 기술이니…

지난 수년간 나는 돈, 에너지, 기술 이 세 가지 키워드로 세상을 이해하려 노력해왔다. 심지어 첫 책 제목을 "돈, 에너지, 기술"로 생각하면서 글을 써왔을 정도였다. 헌데 이 셋은 시간이 지나면서 서서히 하나의 키워드로 수렴했다. 바로 기술이다. 그럼 돈과 에너지를 키워드에서 제거해나간 과정을 간단히 설명해보겠다.

돈, 리먼사태 이후 금융 산업의 몰락

2008년 리먼사태 이후 전 세계적인 부채정리deleveraging 심화로 금융 산업 전반의 몸집 줄이기가 이어졌고, 월가를 중심으로 한 파생상품, 금융공학이 꽃피웠던 돈 잔치는 다시는 돌아오지 않을 것처럼 멀어진 과거가 되었다. 돈으로 돈을 설명할 수 있었던 시대는 오히려 리먼사태 직전의 일시적 상황이란 생각이다. 금융 산업의 구조적 침체현상은 여의도 증권가의 수천 명 감원 뿐 아니라 전 세계적인 금융업 축소의 메가트렌드로 자리 잡은 지 오래다. 자, 이렇게 돈이란 키워드는 뒤로 밀린다.

그럼 에너지는 어떤가? 산업혁명 이후 제조업의 고도화와 함께 성장의 궤를 함께해온 산업이 에너지 산업이다. 셰브론Chevron Corporation, BPThe British Petroleum Co., 엑슨모빌Exxon Mobil Corporation 같은 회사들은 항상 세상에서 가장 큰 규모의 기업으로 상위권을 독식해왔다. 하지만, 에너지 산업은 셰일혁명으로 엄청난 부가가치를 지닌 산업에서 평범한 제조업으로 위상이 몰락하고 말았다. 미국은 셰일혁명을 통해 에너지 산업의 혁신을 만들었지만, 역설적으로 셰일로 가장 큰 타격을 입은 것도 미국의 에너지 기업들이다. 셰일혁명 덕분에 유가는 100달러 대에서 반 토막 미만으로 떨어져 좀처럼 올라갈 기미를 보이지 않는다. 언젠가는 다시 예전의 좋은 날이 올 수 있을까? 유가가 다시 예전 수준으로 올라가려면 미국 셰일개발사들이 생산을 하지 않아야 하는데 우량한 미국의 셰일개발사들은 지금도 미국 중부 어딘가에서 시추공을 뚫고 신나게 생산하고 있다. 30달러 대의 유가인 지금도 충분한 이익을 내면서 말이다. 미국의 자본주의가 근본적 도전을 받지 않는 이상 현재 수준의 유가에서 현저한 급등을 통해 과거의 100달러 수준으로 복귀할 가능성은 요원해 보인다. 더 중요한 것은 에너지 산업 자체가 과거와 같이 높은 수준의 자기자본이익률ROE을 누릴 수 있는 시기는 다시는 오지 않을 것이라는 전망이다. 셰일

혁명은 바로 에너지산업을 희귀한 자원을 발견하는 산업에서 효율적인 생산 산업으로 변화시킨 것이다.

기술, 정보혁명 시대의 유일한 키워드

/

이제 '기술'이란 하나의 키워드만 남았다. 앞선 두 키워드와 달리 기술의 진화 속도는 점점 가속화되고 있다. 세상에 대한 영향력은 더욱 거대해지고 있다. 왜일까? 산업혁명 시대의 제조업에서 기술은 생산에 효율을 더하고 더 나은 상품을 생산하기 위한 도구적 측면에 머물렀다. 하지만, 정보혁명의 단계에서 기술은 시대의 진보를 만들어나가는 중심에 자리하게 되었다. 이제 기술은 모든 사물들을 지배하고IoT, 모든 인류의 지식을 복제하며구글, 모든 사람을 연결시켰다SNS. 정보혁명의 시대에는 눈에 보이는 자원이 무기가 아니라 데이터에 접근, 분석, 통제 가능한 기술이 무기가 되는 것이다. 인간이 기술을 창조하는가? 기술이 인간을 새롭게 만들어나가고 있는가? 논리적 선후관계가 엇갈릴 정도로 기술이 지배하는 것이 지금 우리가 살고 있는 이 시대다.

이러한 맥락에서 기술의 근원적 창조자 타이틀을 내려놓지 않는 미국의 패권은 절대 약해지지 않는다. 중국에서 살며, 공부하고, 일했던 덕분에 소위 중국 전문가 타이틀이 따라다니는 내가 대놓고 미국의 패권을 인정하는 것을 두고 의아하다는 주위의 반응도 있다. 하지만, 그게 엄연한 사실인데 어쩌겠나?

세계대전 이래로 새로운 시대를 규정하는 기술적 진보는 미국이 독식해왔다. 일본, 독일도 기술 강국으로 영향력을 유지하고 있지만, 그래도 기술패권국은 미국이다. 특히, 오늘날 기술 패러다임의 중심에 위치한 정보혁명의 키워드는 모두 미국, 그것도 미국의 서부 조그만 동네 실리콘밸리에서 탄생했다. 실리콘밸리는 IBM과 애플의 치열한 경쟁 속에서 PC를 전 세계적으로 보급시켰고, 무수한 닷컴 기업을 탄생시키며 월드와이드웹www을 확산시켰고, 애플의 아이폰은 스마트한 모바일시대를 만들었다. 지금 O2O시대 또한 미국의 아마존, 우버, 에어비앤비를 비롯한 무수한 창조자들의 도전으로 생성되고 있는 중이다.

우리 모두는 이미 알고 있다. 지금이야 말로 미래에 영향을 끼치는 순간이라는 사실을.

애플 CEO 스티브 잡스

패권국가
미국의 마력은?

미국? 그렇다. 깡패가 맞다. 극강의 군사력으로 전 세계에서 두 개 이상의 전쟁을 무리없이 동시 진행할 수 있는 나라는 미국 밖에 없다. 더군다나 세상에 유일무이한 돈을 찍는 윤전기는 기본이고, 전 세계 천재를 블랙홀처럼 흡수하는 최고의 고등교육은 미국이 기술진보에서 최고의 위치를 유지하도록 도와준다. 세계 최대 기업 애플, 지구를 복제하는 구글, 인류를 연결하는 페이스북. 창조적 기술과 혁신으로 돈벌이를 넘어서 인류의 역사를 새로이 만들어나간다.

신뢰를 기반으로 돌아가는 신용사회와 금융시스템은 사회적 거래비용을 최소화하고 세계의 거래비용을 뜯어먹는다. (해외송금하면 무조건 뉴욕을 찍고 송금된다.)

앞서 설명했듯이 미국은 이제 셰일혁명으로 에너지 패권까지 접수했다. 셰일이 이기느냐, 사우디 왕자가 이기느냐를 놓고 논쟁을 하지만 그것은 사실 큰 의미가 없다. 사우디가 미국과 경쟁구도에 놓였다는 사실 자체가 미국의 에너지 패권을 의미하기 때문이다. 지금까지는 중동에 목숨을 걸던 미국이었지만, 이제 더 이상 그럴 일은 없다. 오히려 중동에 분쟁이 생겨 원유의 생산이 감소하고 유가가 오르길 바라는 것이 미국의 입장이다. 그냥 셰일 오일가스가 콸콸 나오는 이 상황이 미국에겐 거대한 축복이다. 가장 낮은 원재료비로 세계의 공장이 된 미국. 이 모든 게 셰일 기술의 혁신 덕분이다. 유가를 반토막낸 주범도 셰일혁명이었고 지금 생산량을 줄이는 것도 미국 셰일 개발사들이다. 생산이 최근 급감했다고 우리가 미국의 셰일을 걱정할 필요는 없다. 생산 밸브를 잠시 잠가두는 것일 뿐. 언제든 유가가 조금 오르거나 기술이 더 발전하면 생산은 증가될 수 있다. 고로, 에너지 생산의 헤게모니를 장악했다는 측면에서 미국이 셰일혁명으로 에너지 패권을 장악한 것이 맞다.

미국, 매력적 문화로 압도하라

미국의 가장 거대한 경쟁우위는 눈에 보이는 이점에 있지 않다.

오히려 눈에 보이지 않는 문화적 매력에 있다. 다양성을 갈구하는 열린 시스템에 있다. 기회의 땅 아메리칸 드림은 미국의 상징 아니던가?

시진핑 정권이 말하는 '중국몽中國夢'은 중국 인민들의 꿈일뿐, 전 세계를 품을 수 있는 그런 자유와 개방성을 의미하지는 않는다. 그런데 이런 무형의 문화라는 것이 유형의 세상에 끼치는 영향력은 실로 거대하다. 미국으로 유입된 세계의 인재는 미국에 눌러앉으려 하고 눌러앉으면 미국의 광팬이 된다. 미국을 사랑하는 애국자가 되는 것이다. 자식들 세대는 아예 미국사회로 녹아들어간다. 덕분에 미국은 인재의 유입acquisition과 유지retention가 무한히 지속된다.

무한경쟁, 아름다운 성과 창조의 비결

미국 문화는 다양성만 강조하는 게 아니다. 효율성과 성과에 대한 냉혹한 경쟁이 미국 사회를 세계 최고로 이끈다. 근무 시간 자체보다도 근무의 결과물에 순수하게 집착하니 우리의 눈으로 보기엔 참 편하고 좋겠다 싶지만 단위 시간당 창조해내는 결과물은 우리보다 훨씬 순도가 높다. 그만큼 집중력과 결과에 대한 부담감은 더한 것. 냉혹한 무한 경쟁이 다양성, 개방성과 어우러져 미묘한 긴장감을 조성한다.

미국 거대 통신사에 다니는 친구 말에 따르면 그 회사에서는 직원들 누구나 직급에 상관없이 부사장에게 이렇게 편하게 인사한다.

"어이, 잘 지내?"Hey, buddy, what's up? 만약 영어가 서투르다면 어법을 수정해주고 "네가 하려던 말이 이거니?"라면서 경청해준단다. 한국에서는 상상할 수 없는 풍경이다. 그런데 그런 분위기가 무조건 좋을까? 아니다. 실적이 기대한 대로 나오지 않고 회사에 기여한 바가 없다고 판단되면 2~3일 정도의 시간을 준 뒤 바로 책상을 빼는 것이 그곳의 분위기다.

야근은 없지만 업무시간엔 밥을 못 먹을 정도로 업무에 집중하는 분위기다. 세계에서 인재들을 끌어 모아 경쟁시키고 능력을 최대한으로 터뜨리는 것이 미국식 성장의 비결이다. 차갑도록 합리적이고 공정하지만 그만큼 살벌한 분위기를 가지고 있다. 유럽, 캐나다와 미국의 다른 점이 바로 이처럼 인정사정없는 부분이다.

아마존의 근무 분위기가 중년 남성도 눈물을 흘리게 만들 정도로 무시무시한 근무 강도와 스트레스를 준다는 것은 어찌 보면 새삼스러운 게 아닐 수도 있다. 산업을 이끌어가는 생태계 창조자의 무서운 집중력과 집착은 숨 막히는 경쟁을 필요로 할 수 있다.

그런데 우리는 아마존, 넷플릭스, 구글, 애플이 만들어 놓은 결과물에만 입 떡 벌리고 열광한다.

하지만 미국 기업의 혁신은 아름다운 조화 속에서 나온 것 아니라 살벌한 무한 경쟁에서 만들어진 것이다. 넷플릭스는 기업 인사방침으로 아예 이렇게 선포했다. "넷플릭스는 세계 정상급 프로구단이다!" 고로 아마추어 같은 사람은 아예 받지 않고 프로급에서도 주전과 후보 일부만 남기고 항상 정리될 수 있다고! 그러니 알아서 프로답게 굴라고! 남은 프로들에겐 최고 대우를 보장한다고!

무서운 이야기지만 실리콘밸리의 엄청난 효율성과 혁신을 이해할 수 있는 대목이다. 실리콘밸리 신화는 절대 화목하고 온화한 기업문화 속에서 창조된 것이 아니다. 어떤 사람은 중국이 조만간 미국을 따라잡는다고 말한다. 위안화가 기축통화가 될 것이라고 한다. 하지만 나는 미국의 패권이 10년 이상 충분히 지속된다고 본다.

중국의 교육시스템, 개방성, 창조성, 공정함, 문화의 힘 이런 것들이 미국을 능가하기까지는 오랜 시간이 필요해 보인다. 아니면 우리가 살아있는 시간 안에 그런 일을 목격하지 못할 수도 있다. 미국의 독특한 강점은 지구상 어느 국가도 당분간 넘보지 못할 가능성이 크다.

위안화가 지역통화 수준은 가능하겠으나 전 지구적 기축통화 노릇을 할 가능성은 극히 낮아 보인다. 우리가 미국을 깡패라고, 그냥 나쁘다고, 욕만 하기엔 잘난 점이 너무 많다. 그리고 그 잘난 것들이 왜 그런지 꼼꼼히 알아야 최소한 우리도 비슷하게나마 잘난 존재가 될 수 있다.

무언가를 향해 돌파해 나갈 때 대개 바람은 그 반대로 불어온다. 그렇지만 그 바람을 원망할 필요는 없다. 두 배의 힘을 기울여 나아가면 된다.

소프트뱅크 손정의 회장

O2O시대의 진정한 문어발 아마존

앞서 O2O시대에 문어발식 확장이 답이라고 했다. 이제 한발 더 나아가 아마존의 문어발 확장을 깊이 있게 들여다보자.

제프 베조스Jeff Bezos는 1994년, 자신의 집 차고에서 창업했다. 바로 1995년, Amazon.com의 시작이다. 아마존이란 이름은 "이국적exotic이면

제프 베조스의 아마존이 시작된 차고 전경.

서도 뭔가 다르다different"는 의미로 지었다는 설(?)도 있고, 아마존이 세상에서 가장 큰 강이자 자원생태계를 지니고 있어서라는 설(?)도 있다. 아무튼 설립한지 20년이 지난 오늘 아마존은 이름대로 세상에서 가장 독특하면서도, 가장 큰 강이 되어 O2O혁명을 전 세계적으로 주도하고 있다. 이름값을 톡톡히 하고 있는 것이다.

사실 아마존은 우리에게 온라인서점으로 먼저 유명해졌다. 하지만, 애초부터 사업의 포커스가 '서점'에만 맞추어져 있지 않았다. 전자상거래 시장의 성장성이 기하급수적으로 늘어날 것이라는 확신이 있었고, 그렇다면 무엇인가를 온라인으로 팔아야 하는데 온라인에서 가장 쉽게 팔 수 있는 아이템이 바로 책이었던 것뿐이다.

모든 것을 온라인으로 팔 테다

/

사실 처음부터 제프 베조스의 마음에는 "모든 것을 온라인으로 팔 거야!"라는 명제가 들어있었다. (우리 모두 이 단순한 명제를 마음 속 깊이 담아두자.) 아마존의 로고를 보면 모든 것이 분명해진다. 'Amazon'의 'A'과 'Z' 사이를 이어주는 화살표가 보이는가? 이 화살표는 'A to Z'를 의미한다. 세상의 모든 것을 판매하겠다는 야심이 아마존 로고에도 명확히 담겨있는 것이다.

오늘날 아마존은 온라인을 통해서 모든 종류의 상품을 판매하고직접 배송, 클라우드 컴퓨팅 공간을 판매하고, 전자책Kindle, 태블릿Fire, TVFire TV를 만들어 판매하고, 드라마나 영화와 같은 동영상 콘텐트도 제작해 판매하기에 이르렀다. 20년 만에 아마존은 제품의 판매에서 IT 인프라, IT 제조, 콘텐트 제작 및 배급 산업까지 확장하게 된 것이다. 얼핏 들으면 아마존의 '미친' 확장은 뚜렷한 방향성 없는 문어발 확장처럼 보이겠지만, '모든 것을 온라인으로 팔 거야'라는 간단한 명제를 이해하면 아마존의 방향성은 또렷하게 보인다.

O2O시대, 모바일 기기의 확산으로 소비자는 전자상거래에 더욱 의존하게 되고, 자연스레 아마존의 현금창출 능력은 급증한다.

올해 아마존 주가는 300달러 대에서 600달러 대로 2배 이상 급등했고, 시가총액은 월마트를 능가했다. 그래서 미국 최대 유통업체는 이제 더 이상 월마트가 아니다. 이제는 아마존이다. 아마존은 클라우드 컴퓨팅 사업으로 돈도 벌고 인프라도 확보하고, 생태계의 근간도 장악했다. 거기에 콘텐트까지 얹어서 날개를 달았다. 이제는 소비자들이 구매하는 공간을 넘어서 콘텐트를 즐기면서 머무는 공간으로 변신 중이다.

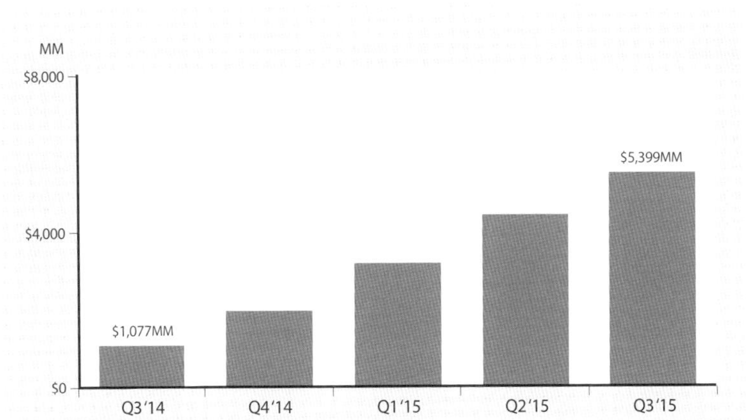

잉여 현금 흐름

4천만 구독자를 가진 아마존 프라임! 그 미래는?

소비자는 유한하지만 한 명의 소비자가 소비하는 대상은 다양하다. 아마존은 한 명의 소비자로부터 더욱 다양한 소비활동이 자신들이 구축한 생태계 내에서 이뤄지도록 유도한다.

그래서 등장한 것이 아마존 프라임! 10만 원 남짓한 회비에 연간 회원으로 가입하면 배송비 공짜(미국, 유럽은 배송비가 꽤 비싸기 때문에 매력적인 조건이다)에, 킨들로 보는 E-Book도 한 달에 한 권은 공짜, 1만 5천 원짜리 드라마, 영화 타이틀도 실시간 스트리밍으로 언제든 볼 수 있다.

시장조사기관 Consumer Intelligence Research Partners에 따르면 아마존 프라임의 가입회원은 4천만 명에 달한다고 한다. 이 수치는 넷플릭스의 가입자 수와 맞먹는 규모다. 세계 최대 경제대국 미국에서 4천만 명이 의미하는 바는 구매력 측면에서 개발도상국의 수억 명 이상의 파괴력을 지닌다.

아마존 프라임 회원이 누리는 혜택

실시간 스트리밍이 가능한 영상 | 킨들로 보는 E-Book | 어디든 이틀만에 배송완료

게다가 이 4천만 명이 지급하는 연간 회비는 개인당 100달러에 달하니, 대략 계산해도 아마존 프라임의 매출만도 4조 5천억 원이 된다. 그런데 아마존에 100달러를 고정으로 지불하는 소비자가 아마존에 100달러만 딱 떨어지게 소비할까? 기술에 열광하고 새로운 것을 시도하기에 주저하지 않는 얼리 어댑터early adapter일 가능성 높은 이 4천만 명은 100달러의 몇 배에 해당하는 돈을 아마존의 폐쇄적 생태계에 기꺼이 쓸 것이다.

'구매'에서 '구독'으로

아마존의 O2O 혁명의 핵심에는 물류가 있다. 전자상거래 업체의 가장 골칫거리는 온라인에 있지 않고 오프라인에 있기 때문이다. 'Online to Offline', 즉 O2O에서 오프라인의 비효율을 어떻게 해결하느냐가 온라인의 문제 해결 능력보다 몇 배나 중요하다. 오프라인의 비효율은 온라인에 연결되는 것과는 상관없이 무조건 존재하는 것이기 때문이다. 무수히 쌓여가는 창고의 물건은 누군가 효율적으로 운반하고 상자에 포장하고 지게차에 실어서 택배 트럭으로 보내줘야 하는 것이다.

온라인에 들러붙는다고 이러한 문제가 순식간에 사라지지 않는다. 오히려 온라인의 거대한 효율과 속도로 인해서 오프라인의 문제는 더욱 거대한 문제로 확장되고 해결하기 위한 혁신적 시스템의 고안이 필수적이다. 그래서 아마존은 시도했다. 배송의 효율성을 극대화하기 위한 로봇 물류시스템을 말이다. 2012년, 아마존은 8천억 원에 가까운 금액으로 키바시스템즈Kiva Systems를 인수했다. 키바시스템즈가 개발한 시스템은 간단히 말해 다양한 물건이 쌓여 있는 거대한 창고에서 미리 입력된 물품의 위치 번호를 입력하면, '키바로봇'이 물품이 보관된 로트lot를 가져다 주는 간단한(?) 시스템이다. 사람은 로봇이 할 수 없는 포장만 담당하고, 나머지는 로봇이 해결해주는 방식이다. 지금 아마존의 물류창고Fulfilment Center에는 수만 대의 키바가 최적의 동선으로 물건을 나르고 있다.

앞으로도 아마존의 로봇물류 시스템은 진화에 진화를 거듭할 것으로 전망된다. 현재의 키바가 발만 달린 로봇 지게차의 형태라면 향후에는 로봇에 팔이 달려서 소량의 제품 하나하나까지도 선별해서 배송상자에 담아낼 수준으로 진화할 것이다. 이미 이러한 시도는 로커스Locus와 페치Fetch라는 두 회사가 시도하고 있다. 페치는 최근 소프트뱅크의 투자를 받아 기대감이 더욱 커지는 기업이다.

아마존의 시도는 여기에 그치지 않았다. 드론을 통한 배송을 연구하고, 정부를 상대로 드론 자율비행 구간을 위해 항공법을 개정하자는 이야

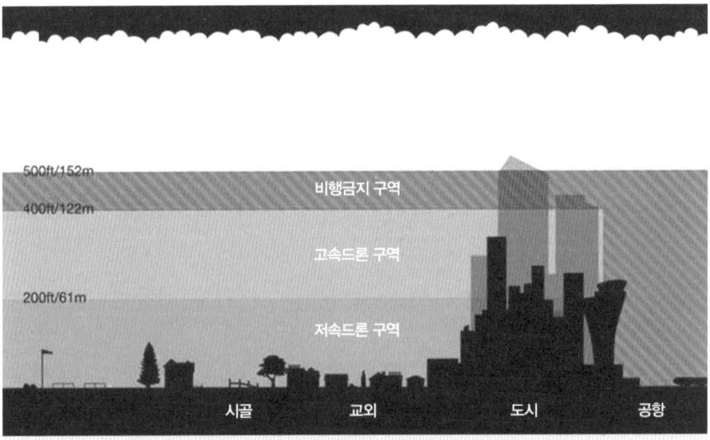

아마존의 하늘을 4등분 하자는 제안은 가히 혁명적이다.

기마저 꺼낸다. 하늘을 저속드론 구역, 고속드론 구역, 비행금지 구역, 항공기 구역으로 나누자는 것. 법안의 실행 여부를 떠나서 아마존의 혁신적 태도가 빛을 발하는 순간이다. 제도가 문제가 되면 정면 돌파한다. 법을 바꿔버리자는 생각을 하는 것이다. 불법, 편법이라는 낙인이 찍히고 기득권 산업권력에 희생양이 되어가는 한국의 O2O기업들을 생각하면 아마존의 도전이 가능한 미국의 사회적 분위기가 부러워지는 지점이다.

아마존은 또 아마존 프레시Amazon Fresh를 내세워 신선식품 배송도 시도 중이다. 지난달 샌프란시스코에서 시범 운영을 시작한 아마존 프라임 나우Prime Now 서비스는 1시간 배송이라는 실험을 진행하고 있다. 이제는 영국과 이탈리아에서 1시간 배송 실험이 진행 중으로 '1시간 배송'이라는 배송의 혁신을 통해 드론의 이용과 신선제품 배송이 자연스레 연결되고 있다. 머지않은 미래에 아마존의 이러한 시도는 새로운 것이 아니라 당연한 상식으로 자리 잡게 될 것이다. 미래의 그 날이 오면 장을 보러 주말에 마트에 직접 가는 것은 과거 5일장을 기다리던 조선시대의 아낙네의 모습처럼 역사의 뒤안길에 남겨지게 될 것이다. 아마존의 과감하고 혁신적인 배송 실험들은 단순히 보여주기식 실험이 아니라 인류의 행동패턴을 송두리째 바꿔놓을 도전을 지속하는 것이다.

아마존은 소비를 '1회성 구매' 행위에서 온라인을 기반으로 한 '커뮤니티형 구독' 행위로 전환시켜 소비자의 브랜드에 대한 충성도를 높이고, 데이터분석의 정확도를 현격히 향상시켜왔다. 결과 아마존은 끝없이 펼쳐진 깊고 넓은 생태계를 보유하게 되었고, 소비자 입장에서는 아마존이란 긴 강은 폐쇄적이지만 갑갑하지 않은 아주 살기 편안한 공간이 된 것이다. 이처럼 아마존의 문어발 확장이 시대정신에 부합하는 방향이라는 것은 바로 소비자의 관점에서 바라보면 바로 이해된다.

소비자 충성도는 소비자의 잔존확률retention rate을 높여주고, 다양한 이유로 한번 아마존이라는 생태계에 유입된 소비자는 아마존이 주는 다양한 이익benefit 때문에 다른 생태계로 도망가지 못하고 머물게 된다. 이게 바로 문어발 확장의 장점이다. 즉, 소비자 확보비용acquisition cost을 단 한 차례만 지불하고 다양한 방법으로 단물을 빼먹는 비결을 아마존은 확보한 것이다.

끊임없는 혁신의 부담감

그러나 아마존이 지금의 아마존으로 소비자 충성도를 계속 유지해 나가기 위해서는 끊임없는 혁신을 보여주어야 한다. 충성도 높은 구독자들은 생태계의 창조자로서 아마존에 열광하는 것이므로 새로운 창조자의 출현에도 매우 민감하기 때문이다. 새로움에 대한 느낌을 주지 못하면 한 순간 외면당할 가능성도 항시 존재한다. 그래서 새롭게 시도하는 것들이 사물인터넷을 활용한 전자상거래 대시이고, 대화할 수 있는 인공지능 스피커 에코Echo다. 이 두 가지 시도 모두 유저경험 극대화 측면에서 동일한

세탁기에 붙은 대시의 버튼을 누르기만 하면 다음 날 현관 앞에는 새로운 세제가 배달된다. 아마존이 만든 혁신의 힘이다.

맥락이다. 새로운 경험을 통해 소비자들은 아마존의 기술적 리딩에 이끌려가는 것이다.

대시는 아마존의 새로운 시도의 결정체라고 할 수 있다. O2O, 사물인터넷, UX의 극대화가 어우러진 참신한 시도다. 세탁기 위에 미국의 대표적 세제인 'Tide'를 위한 자그마한 '대시'를 붙여놓고, 세제가 떨어질 때가 되면 대시 버튼을 누른다. 그럼 다음날 문 앞에는 새로운 세제가 도착한다. 스마트폰으로 로그인하고 복잡한 '클릭질'을 하지 않아도 된다. 역시 그들의 클래스는 세상을 앞서나간다. 나중엔 세제 통에 센서를 부착해서 세제가 바닥날 때 즈음 자동으로 새로운 세제가 주문될지도 모른다. 화장실 휴지나 기저귀처럼 반복적으로 구매하는 제품들에 모두 적용된다면 자질구레한 주문에서 해방될 날이 멀지 않아 보인다. 새로운 기술 진보에 기반을 둔 다양한 시도의 경험이 쌓이면 결국 킬러 아이템으로 나타나지 않을까? 사물인터넷, O2O, 참신한 유저경험 측면에서 충격적 혁신이 아닌가? 역시 멋지다. 제프 베조스!

에코도 마찬가지다. 기술이 이제 인간의 목소리를 귀 기울여 듣고 반응하고 감정을 읽으려 노력한다. 최근 아마존이 출시한 음성인식 클라우드 연결 무선 스피커 에코는 기기의 이름이고 그 기기에서 반응하는 인공지능의 이름은 '알렉사'Alexa다. 그러니까 에코를 향해 말을 걸때는 "알렉사"라고 해야 한다. 2014년 최초로 선보인 알렉사는 이제 돌도 지나지 않았다. 하지만 미국의 많은 구매자들은 알렉사에게 깊은 애착을 느끼고 있다. 전등을 껐다 켜는 단순한 지시(wink hub를 통하면 에코로 전등과 현관문 잠금 장치를 통제 가능하다)에서, 음식 레시피 검색, 아이들과의 간단한

에코의 인공지능 '알렉사'는 사용자의 말투와 억양에서 그의 모든 것을 알아내는 똑똑한 인공지능이 될 것이다. 이제 나보다 나를 더 잘 아는 인공지능의 출현을 앞두고 있다.

대화가 가능한 수준의 인공지능을 갖추었다.

에코는 7개의 섬세한 마이크를 장착하고 있어 집안 어디서나 어느 방향에서도 말을 알아듣는다는 점에서 애플이나 구글의 음성인식과 차이점이 있다. 심지어 음악이 흘러나오는 상황에서도 사용자의 목소리를 걸러내서 인지한다. 수화기에 대고 어색하게 목소리를 가다듬을 필요가 없어진 것이다. 기계와의 대화에 편리성을 현격히 증가시켰다.

아마존의 혁신은 새삼스럽지 않다. 습관처럼 '아마존스럽게' 혁명적 변화를 만들어왔다. 과거 아마존은 킨들을 통해서 독서의 습관을 바꾸었고, 모든 물건의 상거래를 온라인으로 흡수했고, 로봇 인공지능으로 물류를 혁신 중이며, 드론을 이용한 배송을 현실화하고 있다. 온라인 스트리밍을 통해 아마존의 영역을 방송으로 확장했고, 클라우드 컴퓨팅으로 사용자들의 저장 습관을 바꾸고, 개인 컴퓨터에 추억처럼 파편화된 사진을 자신의 서버에 간직하고 사람들이 의지할 무언가로 거듭나는 중이다. 궁극적으로는 각 가정의 거실에는 아마존이 제공하는 도우미이자 모든 것을 해결해주는 비서인 알렉사가 파견될지도 모른다.

인공지능 유저 인터페이스인 알렉사는 사용자에겐 편리함으로 다가오지만 아마존에게는 거대한 사용자 맞춤형 시장의 개척을 의미한다. 사람의 말투와 억양, 맥락 속에서 더욱 높은 부가가치를 끌어낼 가능성을 찾아내는 것이다. 스마트 홈, 사물인터넷, 인공지능, O2O – 이 모든 키워드에 너무나 적합한 제품과 서비스가 바로 에코 '알렉사'라는 판단이다.

에코의 기능은 2~3년 동안은 그대로일지 몰라도 소프트웨어의 업그레이드는 광속으로 업그레이드될 것이다. 사람들은 알렉사의 성장과 변화에 더 큰 재미를 느낄 것이고 그럴수록 알렉사에 대한 의존도는 높아질 것이다.

아마존은 이미 에코 알렉사에게 숨결을 불어 넣어줄 개발자들과 풍성한 생태계를 구축하기 위한 준비를 끝냈다. 아마존은 개방형 응용프로그램 개발 플랫폼을 형성하기 위해 알렉사 스킬 킷Alexa Skills Kit을 공개했다. 뿐만 아니라 이 개발 툴을 손쉽게 익히기 위한 온라인 세미나 교육과정도 개설하고 개발자 교육에도 열을 올리고 있다. 플랫폼을 공개하고 개발자를 키워내는 것은 매우 중요하다. 가령 사용자가 "알렉사, 야놀자에서 오늘 호텔 좋은 방 나온 거 알아봐줄래?"라고 묻기에 앞서 개발자가 알렉사 스킬 킷을 활용해 서비스가 연동되도록 만들어야 하기 때문이다. 알렉사 생태계에 기여할 스타트업들에 투자할 1,100억 원 규모의 알렉사 펀드Alexa Fund도 시작했다. 아마존의 생태계 형성을 위한 의지가 담겨 있는 돈이다.

두고 보라, 앞으로도 아마존은 돈이 되고 안 되고를 가리지 않고 새롭고 혁신적이면서도 실험적인 아이디어를 몇 개월 간격으로 선보일 것이다. 그 중 하나가 소비자의 기호에 맞고, 시대의 흐름에 딱 맞아 떨어지면 대박 아이템으로 등극하는 것이고, 아니더라도 아마존의 혁신적 창조 브랜드 이미지를 이어나가는 데 충분한 자극제가 되니 상관없다.

이 시대에 중요한 것은 속도와 모멘텀이다. 얼마나 효율적으로 돈을 썼느냐는 큰 문제가 되지 않는다. 제조업의 시대에 얼마나 많은 돈이 광고와 판촉이라는 이름으로 낭비되어 왔는가? 지금 아마존의 새로운 시도는 기업 이미지를 위함이고, 소비자 충성도를 이끌어내 시대를 앞서는 기술을 발굴하기 위한 꿈틀거림인 것이다.

오프라인 서점 개장, 아마존의 O2O진격

얼마 전 아마존이 오프라인 서점을 개장했다는 소식이 들려왔다. 온라인에서 승기를 완전히 잡고 생태계를 완전히 구축한 아마존이 오프라인을 향해 포문을 연 것이다. 바로 O2O다! 서점은 시작이다. 이제는 아마존의 오프라인 서점뿐 아니라 아마존 마트, 아마존 편의점이 생길 수 있다.

물론 아마존이 운영하는 오프라인의 서점, 마트, 편의점은 전통적인 개념과 전혀 다른 것이다. 온라인상거래 업체가 오프라인에 만들어 놓은 체험형 매장, 플래그십 스토어flagship store와 같은 개념일 것이다. 마치 애플 스토어와 같은 느낌이랄까?

순전히 제품을 판매하기 위한 공간이라기보다는 온라인의 연장선상에서의 오프라인. 온라인에 현장감을 더하기 위한 공간일 확률이 높다. 영화 "Her"에서 등장하는 섹시한 목소리스칼렛 요한슨의 OS처럼 알렉사와 섬세한 감정교류가 이뤄지면서 인공지능으로부터 감정적 상처를 받는 경우도 생겨날 수 있다. 에코 알렉사와 소프트뱅크 페퍼가 하나로 융합되어 가정용 로봇의 시대를 본격적으로 열어나갈 시기가 멀지 않았다! 가까운 미래에 미국이나, 중국, 일본에서 '1가구, 1로봇'의 시대가 열릴지도 모른다.

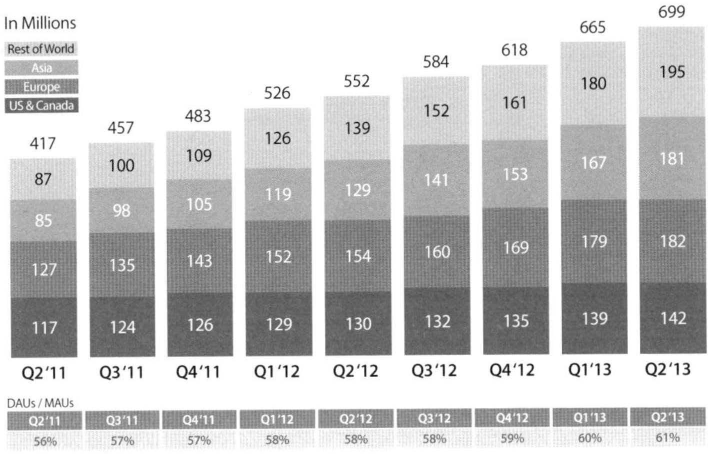

아마존 순수 이용자 수

아마존은 18년 동안 3가지 생각으로 성공을 이룩했다. 고객을 우선 생각하라. 개발하라. 그리고 인내하며 기다려라.

아마존 CEO 제프 베조스

망각, 불안감, 선택을 만드는 페이스북

페이스북은 세계에서 가장 거대한 소셜 네트워크 서비스SNS다. 지난 2015년 8월 28일 기준으로 페이스북 하루 사용자는 10억 명을 기록했다. 세계 인구 7명 중 1명은 매일 페북에 접속한다.

그럼 매일 10억 명이 사용하는 지구상 최대 SNS인 페이스북에는 어떤 치명적 매력이 있길래 이렇게 폭발적인 성장을 이어나가는 것일까? 페이스북은 현재 유저의 급증과 함께 중독성 역시 더 커져만 간다. 가히 치명적일 정도다. 모바일 광고, 미디어 모두 페이스북의 생태계로 빨려 들어가고 있다. 사용자들이 페이스북에서 머무는 평균 체류시간도 날로 늘어나는 추세로 덕분에 페이스북의 실적과 주가 모두 급성장세에 있다. 그 비결은 무엇일까? 답은 의외로 기술에 있지 않다. 오히려 심리학에 있다. 그리고 '사람'에 있다. 페이스북이 사람의 뇌 구조와 인간관계를 닮았기 때문이다.

좀 더 면밀히 살펴볼 필요가 있다. 페이스북의 철학에 대해 '인문학적'인 접근을 해보자. 의외로 딱 맞아 떨어지는 부분이 있다.

첫째, 망각이다. 사람은 망각의 동물이다. 따라서 시간적 순서에 따라 모든 것을 기억하면 사람 냄새가 사라진다. 페이스북은 검색이 잘 되지 않아 불편하다. 게다가 딱히 규칙도 없이 나의 타임라인을 증발시키곤 한다. 아무리 찾아도 내가 쓴 글이 나타나지 않는다. 구글에서 검색도 되지 않는다.

이런 불편함은 페이스북의 기술이 부족해서일까? 절대 그렇지 않다. 오히려 의도된 불편함일 수 있다. 사람과 사람의 관계를 복제하려는 페이스북의 강력한 의지가 담긴 고도의 전략인 것이다. 여기서 포인트는 페이스북처럼 우리네 기억도 마찬가지라는 것. 망각이 없으면 사람은 너무 많은 정보에 시달리고, 상처에 아파하며 그로인한 스트레스에 짓눌릴 것이다. 그리고 그 이유로 현재에 집중할 에너지를 뺏길지도 모른다. 언제나 기억에서 꺼내볼 수 있다면 현재는 미래보다는 과거에 더 가까워질 확률이 크다. 나중에, 나중에… 하는 사이 현재는 과거가 된다.

그러나 지금 아니면 안 되는 이야기들을 이야기 하게 만들고 지나간 이야기들은 적절히 삭제되고 감추어지는 것은 불편하지만 매력적이고 중독성 강한 속성이다. 그게 우리네 뇌구조와 무섭도록 닮아있는 것이다. 그래서 페이스북이 끌리는 것이다.

둘째, 불안감이다. 페이스북은 수많은 사람들과 관계 맺을 수 있는 플랫폼이다. 그래서 글 하나, 사진 하나로도 인기를 얻을 수도 있다. 하지만 페이스북에 활동이 뜸하면 페친들에게 노출될 가능성도 떨어진다. 즉, 빈번하고 꾸준하게 활동을 해야 관계가 유지되는 것이다.

우리네 오프라인 친구 관계도 마찬가지 아닌가? 연락이 뜸해졌다는 것은 관심도 적어졌다는 증거다. 꾸준히 안부도 묻고 내 소식도 알려야 인기남이 될 수 있잖은가? 페이스북 유저가 하루에도 수백 번씩 '좋아요' 아이콘을 눌러대는 이유는 기본적으로 관계를 유지하고자 하는 이러한 욕망 때문이며, 관계 단절에 대한 불안감이 기저에 깔려 있기 때문이다.

셋째, 선택이다. 페이스북에서는 상대방의 눈치를 보지 않고 페친을 정리할 수 있다. 또 보기 싫은 정보를 자기 나름의 기준으로 재단할 수도 있다. 아주 손쉽게 나에게 필요한 소식만 골라볼 수 있는 특징이 있다. 하지만 아주 논리적인 배열은 아니다. 내가 선택을 하지만 페이스북이 나에게 알려주는 소식의 취사선택 근거는 내가 알 수 없다. 사람의 인연이란 것도 그렇다. 내가 선택한 것이 아니라 우연히 주어지는 관계다. 하지만 아무리 인연이라도 지구 반대편 사람을 만날 확률은 현격히 낮다. 페이스북은 이런 선택과 인연 사이를 살아가는 사람들의 관계를 복제하려고 노력한다. 그래서 우리는 불편함과 불확실성이 난무하는 무질서한 페이스북 생태계에 빨려 들어가는 것이다.

페이스북에서는 이렇듯 사람 냄새가 진동한다. 우리는 외롭고, 관심 받고 싶어 한다. 어떤 존재보다도 관계 지향적이다. 따라서 페이스북은 여러

가지 불편함 속에도 계속 성장할 것이다. 페이스북의 불편하면서도 치명적 중독성은 인공지능, 딥 러닝, 로봇의 시대에도 결국 사람에 대한 깊은 이해와 통찰이 기반이 되어야 가치가 창조된다는 것을 보여주는 좋은 사례다. 우리는 우리 자신에 대해 얼마나 깊은 이해를 하고 있는가?

페이스북이 인공지능 비서로 변신한다?

애플의 '시리'와 아마존의 '에코' 중 누가 더 똑똑할까? 매일 10억 명이 사용하는 페이스북. 가장 오랜 시간을 유지시키는 비법을 지닌 페이스북이 이제 인공지능 기술로 유혹의 손길을 더 깊숙이 뻗어온다. 거부할 수 없는 편리함, 치명적 중독성의 냄새가 물씬 풍긴다.

페이스북이 준비 중인 인공지능 개인비서 서비스 'M'의 구체적 형태와 모습에 대해 사람들의 궁금증은 커지고 있다. 그러나 아직 샌프란시스코의 백여 명의 한정된 유저들에게만 시범적으로 운영하고 있어서 구체적인 기능은 알려진 바가 없다.

하지만, 몇몇 미국 기자들에 의해 알려진 내용에 따르면 페이스북 메신저 안에서 비행기 티켓을 알아보고, 예약하는 것이 가능하다고 한다. 'M'과의 메신저 대화 몇 번으로 미국 국내선 비행기 티켓 예약이 자신의 일정에 맞춰서 완료되는 경험을 했다고 한다.

여기서 관건은 폐쇄성이다. 페이스북 메신저 밖으로 나가지 않고, 페이스북 생태계 안에서 O2O의 끊김없는 경험을 느낄 수 있다는 것이다. 이러한 M의 편리성이 페이스북 메신저 안에서 오프라인의 다양한 서비스를 담아낼 수 있다면 그 파괴력은 가히 상상을 초월할 수 있다. 심리학 전문가 집단 페이스북은 인간에게 가장 중독적인 기술은 인간다워야 한다는 것을 알고 있기에 인공지능 분야에서도 본질을 건드리는 창조를 할 것이라 기대한다.

페이스북이 가장 빠른 속도로 성장하는 모바일 미디어이면서 광고회사가 되었다면 'M'을 통해서 추구하는 것은 바로 오프라인의 서비스에 대한 장악력을 키워가려는 시도, 즉 O2O 트렌드에 부합하는 시도라고 할 수 있다.

특별 과외를 시작한 시리와 알렉사

아마존과 페이스북보다 빠르게 음성인식 인공지능의 영역을 상용화한 애플의 행보도 주목해야 한다. 애플은 시리를 더 똑똑하게 만들기 위해 최근 'Vocal IQ'를 인수했고, 더 잘 볼 수 있도록 사진 인식기술을 보유한 'Perceptio'를 인수했다. 2011년 이 세상에 태어나 이제 만 4세가 된 시리는 강남 엄마 못지않은 극성 치맛바람을 일으키는 애플 CEO 팀 쿡Tim Cook이 준비한 특별 과외를 통해 IQ의 한 단계 업그레이드를 예고하고 있다.

아마존의 에코도 음성인식 인공지능에서 절대 뒤쳐지지 않는다. 360도 음성인식 스피커 에코의 애칭은 '알렉사'. 이제 막 태어난 알렉사는 시리보다 세 살이나 어리지만 말귀는 더 잘 알아듣는 신동이다. 스피커 내부에 여러 개의 마이크를 장착해 360도 어느 방향, 어느 지점에서 말이 들리더라도 문제없이 인식한다. 게다가 '자연어'에 대한 인식능력도 애플의 시리보다 뛰어나다. 그런데 알렉사의 진정한 강점은 날개를 달고 구름 Cloud 위로 승천했다는 것이다. 모든 검색과 연산, 서비스 업데이트가 클라우드 환경 내에서 이뤄진다. 그만큼 학습의 여건이 월등한 알렉사다. 역시 요즘 애들은 무섭다.

실리콘밸리에서 펼쳐지는 M, 시리, 알렉사의 인공지능 서비스들의 아이큐 경쟁은 앞으로 미래지향적인 UX의 진화 방향을 보여준다는 측면에서 큰 의미를 지닌다. 스마트폰 화면에만 국한해서 UX/UI를 바라보는 것은 과거 지향적이다. 자연어 인식은 기본이요, 인공지능과 빅 데이터 기술이 조합된 새로운 무언가가 미래 UX/UI의 모습이다.

우리에게 실리콘밸리의 인공지능 신동 키우기 경쟁이 왜 중요할까? 페이스북, 애플, 아마존이 군침을 흘릴만한 매력적인 기술의 일부분이라도 한국 스타트업이 세계적 수준으로 개발할 수 있다면 이야기는 달라진다. 분명 높은 몸값에 기술과 기업을 매각하고 커다란 부를 창조할 수 있을 것이다. 그것이 자연어 음성인식 분야가 될 수도 있고, 데이터 분석능력을 키워주는 사고력 증진 프로그램일 수도 있다. 한국 스타트업의 바람직한 비즈니스 모델 중 하나는 미국, 중국의 거대 IT 기업들이 매력을 느낄만한 기술에 집중해서 창업 2~3년 이내에 매각하는 것을 사업의 목표로 삼는 것이다.

그럼 기업을 매각하고 그 이후는? 수백 억 이상 가치로 기업을 매각하고 두둑해진 주머니로 세계여행을 하면서 힐링하고, 새로운 아이템을 찾아서 다시 창업하고 또 2~3년 이내에 미국, 중국 기업에 매각하는 것이다. 이런 단기적인 치고 빠지기 전략의 반복이 미국, 중국 사이에 샌드위치 신세에서 살아남을 수 있는 유연한 생존 전략일 수 있다.

그리고 한국의 '모 아니면 도' 식의 스타트업 죽음의 계곡을 최대한 안전하게 지나갈 수 있는 좋은 방법론일 수 있다. 그래서 이러한 새롭게 '핫'해지는 사업의 변화에 민감하게 촉을 세우고 바라본다. 전통적 제조업으로 미래를 바라기엔 너무나 우울하다.

기술은 별 것 아니다. 중요한 것은 사람에 대한 믿음이다. 그들은 근본적으로 선하고 현명하다. 그들에게 도구를 쥐어주면 멋진 일을 해낼 것이다.

애플 전 CEO 스티브 잡스

페이스북의 마크 저커버그의 50조원 기부

2015년 12월 2일(한국시간), 마크 저커버그(Mark Elliot Zuckerberg)는 페이스북 지분 99%(약 52조원)을 기부하겠다고 밝혔다. 이유는 갓 태어난 자신의 딸에게 더 나은 지구를 물려주기 위해서. 꿈의 크기가 다르니까 기부도 멋지게 한다. 이번 기부는 과거 빌게이츠의 기부금액을 넘어서는 역사상 최대 규모의 기부로 기부와 관련된 공익재단은 부인과 자신의 이름을 딴 '챈저커버그 이니셔티브'다.

이번 기부의 배경으로 얼마 전 태어난 딸에게 더 나은 세상을 물려주겠다는 다짐이라고 밝혔다. 딸 사랑을 진정 인류애적으로 하는 멋진 아빠다.

부의 대물림보다 가치를 물려주는 정신. 실리콘밸리의 진정한 저력은 바로 이러한 인류에의 소명의식, 책임감에서 나온다. 거대한 비전 사명감이 근원적 창조 혁신의 원동력이다. 자꾸 돈, 돈, 돈만 외치면 돈도 못 벌고 인류에 어떤 빛도 비추지 못한다. 가치를 깊이 진지하게 추구할 때 돈도 벌고 일관된 모습으로 가치를 현실로 만들어내고 궁극의 가치를 세상에 환원할 수 있다.

한국의 미래를 만들어갈 청년 창업가들이 꼭 배워야 하는 덕목을 1984년생 저커버그는 보여준다. 노블리스 오블리주, 한국의 세습 문화 등. 정말 많은 것을 생각하게 하는 사건이다.

실리콘밸리 벤처 캐피털 역사의 전설, 세쿼이아 캐피털

교육 시스템과 창업가의 비전 이외에도 미국의 탁월한 창조력의 이면에는 '벤처 캐피털'이 또 하나의 큰 역할을 수행하고 있다. 여기에서는 상징적으로 실리콘밸리의 가장 대표적인 벤처 캐피털을 소개하면서 미국 벤처 캐피털이 추구하는 가치가 무엇인가 느껴보자.

실리콘밸리의 전설적 기업들을 '함께' 키워낸 세쿼이아 캐피털. 투자한 기업들은 나스닥 시가 총액의 20%를 차지한다. 이런 표현 자체가 이미 전설적이다. 세쿼이아는 실리콘밸리의 역사이자, 새로운 역사를 써내는 주역이다. 그 비결은 무엇일까? 세쿼이아가 찾는 창업가를 보면 알 수 있다.

세쿼이아 캐피털(Sequoia Capital)의 투자 이력

애플, 설립 2년 1978년에 투자

EA, 설립년도인 1982년에 투자

오라클(Oracle), 설립 6년 1983년에 투자

시스코, 설립 3년 1987년에 투자

야후(Yahoo), 설립 1년 1995년에 투자

페이팔(PayPal), 설립년도인 1999년에 투자

구글(Google), 설립 1년 1999년에 투자

링크드인(Linkedin), 설립 1년 2003년에 투자

자포스, 설립 5년 2004년에 투자

유투브(youtube), 설립년도인 2005년에 투자

드롭박스(Dropbox), 설립년도인 2007년에 투자

에어비엔비(Airbnb), 설립 2년 2009년에 투자

에버노트(Evernote), 설립 3년 2010년에 투자

텀블러(Tumblr), 설립 3년 2010년에 투자

왓츠앱(WhatsApp), 설립 2년 2011년에 투자

인스타그램(Instagram), 설립 2년 2012년에 투자

위에 언급한 기업들의 이름만 들어도 놀라울 따름이다. 각자 자신의 영역에서 세계 1위의 기업들이다. 그런데 이런 기업들을 창업 초기 1~3년 사이에 투자하고 키워냈다는 것이 더 놀랍다.

그러면 세쿼이아는 어떤 기준으로 무수히 많은 창업가들 중에서 옥석을 가려낼까? 친절하게도 세쿼이아는 공식적으로 자신들이 추구하는 창업가의 모습에 대해서 구체적인 서술을 하고 있다. 세쿼이아가 찾는 창업가는 아래와 같다.

창조적 영혼 The creative spirits
마이너 감성 The underdogs
목표가 뚜렷한 The resolute
확신에 찬 The determined
지칠 줄 모르는 The indefatigable
거부하는 The defiant
아웃사이더 The outsiders
독립적 사고 The independent thinkers
전투적 The fighters
진정한 믿음 The true believers

이러한 자질을 갖춘 창업가는 극히 드물다. 세쿼이아는 이러한 창업가에 자본을 투자하는 것을 '투자'라 표현하지 않고 '파트너가 되었다' partnered로 말한다. 세쿼이아는 벤처 캐피털의 본질을 투자자로 보지 않고 창업파트너로 인식하고 있는 대목이다. 그래서 그들은 자신을 '창업가 뒤의 창업가' entrepreneur behind entrepreneur로 지칭한다. 함께 10~15년을 함께 성장해나갈 파트너를 물색한다는 세쿼이아가 창업가들에게 던지는 조언은 아래와 같다.

엄청난 성과를 만드는 것은 적은 가지 수의 것들을 남들보다 월등히 잘 하는 데서 나온다.

Outperformance comes from doing a few things better than others.

높은 마진은 실수의 안전판이다.

High margins cushion mistakes.

행동을 믿고, 말을 믿지 마라.

Believe actions, not words.

듣는 것은 말하는 것을 이긴다.

Listening beats talking.

자본집약적인 사업은 보통 악몽으로 이어진다.

Capital intensity usually produces nightmares.

거대한 성공은 인내에서 나온다.

Massive success comes from patience.

팀, 팀워크의 개선이 장기적 성공의 비결이다.

Teams, and gradual improvement of teams, are the secret to long-term success.

영원한 것은 없다.

Nothing lasts forever.

너무나 당연해 보이지만 너무 맞는 말이다. 진실은 심플하고 당연하지만 실천하기 어렵다. 이런 창업가 정신 가득한 전설적 창업가적 투자자 세쿼이아가 이제는 중국 인터넷플러스의 전설을 키워낸다. 알리바바, 알리바바를 추격중인 징둥상청JD닷컴, 그 뒤를 쫓는 쥐메이, VIP숍, 중국 최대 음식점 앱 디엔핑. 이 모든 기업에 이미 세쿼이아가 파트너다.

화려한 스타트업 대박을 창조하는 기업들 뒤에서 파트너로서 역할을 다하는 미국의 전설적 벤처 캐피털 세쿼이아의 성공을 지켜보는 것도 이 시대를 바라보는 한 가지 방법론이다.

우리는 절대 돈이 부족한 게 아니다. 꿈을 위해 목숨을 바칠 사람이 부족하다.

알리바바 마윈 회장

창조의 미국, 비결은 상상의 스케일

기업이 거대한 규모의 비전을 품고 실천하는 것은 비단 페이스북 뿐만이 아니다. 미국의 창조적인 기업들은 하나같이 뚜렷한 가치관과 비전을 품고 있다. 전 세계를 기술로 변화시키면서 스마트한 생태계를 만들고 이제는 O2O로 변화시키는 미국의 창조자들 구글, 애플, 페이스북, 아마존의 사명선언문(Mission Statement)을 유심히 살펴보면, 공통점은 '세계'와 '인류'를 생각한다는 점이다.

지구를 복사하고, 세상의 모든 정보에 욕심을 부리는 구글. 인류에게 새로운 도구를 창조하겠다는 애플. 세계에 공유의 '힘'을 부여하겠다는 민주투사 페이스북. 세계에서 가장 많은 제품을 가장 낮은 가격으로 제공하겠다는 아마존. 세상에 전혀 새로운 무언가를 선사하겠다는 아주 진보적인 도전정신이 느껴진다.

아래 미국 주요 기업들의 사명선언문을 참고해보자.

• 구글

세계의 정보를 취합해서 모두에게 접근 가능하며 유용하게 한다.

To organize the world's information and make it universally accessible and useful.

• 애플

인류에 진보를 안겨줄 마음으로 도구를 만들어 세계에 기여한다.

To make a contribution to the world by making tools for the mind that advance humankind.

• 페이스북

인류에 공유의 힘을 선사하며, 더 열려 있고 더 연결된 세상을 만든다.

To give people the power to share and make the world more open and connected.

• **아마존**

온라인을 통해 사고 싶은 모든 것을 찾을 수 있고 가능한 가장 낮은 가격을 제공하는 지구상에서 가장 소비자중심의 회사가 된다.

To be Earth's most customer–centric company, where customers can find and discover anything they might want to buy online, and endeavors to offer its customers the lowest possible prices.

주입식, 성적, 서열주의의 아시아 교육으로 절대 따라갈 수 없는 미국의 창조성은 바로 이런 '상상의 스케일'에 있다. 누가 시키지도 않았는데도 인류를 고민하는 미국의 창조자들. 그들에게 엄청난 부를 대가로 지불하는 데 누구도 아까워하지 않는다. 인류에 새로운 세계, 새로운 감각, 새로운 지능을 부여한 창조가들이 수십조 원을 벌어들인다고 누가 질투하겠는가? 한국의 기업, 한국의 인재들에게 부족한 것은 바로 상상의 스케일이다.

여기서 문제제기를 해본다. 이제 새롭게 개화하고 있는 모바일 생태계에서 한국 기업들은 어떤 사명을 가지고 있을까? 상상의 스케일을 무한히 확장하고 '1류'가 되기보다는 '인류'를 고민해야 미국의 창조성에 압도당하지 않고 경쟁할 수 있다. 인류를 변화시킬 스케일로 상상하고 자신만의 유니크한 가치를 담은 진심어린 사명선언문을 만들자!

IBM과 GE, '020'로 옷을 갈아입다

일단 과거를 돌아보자. 삼성의 스마트폰 갤럭시 성공 신화는 구글이 가장 빠르면서도 다양한 시도로 안드로이드 생태계를 풍성하게 만들어주었기 때문에 가능했다. 만약 삼성이 안드로이드 생태계에 대항하는 무언가를 만들기를 고집했다면 노키아와 모토롤라처럼 역사의 뒤안길로 사라졌을 수도 있다. 삼성의 빠른 속도경영은 구글의 안드로이드가 스마트폰 후발주자로서 빠르게 성장할 수 있는 거대한 경쟁력을 제공해주었다. 그 와중에 갤럭시 노트라는 새로운 제품군 '패블릿'Phone과 Tablet의 합성어로 태블릿 기능이 포함된 스마트폰도 탄생했다. 무수한 실패를 넘어선 근면한 시도의 결과다. 근면, 성실도 모이면 창조가 된다는 희망적 결과라고나 할까.

삼성과 구글의 협업은 오늘날 안드로이드 생태계가 애플의 iOS를 압도하도록 성장하게 해주었다. 아쉽게도 이제는 안드로이드 생태계의 중심추가 중국 샤오미, 화웨이, 레노버로 넘어가고 있지만 말이다. 그래서 이제는 새로운 미래를 새로운 생태계의 창조자들과 함께 만들어나가야 할 때다.

전 세계적 스케일의 창조적 생태계를 한국 스스로 만들기는 역부족이라는 차가운 현실을 받아들여야 한다. 그렇다면 전 세계에서 가장 미래적인 비전을 제시하는 기업과 함께 미래를 만들어나가는 것이 더 바람직하지 않을까? 그런 점에서 우리는 IBM과 GE의 변화를 주목해야 한다.

O2O가 IoT와 만나 B2B로 확장되다

2015년까지 스마트 기기가 물류, 배달, 택시 등 수요자가 원하는 다양한 서비스로 소비자들에게 다가갔다면, 2016년부터 폭발적으로 변화할 분야는 바로 B2B 분야다. 병원, 은행, 공장, 발전소, 공항, 고속도로, 지하철 등 국가의 주요 기간산업이거나 교통, 의료, 전력 등의 국가가 감당하는 분야에서 변화의 움직임이 일어나고 있다. 어떻게? 이런 거대한 스케일의 분야들이 이제 인공지능과 사물인터넷의 힘을 빌어서 상상할 수 없는 수준으로 스마트해질 것이다.

이제 시대는 충분한 수준의 높은 비용효율cost effective을 달성했고, 비즈니스의 모든 분야로 침투할 만반의 준비가 완료됐다.

IBM은 인공지능, 데이터 분석, 보안, 핀테크블록체인에서 가장 앞서 있다. GE는 사물인터넷, 스마트 헬스케어, 스마트 그리드, 포괄적인 스마트 제조업에서 가장 진보적 기업이다. IBM, GE와 경쟁할 생태계를 만드는 것은 비효율적이며 불가능해 보인다. 미국의 근원적 창조성은 중국의 부상에도 흔들림이 없다는 사실만 봐도 그렇다. 사실 중국을 이끄는 IT기업들의 인적 구성을 보면 대부분 미국에서 교육받고, 문화를 흡수한 미국적 인재들이다.

미국의 창조성에 대항할 수 없다면, 차라리 재빠르게 미래를 창조하는 미국 기업들의 비전을 빠르게 현실로 만들어주는 "전방 돌격대" 역할을 한국의 기업들이 수행하는 것은 어떨까? 더 나아가 가장 성장성 높은 아시아 지역의 시험대로서 한국의 지위를 확고히 하는 전략이 더 효과적일지도 모른다. "한국에서 검증되면 중국, 인도, 일본, 동남아에서도 문제없어요."

IBM과 GE는 모두 백여 년 역사를 가진 미국 경제를 상징하는 전통의 기업이다. 두 회사 공히 최근 전통적 전략을 과감히 폐기하고 무서울 정도의 전략 수정을 통해 완전히 말랑한 회사로 변신 중에 있다. 게다가 두 회사 모두 개방적인 생태계를 만들고 있다. 말랑하고 개방적이어야만 미래를 바꿀 수 있다는 메시지를 던져주는 듯하다.

고맙게도 이 두 회사의 개방적 생태계는 그야말로 열린 기회의 공간이고 한국 기업들의 빠르고 완벽한 실행력을 높이 평가할 가능성이 높은 생태계다.

IBM, GE와 함께 미래를 만들어나갈 고민을 해보자. 혹시 그러다보면 갑자기 중국의 바이두에서 수천억 원짜리 고가의 인수 제안이 들어올지도 모를 일이다.(실제로 텐센트, 알리바바, 바이두도 최근에 IBM, GE가 추구하는 미래를 장기적 성장 전략으로 제시하고 있다.)

GE의 변신은 무죄?

GE는 2014년부터 2015년까지 수백조 원에 달하는 부동산과 금융 자산을 매각했다. 단순한 매각이 아니다. 회사의 장기 전략을 완전히 탈바꿈시키는 과정 속에서 이루어진 결과다. 그 방향성이 바로 '산업인터넷'이다.

GE의 제프리 이멜트 회장은 얼마 전 연설에서 'Mind + Machine'이라는 두 단어를 들고 나와 충격을 줬다. 1892년 에디슨이 창업한 120여 년 역사를 자랑하는 GE가 수십 년 만에 제조업에 마침표를 찍고 '기계'Machine 란 단어 앞에 '마음'이란 인문학적이고, 철학적이면서, 감정적인 단어를 붙이고 나타난 것이다. 충격이 아닐 수 없다.

기계는 산업혁명, 제조업 시대의 상징과 같은 존재다. 그런 단어 앞에 마음이라니!

기계가 무수히 많은 데이터를 사람과 주고받으면서 다양한 인지적 판단과 논리적 추론을 통해 합리적 사고를 하고, 그보다 더 추상적인 감정의 영역까지도 진화할 것이라는 예언을 담은 명제인 것이다. 이제 기술은 차가운 기계에 따스한 숨결을 불어넣고 냉철한 판단을 넘어서 인간과 닮은 사고방식Mind-Set을 이식하겠다는 원대한 목표가 담겨있는 선언이다.

사람과 기계가 무수한 데이터를 주고받으며 합리적인 사고를 하고 감정을 느끼는 세상. GE가 꿈꾸고 있다.

여기서 뜬금없이 답이 없는 질문을 하나 던져본다.

"인간은, 기술은, 마치 선악과를 따는 것 같은 우를 범하는 것은 아닐까?"

비행기와 발전 같은 산업 기반의 토대를 움직이는 인프라에 집중하는 GE가 이런 말랑하고 발칙하면서 혁신적인 도발을 한다는 것이 모순이면서도 놀랍다. 미국 기업의 혁신의 놀라운 점이 바로 이러한 자기 부정을 통한 해체적인 창조성에 있다.

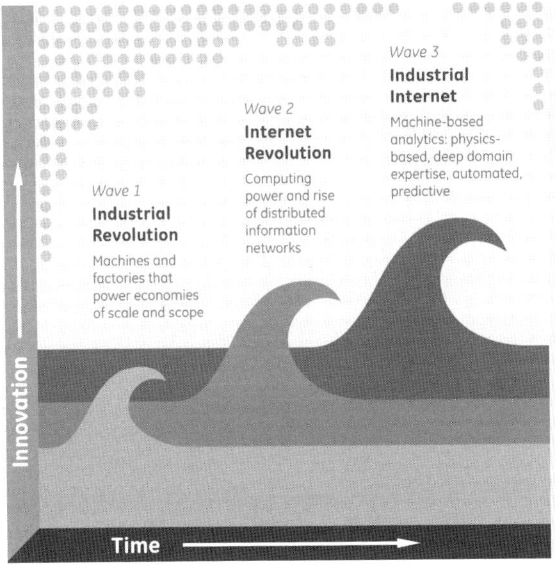

산업혁명과 인터넷혁명의 시대를 지나 이제 산업인터넷의 시대를 앞두고 있다.

전설적인 경영자 잭 웰치 시대의 GE는 무수한 기업합병M&A을 통해 부동산, 금융업으로 몸집을 헤비급으로 만들었다. 그러나 시대가 변했다. GE는 2014년과 2015년 역대급이라 불릴 만큼의 거대한 자산 매각으로 데이터에 기반을 둔 산업인터넷과 사물인터넷에 주력하는 회사로 변신했다. 이제 GE의 웹사이트에서 '금융'이란 단어는 찾기 힘들다.

GE는 현재의 21세기 시대를 산업인터넷의 시대로 규정한다. 산업인터넷은 18세기 산업혁명과 20세기 인터넷혁명이 변증법적으로 만나서 창조되는 무언가로 이야기하는 것이다. 21세기에는 산업혁명과 인터넷혁명이 어우러진 산업인터넷의 시대가 펼쳐진다는 예언을 GE가 몸소 실천하고 있다.

과거 제조의 시대에는 금융자본과 거대한 고정자산 투자를 통한 지속적인 진입장벽 올리기가 경쟁자 제거의 주된 방법이었다. 그러나 데이터의 시대에는 데이터를 수집하고 장악해 가공의 단계를 거쳐 정보, 지식, 지혜로 격상시키는 것이 경쟁자의 진입을 막는 방법 즉 새로운 형태의 진입장벽이 될 것이다.

그렇다면 새로운 진입장벽은 어떻게 만들어지는가? 역설적으로 데이터의 시대에는 개방성이 대단히 중요한 생존역량이다. 그래서 GE는 개방적인 생태계를 지향하는 애플에 가까운 회사가 되었고, 데이터에 대한 집착은 IBM, 시스코cisco에 못지않다. 새로운 시도를 하는 소프트웨어 개발자들을 향해 "GE와 함께 스마트한 모든 것을 만들어보아요."라고 제안하며 이 시대에 빠른 속도로 적응하는 중이다.

마냥 제조업 시대의 공룡으로, 과거의 영화에 빠져 급변하는 시류를 깨닫지 못하는 기업들과는 모양새가 너무나도 다르다. GE의 핵심 경쟁력은 결국 시대에 맞춰 빠른 속도로 자신을 맞춰가는 적응력인 것 같다.

지금은 빠른 놈을 더 빠른 놈이 잡아먹고, 큰 놈을 더 큰 놈이 잡아먹는 시대다. GE는 크지만 느리지 않으려고 발버둥치는 중이다. 그래서 "더 빠르고 더 큰 놈"이 되려고 안간힘을 쓰고 있다.

IBM의 왓슨과 언더아머의 티셔츠가 만날 때

IBM과 언더아머가 손을 잡고 웨어러블 헬스케어 분야에서 협력한다는 소식이 들려온다. IBM은 누구나 아는 전설적 IT기업이지만 언더아머는 생소할 수 있다. 미식축구 선수 출신 창업자가 할머니의 지하방에서 20년 전 시작한 언더아머는 미식축구 선수들 사이에서 땀 흡수를 잘해주는 티셔츠로 인기를 끌면서 성장했고, 지금은 나이키와 아디다스를 무서운 속도로 따라가고 있는 고성장 의류기업이 되었다.

지난 2년여 간 언더아머는 8천억 원을 헬스케어 분야 모바일앱 개발사를 인수하는 데 지출했다. 'MapMyFitness'를 1,700억 원에, 'MyFitnessPal'을 5천억 원에 인수한 것이 대표적 사례다.

언더아머는 스포츠의류를 IoT와 데이터분석 산업으로 재해석 중이고 그 협력 동반자로 IBM을 택한 것이다. 세계에서 가장 선도적 인공지능인 IBM왓슨의 인지컴퓨팅, 머신러닝 알고리즘의 역량은 이제 스포츠의류까지 확장되는 중이다. 2014년 말 기준 IBM은 데이터분석 사업부문에서 20조 원의 매출을 기록 중이다. 조만간 왓슨 사업부 하나에서만 매출 1조 원이 달성될 것이라고 한다.

나는 예상한다. 왓슨의 1조 원이 10조 원이 되는 날이 멀지 않을 것이라고. 언더아머는 IoT에 대한 과감한 시도로 시장을 선점하고 새로운 시장을 창조할 것이다. 두 회사의 혁신적 콜라보가 흥미로운 이유다.

'인공지능'에 대한 두 '인간지능'들의 대화

2011년, 사람들은 놀라운 경험을 했다. 미국 ABC텔레비전 퀴즈쇼 '제퍼디'Jeopardy!에서 인공지능 왓슨Waston과 74번 연속 우승 기록 보유자 간의 퀴즈 대결이 펼쳐진 것. 사상 초유의 인간과 컴퓨터의 대결에서 왓슨은 압도적인 차이로 승리했다. 왓슨은 현재 영어와 일본어, 포르투갈어, 스페인어를 현지인처럼 이해한다. 적용 분야도 다양하다. 현재 미국의 일부 암전문 병원에서는 왓슨을 이용해 치료법을 조언하는 사업을 진행하고 있고, 로펌에서는 전 세계의 모든 법률과 판례를 꿰고 있는 왓슨을 이용해 서비스를 제공할 수도 있다. 본격적으로 펼쳐질 인공지능의 세상은 우리의 삶을 어떻게 바꿔나갈까? IBM 왓슨을 담당하는 배영우 상무에게 미래의 인공지능이 보여줄 놀라운 변화를 들어보았다.

정주용(이하 정) : 박사님, 인공지능이란 무엇입니까?

배영우(이하 배) : 매우 폭넓고 철학적인 질문입니다. 우선 인공지능 기술의 초기 시도부터 이야기하겠습니다. 과거 인공지능 개발 초기에는 확률적으로 어떤 조건과 상태면 어떤 결과대로 작동되어야 한다, 이런 규칙에 기반을 둔 인공지능 기술이 적용되었습니다. 처음에는 엄청 신기했지요. 답이 척척 나오니까요. 그런데 우리가 사는 세상은 항상 조건과 상태가 바뀌지 않습니까? 그래서 답을 매번 무한히 바꿔줘야 하고 이걸 사람이 해야 하는 거예요. 그래서 이러한 방식의 인공지능은 오늘날에도 쓰이긴 하지만 매우 제한적으로 활용되죠. 자동응답 이메일 같은 경우가 대표적입니다. 하지만, 이런 규칙에 기반을 둔 인공지능 시스템은 정형화된 프로그램 방식이라 한계가 분명했고, 결국 IBM은 보다 인간의 사고방식에 가까운 인공지능을 연구하게 되었고, 그것이 '인지 컴퓨팅'이었던 것입니다.

정 : 인지 컴퓨팅에 대해서 자세히 설명해주세요.

배 : 네, 인지 컴퓨팅은 지식을 학습시키는 방법이고, 각기 특화된 영역별로 서로 다른 지식을 배경으로 다른 방식으로 응답하는 인공지능 시스템입니다. 같은 헬스케어 분야라도 암, 당뇨 등 병명에 따라 다른 전문성을 가집니다. 저는 이런 왓슨의 분야별 전문성을 학생에 비유합니다. 즉, 왓슨이란 큰 시스템은 학부교육을 충실히 이행한 학생인거죠. 기본적인 문제해결 능력, 의사소통 능력을 지니고 있습니다. 이러한 기본기에 전문화된 지식을 장착하기 위해서

는 각 세부 분야별 특화된 지식의 학습이 별도로 필요합니다. 왓슨에게도 석사학위, 박사학위가 필요한 것이죠. 보통 세부 분야에 대한 일정 기간의 학습이 이뤄지면 왓슨은 그 분야에 대한 전문가로 변신합니다. 머신러닝이란 분야가 만나는 접점입니다.

최종의 왓슨 사용자는 자신이 원하는 왓슨의 이미 구축된 영역을 선택하고 왓슨에게 필요한 지식을 추가로 이식하고, 그것을 몇 개월간 왓슨과 대화하는 과정검증의 과정을 통해서 구체화시키면 왓슨은 자신의 서비스에 특화된 세상에서 유일한 나만의 왓슨으로 거듭난다는 것이죠. 왓슨의 머신 러닝, 딥 러닝 기술은 새로운 지식이 늘어날수록 더 빠른 속도로 진화합니다. 물론, 알고리즘은 진화하지 않고 사람이 짜줘야 하지만요. 무수한 질문에 왓슨이 답하고 거기에 사람이 검증하는 과정의 반복이 이뤄지고 이러한 트레이닝이 몇 개월 지속되면서 왓슨의 특화된 전문성은 점점 상업적 활용 가능한 수준에 가까워지는 것이죠.

정 : 박사님, IBM의 인공지능 연구는 언제부터 시작됐나요?

배 : IBM의 인공지능 연구는 90년대 중반에 이미 시작되었고, 텍스트 분석 지식 마이닝 기술이 공식 발표된 건 1997년, 이때 체스게임에도 출전했습니다. 지금까지 20여 년의 연구기간 동안 자연어 처리, 지식의 축적, 알고리즘 등 다양한 분야의 연구가 거대한 규모로 이뤄졌고, 투자금 또한 수조 원을 넘어갑니다.

정 : 그럼, 지금이라도 수조원의 투자금을 한 번에 투자하면 IBM의 인공지능 기술을 따라잡을 수 있을까요? 한국이나 중국이 그런 시도

를 해서 성공할 가능성은 어떻게 보세요?

배 : IBM 왓슨의 가장 큰 자산은 사실 이 모든 일이 한 사람의 천재적인 아이디어로 이뤄진 것이 아니라 IBM이라는 집단지성의 조직체가 오랜 기간 만들어냈다는 것이죠. '생각하라!'라는 모토로 IBM은 100조 원이 훌쩍 넘는 매출을 10만 명이 넘는 임직원들이 만들어내는 하나의 거대한 유기적 시스템입니다. 시스템으로 만들어지는 창조적이고 미래적인 지식창조물, 그 대표적인 사례가 바로 왓슨인거죠.

왓슨시스템을 누군가 모방은 할 수 있겠지만 근본적으로 동일한 수준의 시스템을 지금부터 시작해서 따라잡기가 어려워 보이는 것은 바로 이런 무형적인 요인에 근거합니다. 단순히 돈 문제가 아닌 거죠. 게다가 누군가 왓슨에 필적하는 인공지능 시스템을 만들었다 치더라도 그 기술에 이르게 한 다양한 기술적 시도가 왓슨이 이미 특허를 갖고 있어서 다양한 로열티를 왓슨에 지급해야 하는 상황에 다다를 위험이 있는 것이죠.

정 : 네. 박사님, 저는 그런 측면에서 인공지능 분야에 어마어마한 1등의 이점first mover advantage이 있다고 생각합니다. 일단 앞서가고 크게 가면 뒤에 쫓아오는 경쟁자는 두 배 세 배의 위험을 감수하게 되는 것이니까요.

배 : 그렇습니다. 왓슨의 인공지능은 미래에 현재의 구글과 같은 영향력을 지니는 새로운 생태계의 창조자가 될 확률이 높습니다. 개방형 생태계, 수익배분의 생태계 구축을 통해서 세계의 수많은 전문

가 집단들이 보다 쉽게 데이터를 분석하고, 보다 수준 높은 인공지능 시스템을 활용할 수 있도록 만들어줍니다.

정 : 지금을 데이터기술의 시대라고 보는데요. 인공지능과 어떤 연관성이 있을까요?

배 : 지금은 데이터가 너무 많아서 사람이 다루는 건 불가능한 시대입니다. 그래서 인공지능은 필수적입니다. 가장 효율적으로 데이터를 가공하는 방법이니까요. 인공지능이 나와서 신기하다는 이유로 사용하는 것이 아니라, 데이터가 너무 방대해지니까 필연적으로 사용하게 되는 것입니다. 그래서 데이터의 중요성이 강조되는 트렌드가 강해질수록 인공지능의 상업적 활용은 더욱 빈번해지고 창출하는 부가가치도 커지겠죠.

정 : 그럼 인공지능의 앞으로 진보의 방향은 어떻게 되나요?

배 : 지금 인공지능은 합리성에 초점을 맞춥니다. 하지만, 향후에는 새로운 지식을 아예 스스로 탐구하게 만들어놓는 것입니다. 창작의 수준으로 확장 진화되는 것이죠.

대표적인 예는 새로운 요리를 창조하는 셰프 왓슨입니다. 1만 가지 레시피를 기반으로 요리법을 스스로 개발합니다. 특정인에게 가장 적합한 레시피를 스스로 만들어내서 제시합니다. 컴퓨터적 창조성computational creativity의 영역이죠. 창조는 인간의 전유물이라는 상식을 깰 만한 과감한 도전입니다. 동영상 편집, 음악 작곡, 그림 그리기도 가능할 수 있을 겁니다. 아직은 갈 길이 멀지만요.

정 : 자 그럼 이렇게 인공지능 분야를 선도하는 IBM이란 회사가 궁금해 져요. IBM은 어떤 회사죠? 기업문화 특성에 대해 이야기해주세요.

배 : IBM은 철저하게 비용과 수익을 계산하는 B2B기반의 높은 이익률의 IT기업입니다. 그래서 IBM은 새로운 기술은 반드시 넘기 힘든 소비자의 높은 효용의 임계점을 넘어가야 한다는 것을 누구보다 잘 압니다. 단순히 신기하고 흥미로운 기술적 진보가 돈이 되지 않는다는 것을 압니다. 하지만, 소비자에게 기계와 대화를 원활하게 할 수 있게 된다는 것은 놀라운 효용의 돌파구로 작용할 것입니다. 이제 그러한 시대가 되었고, 다행히 IBM이 그 최전선에 있는 것이죠.

IBM이 엄격한 기준을 갖는다고 변화에 뒤처지는 기업인 것은 절대 아닙니다. 오히려 항상 변화한다는 동의를 가지고 근본적 변화를 꾀하는 게 IBM의 독특한 문화입니다. 물론 실리콘밸리 스타트업 입장에서 볼 때는 상대적으로 딱딱하게 보일 수 있으나 대기업치고 매우 수평적이고 사람 중심인 편에 속합니다. 산업의 구조를 바꾸면서 진화하더라도 놓치지 않는 하나의 뚜렷한 모토가 있습니다.

"생각하라!Think!"

이 철학은 IBM 창립 당시부터 지속되어 왔으며, IBM 혁신의 근간입니다. 치열하게 생각하고 또 생각해서 가장 스마트한 문제해결 방법에 대해서 시스템적으로 고민하는 회사가 IBM인거죠. 물론 구체적인 Operation의 내용이나 전략적 중점은 최고경영진의 변화에 따라 바뀝니다. 하지만 기업문화와 그 근간에 흐르는 철학은 변치 않습니다. 그래서 IBM은 변치 않는 성과를 꾸준히 내고 있는 것이죠. 수평적이면서 뚝심 있게 성장하고 진화해온 IBM에서 지난 20여 년간 근무했는데 행운이라 생각합니다. 하지만, 20년간 IBM에서 살아오면서 왓슨처럼 급격히 빠른 속도로 진화하는 서비스는 처음 봅니다. 마치 PC가 태동한 시기처럼 기술적으로 격변하는 시기가 다시 도래한 듯합니다.

정 : 끝으로 한국 스타트업들에게 한 마디 부탁드릴게요.

배 : IBM은 비즈니스에 집중합니다. 순수한 B2B사업자인거죠. 게다가 개방형 상생형 생태계를 창조하는 기업입니다. 특히 왓슨은 더욱 그러한 원칙에 충실합니다. 이제 막 태동하는 왓슨의 신비로운 생태계를 잘 활용하면 시대를 앞서가는 역할을 할 수 있고, 그 가운데 많은 성장의 기회가 있을 것입니다. 글로벌 성장의 기회도 그 안에 분명히 있을 겁니다. 왓슨을 발판삼아 글로벌 성장의 꿈을 이룩하십시오.

화웨이에서 DJI까지;
중국 O2O 기업 열전

시진핑 정권 3년 차, 2015년 중국 경제는 힘겨운 경제성장통을 겪었다. 십수 년간 이어진 두 자릿수 GDP 성장을 뒤로 한 채 성장의 기어는 2014년 8%대에서, 2015년 7%대로 지속적으로 하락 중이다. 중국의 경제성장률 하락은 중국 경제의 경착륙에 그치지 않고 중국 발發 세계 경제위기론으로 이어져 왔다. 실제로 중국 경제는 고속 성장의 부작용과 치부를 드러내며 근본적 체질 개선의 필요성을 대내외적으로 드러냈다. 막대한 규모의 지방정부 부채, 중국 본토 증시의 반 토막 폭락, 위안화 가치 급락, 외환보유고 급감 등이 그것이다.

부의 국영기업 집중과 그로 인한 비효율, 관료의 부정부패가 심각해졌다. 그뿐 아니다. 지방정부의 경쟁적 도시화와 고속성장 추구로 농촌에

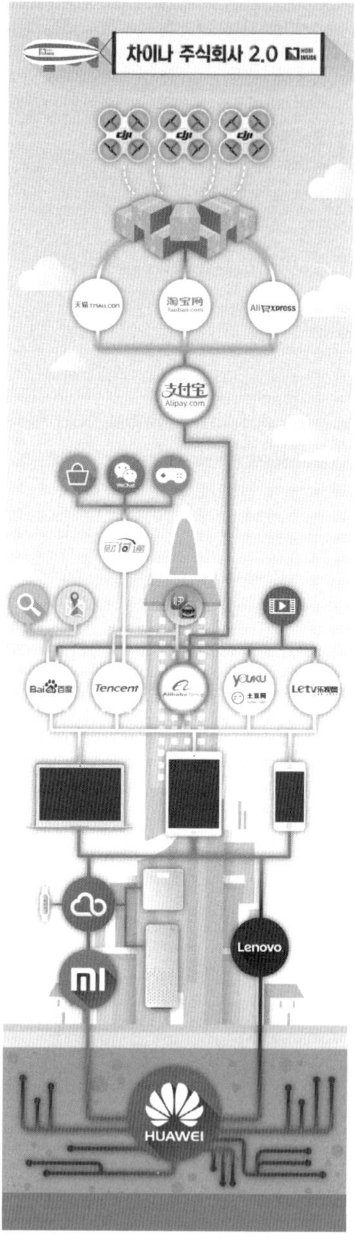

는 텅 빈 고층빌딩이 유령도시처럼 솟아 있고 지방정부의 부채는 감당하지 못할 수준으로 늘어났다. 여기에 원래 국유산업인 금융업은 공무원 마인드로부터의 변화를 거부하며 국유기업과 유착관계에서 만족하고 있는 상황이었다. 이로 인해 불거진 문제가 바로 그림자 금융이다. 은행들이 국유기업에만 저금리 우대조건에 대출해주고 민영기업들에는 대출하지 않자 대형 국유기업이 암암리에 민영기업을 상대로 고리대금업을 수행하며 폭리를 취한 것이다.

그렇다면 중국이 무작정 힘든 상황일까? 중국이 금융위기를 겪을 만큼 금융이 고도화되기나 했을까? 2016년 '중국 발 경제위기'는 있을 수 있지만, '중국의 경제위기' 가능성은 매우 낮다고 본다. 물론 중국의 성장 둔화로 인해 중국에 의존적인 경제 주체들의 고통스런 보릿고개가 있을 수는 있다. 가장 취약한 것이 바로 대한민국이다. 블룸버그의 앵커도 놀랄 정도로 세계에서 가장 중국에 의존적인 국가가 바로 한국이다. 중국은 오히려 성장 둔화에 대비한 근본적 체질 개선을 대한 준비를 차근차근 계획하고 수행하고 있다. 그것이 무엇 인고 하니, 바로 2015년도 연초에 제시한 향후 10년의 청사진이자 경제성장 캐치프레이즈인, '인터넷플러스'와 '스마트 제조'다.

게다가 '중국 제조 2025년'이라는 구체적 목표 달성 연도까지 제시했다. 2025년까지는 앞으로 10년. 중국은 양적 성장보다는 질적인 성장을 추구하겠다는 것이다. 근본적인 체질의 개선을 이룩하겠다는 방향성은 바로 국영에서 민영으로, 제조업에는 스마트함을 덧입혀서 스마트한 제조를 이룩하고, 인터넷에는 모든 오프라인의 서비스와 사물들을 연결해서 O2O의 세계 최고 강국을 이룩하겠다는 방향성을 뚜렷하게 담았다. 인터넷플러스와 스마트 제조를 유심히 들여다보면 앞서 언급한 미국의 가장 선진적인 산업적 인터넷 기업인 GE의 'Mind + Machine'과 유사하는 것을 알 수 있다. 인터넷플러스와 스마트 제조는 서로 뿌리가 다른 두 단어지만 결국 하나로 맞닿아 있다. 소프트웨어 기반에서 시작된 인터넷플러스, 하드웨어에 뿌리를 두고 있는 스마트 제조. 이 두 단어가 현실에서는 아직 상호 혼재되어 구현되지만, 가까운 미래에는 이 두 영역이 융합해 무언가로 진보될 것이다. 중국 정부가 그런 미래의 모습을 구체적으로 그리고 있다면, 그래서 경제성장의 주요 키워드로 인터넷플러스와 스마트 제조를 전면에 내세웠다면 등골이 오싹해진다. 반면 우리 정부의 창조, 혁신이란 추상적인 경제 키워드는 한없이 초라해 보인다.

중국은 독일, 일본, 미국의 기술적 수준을 따라잡아야 할 대상으로 삼고 있다. 향후 10년간 중국 정부는 과거 후진타오 주석 시절부터 1만km의 고속철도를 건설할 때처럼, 해외 자원개발을 위해 전 세계적인 땅따먹기를 수행할 때처럼, 무지막지한 투자와 지원을 아끼지 않을 것이다. 이번에는 하드하고 소프트한하드웨어와 소프트웨어 모든 기술이 중국 정부의 먹잇감이 될 것이다. 이번 시진핑 정권 경제성장의 주인공은 민영기업이다. 근본적인 변화다. 1978년 등소평의 개혁개방이 시작된 이래로 중국 경제의 주역은 언제나 국유기업이었다. 그것이 중국의 국가가 주도하는 권위주의적 자본주의 심화를 지속시켜준 원동력이었다. 하지만, 새로운 중국 경제 2.0의 주도 세력은 국영이 아니라 민영이 된다. 민영 중에서도 IT제조, 모바일 서비스 기업들일 가능성이 100%다. 아마도 원천 기술을 담당하는 화웨이, 반도체를 담당하는 칭화홀딩스, 모바일기기를 기반으로 스마트한 생태계를 구축하는 샤오미, 중국 8억 인민을 연결시켜주고 즐겁게 해주는 텐센트, 중국 최대이자 세계 최대 전자상거래 업체 알리바바, IBM의 하드웨어를 모두 품은 레노버, 세계 최대&최고 드론 제조 업체 DJI 등이 그 주인공일 것이다.

대표 주자가 너무 많다고 반문할 수 있으나, 지금 거론된 기업들은 모두다 각기 자신의 특화된 영역에서 할당된 임무를 충실히 수행하는 중이다. 격하게 경쟁하고 서로 아웅다웅 못 잡아먹어 안달이지 않냐고 묻는다면 그렇지 않다고 단호히 말할 수 있다. 왜냐하면 이들 중국 기업들은 서로 경쟁하다가도 외국 IT기업이 중국을 침공하려 하면 서로 손잡고 안방산업 보호에 나서기 때문이다. 마치 정부에서 사주한 것처럼 말이다. 언론으로 논쟁은 벌이지만 실리를 차리기 위해서 절대 서로 출혈 경쟁하지 않는다. 중국 정부의 IT만리장성은 그렇게 중국 IT공룡들을 길러내고 규합하고 단결시킨다.

시진핑 정권에서 훈풍에 돛을 단 기업은 단연 텐센트와 샤오미다. 이 두 기업의 총수는 경제적 권력뿐만 아니라 정치적 권력도 손에 쥐고 있기 때문이다. 텐센트의 마화텅 회장, 샤오미의 레이쥔 회장은 공히 2015년 연초 최대 정치행사 양회에 인민대표 금배지를 달고 등장했다. 경제 스타인 두 사람은 당당히 자신의 의견을 정치의 영역에도 외치고 있다.

텐센트는 8억 유저를 가진 세계 최대 게임 회사로 수조 원의 현금을 매년 끌어 담는 중국 O2O 선두주자다. 200조가 넘는 시가 총액의 이 공룡이 500조를 넘어 세계 최대 시가총액 기업인 애플을 추격하는 그림이 그려진다. 마화텅 회장이 인민대표 배지를 달고 인터넷플러스를 외치고, 공청단 주요 조직의 부서기장이 되는 상황은 현 정권의 정치적 맥락과도 정확히 일치한다.

창업 6년차의 샤오미는 비상장 벤처기업으로 기업가치가 50조 원을 넘어 100조를 향해 달려가고 있다. 그대로 한국 증시에 상장하면 시가총액 2위에 해당한다. 특허와 관련된 이슈에는 신경쓰지 않고 오직 스피드에 목숨 건 채 전 세계 유저들의 손에 샤오미 제품을 하나씩 안겨주는 스마트 제조계의 무법자다. 이 회사를 전통적 제조 회사의 개념으로 접근하려들면 오산이다. 이미 지금 이 글을 읽는 대부분 독자들의 집에는 샤오미 충전 배터리가 하나씩 있을지도 모른다. 미밴드 체중계가 우리 몸 근처로 파고든다. 스마트폰에서 스마트홈으로 '광속' 확장중인 샤오미는 누구보다 미국적이고 애플보다 스티브잡스의 영혼을 잘 카피하고 있다. 자신의 생태계 구축을 위해 제조에서의 이익은 잠시 접어두는 인내력과 특허 로열티 이슈로 비난과 소송이 위협해도 안하무인으로 질주하는 뻔뻔

함도 역량이라면 역량이다. 사실 로열티 이슈는 미국이 가장 걱정해야 한다. 미국은 샤오미를 상대로 공격적이지 않다. 가장 로열티에 민감할 퀄컴 Qualcomm은 샤오미의 초기 지분 투자자로 샤오미와 피를 나누는 혈맹이다. 미국과 중국의 미묘한 공존을 두고 우리는 괜히 남을 걱정할 필요가 전혀 없는 것이다. 샤오미가 안방에서 몸집을 더 키운 후 특허를 보유한 다수의 글로벌 기업들을 어마어마한 금액으로 인수할 수도 있는 것이다. 샤오미의 스피드 경영전략을 이해하지 못하면 중국의 무서움을 제대로 깨닫지 못하는 것이고 샤오미의 광폭 성장은 앞으로도 이해할 실마리를 찾지 못하게 된다. 이제 샤오미는 작은 좁쌀이 아니라 대박 큰 좁쌀, 특대미다. 이런 샤오미의 가장 큰 두려움의 대상은 화웨이다. 군부 출신의 런정페이Ren Zhengfei 회장이 이끄는 화웨이는 기본기에 충실한 우직한 기업이다. 모바일통신 관련 특허를 가장 많이 보유 중인 세계 최대 규모의 이동통신 장비업체가 바로 화웨이다. 15만 명의 직원을 거느리고 50조 매출에 5조 원의 순이익을 기록하는 건실한 기업이다. 게다가 15만 명의 직원 중 절반인 7만 명 이상이 연구개발R&D 인력이라니 글로벌 이동통신이 아니라 특허 인해전술이라 불러도 무방할 정도다. 아마도 샤오미에게는 화웨이가 가장 무섭고, 가장 부러운 존재일 것이다.

하지만, 앞서 언급한 것처럼 이들 세 개의 거대 민영 IT기업들을 경쟁적인 시각에서 바라보는 것은 옳지 않다. 오히려 하나의 거대한 유기체, 즉 '중국 주식회사 2.0' 체제의 자회사들로 바라보는 것이 옳다. 중국 주식회사 2.0이라는 거대한 유기체를 새로운 경지로 올리기 위해 서로 다른 영역에서 최선을 다하는 모습이라고 해석하는 편이 더 정확하다. 이런 시각으로 바라봐야 중국의 정체를 정확하고 쉽게 파악할 수 있다. 이런 측면에서 여전히 중국은 국가 주도의 자본주의 시스템이다. 자국의 이익을 위해 수많은 중국의 IT 기업들은 서로 '제 살 갉아먹기' 식의 경쟁보다는 서로 보완적 성장을 할 것이고 중국 정부도 그렇게 유도할 것이다. 인터넷플러스, 스마트 제조는 시진핑 정권의 10년짜리 거대 공정이며, 중국의 IT 뉴딜정책이고, 글로벌 경제의 회복을 가늠할 리트머스지다.

중국 2025년 비전은 모바일혁명에서 시작된다!

중국 정부가 본격적으로 제조업, 인터넷과 모바일 산업의 질적 성장을 선언하고 글로벌 경쟁력 강화를 외치는 근간에는 과연 실체가 있는 것일까? 그 근거는 현재진행형인 중국판 '모바일혁명'에서 나온다. 주역은 1980, 1990년대에 태어난 20~30대 젊은 중국 청년들이다. 중국어로는 바링허우八零後, 샤오황디小皇帝라고 불리는 세대다.

과거 PC게임으로 여가를 즐기던 수억 명의 청소년들이 이제는 성인이 돼 스마트폰으로 게임 아이템 구입을 위해 '현질'유료 아이템 구매을 하고, 모바일 전자상거래로 물건을 사고, 모바일 메신저로 안부를 주고받는다. 이 중국 청년들은 한국 청년들만큼이나 참을성이 없고, 지루함을 잘 느낀다. 미국이나 유럽에서 유학을 마치고 돌아온 해외파 중국 청년들은 세상의 변화와 유행에 더 민감하다. 지금 중국의 청년들은 속도와 세련됨을 겸비한 글로벌 모바일 종족으로 변화하고 있고, 덕분에 중국은 이미 전 세계 모바일 혁명의 최전선을 이끌고 있다.

이 혁명은 과거 마오쩌둥의 문화혁명처럼 정부가 이끄는 혁명이 아니라 민간에서 자발적으로 일어나는 혁명이며, 청년들이 자생적으로 이끌어가는 혁명이다. 이 혁명에 가담한 인구가 8억 명이 족히 넘는다는 사실은 혁명을 더욱 혁명답게 만들어준다. 우리는 중국 모바일혁명의 주역에 주목할 필요가 있다.

거래액 기준 세계 1위 전자상거래 기업 알리바바시가총액 250조 원, 7억 명 모바일 유저를 보유한 세계 최대 온라인 게임 SNS 기업 텐센트시가총액 150조 원, 창업 5년 만에 1억 대의 스마트폰을 팔아 치우며 중국 스마트폰 1위에 등극한 샤오미시가총액 50조 원 추정, 비상장, IBM과 모토로라를 인수한 세계 1위 PC기업 레노버, 통신업계의 특허 공룡 화웨이비상장, 그리고 미래의 샤오미, 알리바바, 텐센트를 꿈꾸며 벤처창업의 전선에서 땀 흘리는 수천 만의 청년 벤처 창업가들이 그 주역들이다.

특히 벤처창업 대박신화를 기록한 알리바바, 텐센트, 샤오미의 의미는 더욱 크다. 시진핑 정권의 커다란 숙제인 청년실업 해결, 민영기업 위주의 경제 발전, 내수 증진이 벤처창업 활성화로 상당 부분 해소될 수 있기 때문이다. 그래서 중국의 모바일혁명은 시진핑 정권 차원에서 모바일 판 뉴딜 정책으로, 후진타오 정권의 고속철도 도시화 프로젝트에 버금가는 커다란 의미를 지닌다.

아직도 한국은 갑론을박 떠들썩하기만 한 금융산업발發 모바일 혁명 '핀테크'는 이미 중국에서는 당연한 일상이 돼버렸다. 택시, 음식점, 항공기, 철도, 호텔, 자판기 등 우리가 상상할 수 있는 모든 종류의 결제 행위는 이제 신용카드 없이도 알리페이Alipay, 텐페이Tenpay와 같은 모바일 지급결제 앱으로 바로 가능하다. 한국은 금융위원회에서 핀테크를 누가 하는가,

어떻게 하는가에 대해 이리저리 궁리만 하고 있는 동안, 중국은 이미 저만치 앞서 가고 있다.

이제 중국은 모바일혁명의 종주국 미국마저도 앞선다. 알리바바와 텐센트는 모바일 앱을 통해서 대출, 송금, 금융상품 판매까지 종합 금융업을 영위하고 있다. 미국의 애플페이Apple pay, 페이팔Paypal도 이렇게 직접 은행을 설립하고 대출 서비스까지 제공하지 않는다. 현재 시점에서 핀테크의 최고 선진국은 이미 중국이다.

이러한 핀테크 혁신에는 알리바바와 텐센트와 같은 민간 기업의 노력과 혁신이 있었기에 가능했다. 그러나 중국 정부의 지원사격이 없었다면 불가능했다. 2014년 말 텐센트가 온라인 전문은행 최초로 대출을 개시했고 리커창 총리가 최초 대출 버튼을 직접 눌러줬다.

누가 중국을 규제가 많은 공산주의 국가라고 비난할 수 있을까? 지금 중국은 정부가 밀어주고 민간이 앞서 뛰는 모바일혁명의 천국이다. 민간 모바일 벤처기업들은 상상하는 모든 것을 시도할 수 있다. 정부는 민간 기업들의 창조적 시도에는 딴지를 걸지 않고 자유로운 시도를 허락한다. 혁명의 속도와 크기는 이미 세계를 압도하고 있고, 어느 곳에서도 시도된 적 없는 새로운 시도들이 중국 베이징의 중관춘中關村, 상하이 푸둥浦东, 선전深圳 연구개발단지에서 일어나고 있다. 이 변화를 민감하게 감지하지 못한다면 한국이 중국의 앞선 기술에 압도당하게 될 날도 머지않았다. 바짝 긴장하고 중국 중원에서 펼쳐지는 움직임에 귀를 쫑긋 기울여야 하는 이유는 여기에 있다.

중국 기업에겐 영원한 적도, 친구도 없다

시진핑 시대 중국 기업의 약진이 더욱 위협적인 이유는 중국 기업인들만의 실용 정신 때문이다. 보수적이고 모든 일을 스스로 하길 좋아하는 일본과 한국의 대기업들과는 달리 중국의 대기업들은 자존심을 내세우지 않고 돈이 되는 일에는 다른 업종의 회사, 심지어 같은 업종의 라이벌과 손을 잡는 데 거리낌이 없다.

현재 IT산업의 두 공룡 알리바바와 텐센트가 벌이고 있는 경쟁을 보면 쉽게 이해할 수 있다.

알리바바는 전자상거래에, 텐센트는 SNS와 게임에서 시작한 회사지만 이들은 현재 자신의 영역에서 뛰쳐나와 오프라인의 모든 서비스 산업을 선점하기 위한 경쟁을 극심하게 벌이고 있다. 온라인과 모바일은 이제 두 회사에게는 성에 차지 않는 좁은 공간이다. 택시, 금융을 기점으로 모든 일상의 소비, 라이프스타일을 구석구석 오프라인으로 확장해 나오고 있다. 두 회사는 치열한 경쟁을 통해 중국 모바일혁명을 더욱 가속화하는 역할을 충실히 수행하고 있다. 드라마가 재미있으려면 주연배우 간의 갈등이 최고조로 가야 하는 것과 마찬가지다.

2015년 중국의 설날인 춘절 저녁에 중국 국영방송 CCTV에서 방송되는 프로그램인 '춘완'春晚이 큰 화제가 되었다. 이 명절 특집 프로그램은 13억 중국인 모두가 시청한다 해도 과언이 아닐 만큼 유명하다. 그런데 이 프로그램에서 텐센트는 모바일 앱으로 세뱃돈을 지급하는 이벤트를 진행했다. 앱을 설치한 후 열심히 스마트폰을 흔들어서 당첨되면 세뱃돈을 받을 수 있는 이벤트로 약 700억 원을 중국 전역에 뿌렸고, 수억 명이 텐센트의 모바일금융 앱을 설치했다. 세뱃돈을 받으려면 은행 계좌와 텐센트의 금융 앱 '텐페이'를 연계, 등록해야 하기 때문이다.

알리바바도 이에 질세라 춘절 맞이 세뱃돈 행사를 SNS 시나 웨이보新浪微博, 알리바바가 지분 18% 보유한 나스닥 상장사를 통해서 진행했지만 공영방송에서 진행한 텐센트의 이벤트에는 비교될 수 없었다. 게다가 텐센트가 춘절 기간 동안 갑작스레 메신저 서비스 위챗중국명 웨이신에서 알리바바의 금융서비스 알리페이를 일부 차단하는 일도 벌어지는 등 두 회사 간에 진흙탕 싸움으로 번지는 양상마저 있었다.

이후 알리바바와 텐센트는 택시 예약 서비스에서도 한 차례 격돌했다. 알리바바는 '콰이디다처' 앱을 통해 항저우, 상하이를 기점으로 중국 중남부 택시산업을 장악하고 있고, 텐센트는 '디디다처' 앱을 통해 베이징을 기점으로 중국의 북부와 서부를 장악하고 있다. 택시 예약 앱 분야에서 이 두 회사의 시장점유율은 무려 99%에 달한다.

그런데 2015년 2월 이 두 서비스는 전격 합병을 발표한다. 이로써 중국의 택시 앱 서비스는 완벽한 독점사업이 됐다. 합병된 회사의 가치는 약 6조 6,000억 원이다.

알리바바와 텐센트는 일단 택시 예약 앱 서비스에선 휴전협정을 평화롭게 맺은 듯하다. '제 살 갉아먹기' 식의 과다 경쟁을 사전에 차단하겠다는 두 회사의 의지인 것이다. 이 합병의 이면에는 미국 온 · 오프 융합형 혁신의 상징인 우버가 있다. 작년 12월, 중국 최대 검색엔진 바이두Baidu는 우버에 약 6,000억 원을 투자했다. 5억 명에 달하는 바이두의 모바일 검색 엔진 유저와 2억 명에 달하는 내비게이션 지도 서비스를 우버와 연계할 전략적 포석이라는 분석이 이어졌다. 전 세계적으로 많은 논란을 낳고 있는 우버에 투자하기로 한 바이두의 신속한 결정은 일본이나 한국의 대기업과는 대비된다.

그런데 더 놀라운 것은 이런 움직임에 대한 알리바바와 텐센트의 반응이다. 간명했다. "뭉치면 살고, 흩어지면 죽는다"였다. 그토록 치열하게 경쟁하고 때로는 진흙탕 싸움도 벌였던 두 회사가 언제 그랬냐는 듯이 너무도 쉽게 손을 잡았다. 택시 앱 사업에서의 경쟁을 끝내기 위해 합병해버렸다. 이익은 각자의 결제 서비스를 통해 나누는 것으로 합의했다. 이 둘의 야합으로 미국의 우버는 중국 시장에서 순식간에 길을 잃었다.

이런 중국인들의 유연하고 실용적인 사고가 시진핑 시대 중국의 두 키워드인 '스마트 제조'와 '인터넷플러스'를 가능하게 해줄 것이다.

최근 또 하나의 놀라운 소식이 전해졌다. 인터넷 기업 텐센트와 제조업체 폭스콘이 손잡고 스마트카 사업에 신출한다는 것이다. 폭스콘은 애플의 아웃소싱 파트너로 유명한 세계 최대 전자제품 제조업체다. 이 둘의 만남은 인터넷플러스와 스마트 제조가 어떻게 연결되는지를 말해주는 사례다. 이 파트너십이 반드시 성공한다는 보장은 없으나 이렇게 모바일 산업과 오프라인 제조업을 융합하는 창조적 시도는 앞으로 중국 전역으로 번져나갈 것이다. 중국의 모바일혁명은 이렇게 가파른 속도로 전 세계를 선도해나가고 있다. 수백만의 중국 청년들은 거대한 변화의 조류 속에서 제2의 알리바바, 텐센트를 창조하기 위해 벤처창업 전선에 뛰어들고 있다.

전 세계에서 몰려든 수십조 원의 투자자금은 중국 모바일혁명발發 대박을 노리고 베이징, 상하이, 선전, 청두로 몰려들고 있다. 이렇게 치열한 경쟁으로 창조되는 벤처창업과 투자의 뜨거운 열기를 중국의 정치인들은 흐뭇한 시선으로 응원하며 바라보고 있는 것이다.

중국의 모바일혁명, 기회인가 위기인가

중국의 스마트 제조, 인터넷플러스, 모바일혁명, 알리바바와 텐센트의 전면전 양상은 한국에게 위험이자 기회다. 당면한 위험을 기회로 극적으로 전환시키기 위해서는 우선 현실을 담담하게 받아들일 필요가 있다. 우선 중국의 모바일혁명의 속도와 강도가 이미 한국을 능가하고 있음을 인정해야 한다. 예를 들어 텐센트를 한국 온라인게임 개발사들의 기술로 성장한 별거 아닌 기업이라 폄하하는 한국 게임업계 종사자들이 있다. 이것은 자기만족을 위한 현실 회피적 판단이다. 한국 기업 엔씨소프트나 넥슨이 아무리 노력해도 가까이 따라갈 수 없을 만큼 텐센트는 이미 멀리 앞서 가고 있다. 이뿐 아니다. 알리바바가 네이버의 라인을 인수할 가능성이 가장 큰 기업이란 것도 인정해야 한다. 카카오, 넷마블, 파티게임즈 등 대표적인 한국 모바일 기업의 2대 주주가 텐센트란 사실을 있는 그대로 받아들여야 한다. 그리고 그만큼 한국 기업들이 여전히 매력적인 투자의 대상이라는 사실에 위안을 삼아야 한다. 현실은 차갑게 현실로 받아들여야만 건설적 대안을 도출할 수 있다. 샤오미가 어떻게 돈을 버는지 모르겠다고 의심하지 말고, 샤오미에게 무엇을 팔아야 돈이 될까 고민해야 한다. 텐센트의 스마트카를 깎아내리지 말고, 텐센트의 스마트카에 들어갈 전기 배터리와 장비를 납품할 궁리를 해야 한다. 맞대결하려는 생각을 버리고 중국이 달리고 있는 '스마트 제조'와 '인터넷플러스'라는 흐름에 한국만의 경쟁력으로 올라탈 준비를 해야 한다. 중국 공룡들의 행보에 보조를 맞춰야 한다.

그런 다음, 기본으로 돌아가 고민해야 한다. 한국의 글로벌 경쟁력의 근원이 무엇이었는가를 반문해보자. 한국의 장점은 빠른 온라인과 모바일 산업의 변화 속도, 그리고 이런 변화를 이끈 인내심 제로의 소비자를 가졌다는 점이다. 소비자의 빠르고 변화무쌍한 요구에 기업들이 숨 가쁘게 보조를 맞춰왔기 때문에 성공할 수 있었다. 삼성전자, 네이버, 카카오, 넥슨, 엔씨소프트 등 한국의 성공한 모바일 기업들은 이런 자생적 압박 속에서 성장해왔다. 그 결과 삼성의 갤럭시 스마트폰 신화는 노키아와 모토로라의 몰락에도 꽃 피울 수 있었고, 전 세계적 규모로 커진 모바일 메신저 4개 중 두 개라인, 카카오톡가 한국산이다. 한국인의 입맛에 맞추면 자연스레 글로벌 경쟁력이 생기는 신비스런 순간을 경험해온 것이다. 그럼 이 신비로운 경험을 중국의 '인터넷플러스', '스마트 제조' 시대에 이어나갈 방법은 없을까를 고민해야 한다.

디디콰이디, 대륙이 우버를 다루는 법

중국 콜택시 앱 '디디콰이디'가 우버의 경쟁자 '리프트'(Lyft)에 지분을 투자했다.

이건 대박사건이다. 미국 O2O산업의 혁신과 같은 우버의 턱밑으로 중국 기업이 스윽 칼을 들이민다. 마치 "까불지 마라, 안방을 털어줄까?"라고 말하는 듯하다.

우버가 바이두와 손잡고 중국 시장에 야심찬 출사표를 내자 앙숙이었던 텐센트와 알리바바가 손을 맞잡고 나타나 디디다처와 콰이디다처를 전격 합병했다. IT만리장성을 과시에도 불구하고 우버의 도전이 멈추지 않으니 미국 시장에서 우버의 뒤를 따르는 리프트에 돈줄을 대주겠노라 자처하고 나선 것이다. O2O 미국 – 중국 대전이 격렬히 펼쳐지는 중이다.

돈 냄새는 귀신처럼 잘 맡는 칼 아이칸(Carl Icahn)은 이미 리프트에 미리 투자자로 들어와 있다. 깍쟁이 할아버지답다.

디디콰이디의 배경은 정말 화려하다. 디디콰이디의 주요 주주 알리바바는 소프트뱅크가 최대 주주이고, 소프트뱅크는 인도판 우버, 올라(OLA)의 최대 주주이며, 동남아에선 그랩택시(Grab Taxi)에 투자했다. 게다가 디디콰이디 대표이사는 류칭(Liu Jean)으로 IBM PC를 인수했던 세계 최대 PC제조사 레노버 류촨즈(Liu Chuanzhi) 회장의 딸이다.

디디콰이디의 주요 주주 텐센트는 알리바바의 시총을 넘어서 아시아 최대 기술 기업으로 등극했다. 8억 명의 유저를 보유한 아시아 최대 SNS 온라인 게임사이자 세계 최고의 핀테크 기업으로 거듭나는 중이다.

우버는 절대 중국 시장이 쉽지 않고, 중국 IT공룡들이 호락호락한 상대가 아님을 명심해야 한다. 앞으로 리프트의 성장세를 보면서, 대륙이 우버를 다루는 법을 좀 더 지켜보자.

펭귄 제국 '텐센트', 중국을 삼키다

텐센트는 8억 명이 사용하는 메신저 QQ와 4억 5천만 명이 사용자를 가진 위챗을 기반으로 세계 1위의 온라인 게임사로 텐페이와 위뱅크를 필두로 중국 핀테크의 선두주자다. 그리고 '리그 오브 레전드'의 라이엇 게임즈Riot Games, 액티비전 블리자드Activision Blizzard, 넷마블 등 무수히 많은

귀여운 펭귄 로고의 텐센트는 온라인판 '꽌시'의 촘촘한 관계망으로 중국 시장을 삼켰다.

게임 콘텐트 기업들에 수조 원의 투자를 하며 몸집을 불려가는 명실상부한 글로벌 IT공룡기업이다.

중국인들의 명함에서 QQ나 위챗 아이디를 흔히 볼 수 있는 것은 텐센트의 중국 내 영향력을 느낄 수 있는 대목이다. 2004년 홍콩 거래소 상장 데뷔 시 시가총액 1조 원에서 최근 시가총액 150조 원으로 150배의 로켓 성장(페이스북 COO 셰릴 샌드버그는 "페이스북은 여전히 로켓처럼 성장 하고 있다"라고 말했다.)을 거뒀다. 바로 펭귄 제국 '텐센트'의 위상이다. 온라인이라는 순수한 가상공간을 사업 영역으로 발전시킨 텐센트는 알리바바처럼 오프라인에서 물건을 거래하는 것도 아니다. 오직 온라인 가상현실 세계에서 이뤄지는 사람들 간의 관계 맺기만으로 삼성전자에 육박하는 거대한 가치의 기업을 창조했다.

텐센트의 로켓 성장 뒤에는 한국 게임이 있다

과연 텐센트의 로켓 성장의 비결은 무엇일까? 어떻게 귀여운 펭귄 로고의 중국 회사가 돌연 세계 최대 온라인게임사로 우뚝 설 수 있었을까? 한국의 모든 모바일, 온라인 기업을 모두 합쳐도 이길 수 없는 그런 엄청난 회사로 도약했을까? 비결은 간단하다. "일단 사람을 모으고, 놀게 하고, 경쟁하게 하고, 그리고 돈을 건는다."

아주 심플하다. 그리고 알리바바와도 유사하다. 다른 점은 알리바바는 놀게 하는 게 아니라 거래하게 만든다. 그러고보니 큰 차이이긴 하다(사실 서비스에 대한 충성도나 중독성을 따지고 보면 텐센트가 앞선다).

스마일게이트의 '크로스파이어'. 텐센트의 성장에는 한국산 게임이라는 주요한 콘텐트가 있었다.

텐센트의 비즈니스 모델의 온라인 관계 맺기는 MSN메신저와 페이스북을 섞은 형태다. 온라인게임은 '크로스 파이어'스마일게이트 '던전 앤 파이터'넥슨 등 한국 게임 잘 골라서 중국에 빨리 배급했다.

텐센트의 과거 성장을 보면 QQ가입자 수가 쌓이는 2008년까지는 매출이 더딘 성장을 보였다. 본격 로켓성장을 기록한 시기는 QQ를 통해 안정적 유저베이스를 확보한 바탕에 온라인게임 플랫폼을 제대로 장착한 이후인 2008년부터 2013년까지이다. 이 5년의 기간 동안 매출액은 약 10배나 성장했다. 그리고 대부분의 수익은 게임에서 창출되었다. 중국에서는 게임이 이처럼 고성장 고수익 산업이지만 한국에선 도박, 마약류로 분류되는 것이 씁쓸한 현실이다. 텐센트가 게임으로 성장했고, 이 게임의 상당수가 한국산 게임이었다는 사실은 의미심장하다. 결론적으로 오늘날 텐센트는 한국의 게임개발자들이 만들었다고 하면 너무 논리의 비약일까. 하지만 어느 정도는 맞는 사실이다.

QQ-위챗 온라인판 '꽌시'의 촘촘한 관계망

텐센트는 QQ를 통해서 모든 중국인을 온라인에 연결하고 그 관계망을 기반으로 온라인에서 가장 돈이 되는 게임 사업에 집중했다. 이 사업모델이 중국에서 잘 먹혀들어간 것은 중국인의 습관과 문화를 잘 관찰하면 이해가 쉽게 된다.

중국 드라마를 보면 중국인들이 식당에서 식사를 하고 있는 장면이 나올 때가 있다. 그 장면을 유심히 보면 특이한 점이 눈에 들어온다. 모두가 둥근 테이블에 앉아 서로를 바라보며 앉아있다는 것을 알 수 있다. 음식도 서로 나눠 먹는다. 중국 사람들은 개인보다는 관계를 통해 형성된 집단 지향적이다. 일본 사람들의 개인주의와는 다르다. 요즘 젊은 중국인은 달라졌다고 하지만, 그래도 중국은 중국이다. 이런 끈끈한 관계의 중요성은 중국에서 '꽌시'关系란 독특한 용어를 창조했다. 중국에서 꽌시가 없으면 사업도 못하고 성공도 못한다. 텐센트의 관계 맺기는 '온라인판 꽌시'의 촘촘한 관계망을 중국인들에게 선사했다. QQ가입자 수 8억 명이면 문맹인이나 심신미약자를 뺀 모든 중국인을 의미한다. 이렇게 모든 중국인을 연결시켰으니, 이제는 중국인들에게 즐거움을 선사할 차례다. 중국인들은 도박을 좋아한다. 마카오, 싱가포르 마리나베이, 한국의 카지노까지 중국인으로 가득하다. 한국도 요즘 중국의 도박 관광객을 유치하기 위해 인천 등에서 카지노 개발이 한창이다.

텐센트는 이처럼 온라인에서 중국인의 도박을 좋아하는 심리, 경쟁심리, 승부욕을 자극해서 돈을 버는 회사다. 그 수단이 바로 온라인 게임이다. 텐센트의 5년 간 10배의 매출 성장 신화의 배경에는 게임이 있었기에

11억 2천만 명의 유저를 가지고 있는 텐센트의 위챗은 2014년까지 게임 회원만 4억 5천만 명을 돌파했다.

가능했다.

그런데 텐센트의 성장을 이끈 게임들은 중국산은 아니다. 씁쓸하게도 그 주인공은 바로 한국산 게임이다. 지난 수년 간 한국의 '크로스 파이어'와 '던전 앤 파이터'가 텐센트 게임 매출의 절반 이상 차지해왔다. 텐센트는 2011년 글로벌에서 e스포츠 돌풍을 일으킨 라이엇 게임즈에도 투자를 하면서 '리그 오브 레전드'가 여기에 가세했다. 텐센트 덕분인지 '크로스 파이어'는 최근 세계 최고의 매출액을 기록하는 게임으로도 기록되기도 했다. 한국 게임 산업의 우수성이 텐센트를 통해 검증되는 것이다.

텐센트의 온라인 '쏸시'는 모바일에서 더 강해졌다. 오픈 이후 3년간 글로벌 누적 가입 유저 11억 2천만 명을 기록한 위챗은 2013년 8월 첫 게임을 오픈한 이후 2014년 말까지 게임 회원 4억 5천만 명을 돌파했다.

하지만 최근 몇 년간 텐센트의 성장은 유기적 성장으로 간단히 설명할 수 없는 측면이 있다. "모으고, 놀게 하고, 경쟁하게 하고, 돈을 걷는" 이 심플한 방정식에서 진화하는 모습이다. 텐센트는 매년 수조 원의 현금을 풀면서 공격적 인수합병, 전략적 투자를 가속화하며 성장의 가속 액셀을 세게 밟고 있기 때문이다. 전 세계를 향해, 그리고 오프라인을 향해 뛰쳐나오는 텐센트 그 무서움을 느껴보자.

투자는 공격적으로, 경영은 유연하게

매년 수조원의 현금을 풀면서 공격적 인수합병, 전략적 투자로 진화하는 텐센트가 2011년 '리그 오브 레전드' 개발사 라이엇 게임즈 투자는 '신의 한 수'였다. 4,000억 원 투자로 그 후 수년 간 전 세계 게임시장은 '리그 오브 레전드' 천하라고 할 정도로 '레전드'의 혁혁한 성과를 나타냈다. 그야말로 '스타크래프트' 이후 새로운 대세 온라인게임으로 자리 잡았다. 텐

텐센트의 확장은 공격적이지만, 유연하다. 그 결과 아시아 기업으로는 드물게 미국 기업을 성공적으로 인수한 사례로 꼽힌다.

센트는 투자 후에도 라이엇 게임즈의 경영 스타일을 침해하지 않았다. 중국 시장과 아시아 시장 배급을 원활히 해준 정도였다. 아시아 기업들이 해외 기업 인수합병에서 성패를 좌우하는 것은 인수 후 이뤄지는 기업문화 유지와 인력이탈 방지다. 미국 실리콘밸리 기업의 가치는 자율적이고 창조적인 기업문화로 이를 무시하고 아시아 본사의 지시 사항을 하달하면 인재들이 남아있기 힘들다. 아시아 기업의 미국 기업 인수 성공 사례가 극히 드문 것도 이런 이유 때문이다. 텐센트는 이런 한계를 아주 잘 극복하고 성공적 미국기업 인수합병을 일궈낸 중국기업으로 기록된다. 텐센트의 확장에 대한 유연한 태도는 한국에서도 빛을 발했다. 카카오톡이 아직 기세를 펼치기도 전인 2012년 720억 원을 투자해서 14%의 지분을 확보했고 지금은 코스닥 상장사 다음카카오의 2대 주주9.9%가 되었다. 그 가치는 10배 이상인 약 9,000억 원에 달한다. 재무적으로도 엄청난 성과지만 4년의 기간 동안 텐센트가 카카오의 실험적 시도를 벤치마킹해서 자신의 위챗에 적용했을 기술들의 가치는 재무적으로 산출될 수 없는 무형의 가치다. 이 때문에 무형의 가치는 수백 배라고 평가된다. 텐센트는 해외 기업 투자 시 지분으로 100%를 보유하든, 10%만 보유하든, 경영권에 욕심내지 않는다. 그대로의 모습을 인정하고 그로부터 되도록 많은 것을 배우려 한다. 그리고 중국 시장에 최적화시킬 방법론을 고민한다.

텐센트는 '벤처 캐피털'

이제 텐센트는 수십조의 현금을 보유한 벤처 캐피털에 가깝게 투자한다. 2013~2014년, 2년 간 투자한 기업만도 40여 곳이 훌쩍 넘고 투자집행 금액만도 4조 원에 육박한다. 특히 2014년은 빅뱅의 한 해였다. 한국과 관련 '몬스터 길들이기', '모두의 마블' 등 모바일 히트 제조기 넷마블에 5,300억 원을 투자해 3대 주주에 올랐고, 역시 '활', '블레이드', '영웅'으로 가장 핫한 모바일 게임사 '4시33분'에 라인-한국투자파트너스와 공동으로 1,200억 원을 투자해 '이슈메이커'로 주목받았다.텐센트의 한국 투자 동향을 보면 2014년 3월 '넷마블'에 5,300억 원 투자지분 28% 확보, 9월 '파티 게임즈'에 200억 원 투자지분 20% 확보, 11월 '4시33분'에 1,200억 원 공동투자 및 '블레이드' 중국 퍼블리싱 계약으로 이어졌다. 스타트업 투자로는 한국 캡스톤 파트너스를 통해 1,560억 원을 펀드에 투자했다. 현재 다음카카오 3대 주주9.9%, 720억 원 투자로 명실상부한 한국 게임의 절대 강자로 껑충 뛰어올랐다.

이런 텐센트 '문어발' 전략은 오프라인과 온라인을 가리지 않고 있다. 전자상거래, 택시, 세탁, 가정부, 음식점, 여행, 의료, 교육과 같은 일상소비에서, 대부업의 금융, 유통물류, 영화제작사, 인공지능까지 특별한 영역도 없고 맥락도 뚜렷치 않다. 분명한 것은 텐센트의 2014년도 인수합병은 '모바일에 모든 것을 담겠다'는 의지가 강하게 느껴졌다. 공고한 온라인 시장지배력을 바탕으로 오프라인으로 진격을 시작한 것이다.중국인의 관계 맺기에서 오락으로 그리고 모든 것으로 사업영역을 파생해나가는 텐센트의 2016년은 모바일 온오프라인을 모두 아우르는 영역에서 '세계 IT 최고 기업'을 향해 날갯짓하는 해다. 세계를 선도하고 중국판 모바일 혁명을 이끌 선두주자임에 틀림없다.

텐센트가 투자 · 인수한 기업들

E-House (부동산중개) 2,000억 원, 15% 지분

Sogou (온라인검색) 5,000억 원, 36.5%

CJ게임즈 (현재 넷마블, 온라인게임사) 5,300억 원, 28%

China South City (홍콩 상장, 유통물류업체) 3,000억 원 투자, 13% 지분

Didi Dache (콜택시 앱) 1조 원 투자

Renrendai (P2P대부업체) 1500억 원

Mob Arts (모바일게임 개발) 300억 원

Ly.com (17U, 여행예약 사이트) 100억 원

Dianping (음식점 평가 및 예약 사이트) 2,000억 원

JD.com (나스닥 상장, 전자상거래) 2,500억 원, 15% 지분

Naveinfo (나스닥 상장, 온라인지도서비스) 2,000억 원, 11.3% 지분

175Game (온라인/모바일게임사) 300억 원

Whisper (고백 앱, 미국소재) 400억 원

58.com (온라인 벼룩시장) 9,000억 원, 24% 지분

Picooc (웨어러블기기) 250억 원

Edaixi (O2O 세탁소 앱) 35억 원

Scaled Interface (인공지능) 55억 원

Kuakao (교육서비스) 50억 원

eJiajJie (O2O 청소 가정부 구인 앱) 45억 원

AltspaceVR (가상현실, 미국소재) 50억 원

DXY (온라인 헬스케어 커뮤니티) 80억 원

Woqu (미국전문 온라인여행사) 20억 원

Guahao (병원예약 앱) 1,100억 원

CLS (복권사업) 700억 원, 7.52% 지분

Koudai (소셜커머스 앱) 4,000억 원

Blink (사진공유 앱) 200억 원

Huayi Brothers (영화제작사) 6,000억 원, 알리바바와 공동투자

Renren Kuaidi (공유형 물류서비스) 150억 원

4시33분 (온라인게임사) 라인, 한국투자파트너스와 공동으로 1,200억 원 투자

Dots (모바일게임사) 100억 원

조용하게, 그러나 무섭게 성장하는 텐센트

/

텐센트 마화텅 회장은 시진핑 시대 '인터넷플러스'를 주도하는 인물이다. 작년 알리바바가 나스닥에 상장하면서 화려하게 세상을 놀라게 했다면, 텐센트 마화텅 회장은 조용히 실속을 챙기는 도광양회韜光養晦, 자신의 재능이나 명성을 드러내지 않고 참고 기다린다의 리더십을 보여준다.

알리바바의 상장을 두고 사람들이 모두 열광할 때 나는 주장했다. "중국인의 상인정신 보다 더 무서운 게 꽌시다." 꽌시의 텐센트가 상인정신의 알리바바를 결국엔 이길 것이고, 도광양회의 마화텅 회장이 결국 앞서갈 것이다.

지금 알리바바와 텐센트의 시가총액은 뒤바뀌었고, 텐센트는 중국 거시경제 우려에도 불구하고 큰 폭의 주가하락을 겪지 않고 있다. 오히려 인터넷전문은행 위뱅크WeBank를 출시하며, 중국 O2O혁명을 주도하고 있다.

그럼 텐센트의 매출은 어떻게 성장해왔을까? 텐센트는 2008년부터 매년 10배 이상 고속 성장을 거듭해왔다. 텐센트의 매년 50%가 넘는 성장률을 기록하며 40년간 매년 20%의 수익률을 기록해 투자의 귀재로 불리는 워런 버핏도 울고 갈 정도다.

이제 텐센트가 현금을 얼마나 따박따박 벌어들이는 회사인지 살펴보자. 2014년 말 기준 영업으로 벌어들인 현금은 자그마치 6조 원이다. 이 정도 규모의 현금을 벌어들이기 위해서 투입한 자금은 1조 원. 고로 잉여현금흐름Free Cash Flow은 대략 5조 원이다. 참고로 삼성전자는 영업현금흐름 36조 원에, 투자는 32조 원으로 잉여현금흐름은 4조 원이다. 텐센트가 잉여현금흐름이 1조 원 더 많다. 즉, 텐센트는 영업현금흐름이 삼성전자보다 1/6수준에 그치지만, 그 현금을 창출하기 위한 투자도 상대적으로 적어 주머니로 가져가는 현금이 1조 원이나 더 많은 기업인 것이다. 쉽게 말해 돈은 적게 투자하고 더 많이 벌어가는, 그래서 돈을 더 많이 남기는 회사인 것! 거기에 현금이 쌓이는 속도는 매년 30% 이상 성장하고 있다. 이 정도면 100점 만점에 120점짜리 성적표다. 앞으로 텐센트는 어떠한 회사로 성장할까?

남아공 최대 주주 내스퍼스의 정체는?

그렇다면 세계 최대 온라인게임업체 텐센트의 최대 주주는 누구일까. 바로 지분의 33.6%를 보유중인 남아공의 언론 재벌 내스퍼스Naspers다. 중국인 창업자 마화텅의 지분율은 10%에 불과하다. 내스퍼스는 1915년 설립된 역사와 전통을 자랑하는 남아공 대표 종합 미디어회사로 남아공 증권거래소 상장된 10대 기업 중 하나다. 이처럼 마화텅의 지분의 3배 많은 내스퍼스가 텐센트의 사실상 주인이라고 보는 것이 맞다. 2001년에 350억을 투자해 최근 주가 기준으로 시가 총액 약 150조를 넘어섰다. 33%를 곱하면 50조 원이다. 350억이 50조원이 되었다. 무려 1,500배의 수익률을 기록했다. 이 때문에 항간에는 내스퍼스가 중국 정부의 소유라는 음모론이 나오기도 했다. 하지만 음모론은 사실 무근이다. 내스퍼스 CEO 베커의 '혜안 있는' 투자가 만들어낸 결과다. 러시아의 최대 온라인 기업 Mail.ru에도 투자한 그는 '남아공 판' 손정의다. 텐센트에 대한 투자의 성공으로 베커는 내스퍼스 주요 주주가 될 정도로 개인 자산도 많아졌다. 내스퍼스의 투자가 가장 돋보이는 이유는 첫 번째 투자이후 끝까지 버티고 팔지 않았다는 것이다. 2001년 5월에 최초 투자했으니 만으로 15년 동안 단 한 주의 투자 지분도 회수하지 않고 있다. 텐센트의 홍콩 상장 시에도, 그리고 최근까지도 지분 일부 매각의 유혹이 있었을 법하지만 끝까지 버티기로 일관했다.그래도 조용히 주주로서 뒷짐만 지고 있으니 별 이슈는 없다. 텐센트에 기여한 부분은 글로벌 지분투자의 노하우를 마화텅에게 전수한 정도가 될 듯하다. 마화텅에게 나서지 말고 '그냥 좋은 회사를 골라서 투자하고 기다려라' 식의 메시지를 준 역할을 한 것.결국 한국을 비롯한 세계적으로 엄청난 연속 히트를 기록, 지금은 텐센트의 글로벌 인수합병 실력에 의문을 제기하는 사람은 거의 없다. 세련된 인수합병 전략을 실행하는 텐센트를 그냥 중국적인 시각으로는 설명되지 않는다. 배경으로 글로벌 인터넷-미디어 재벌 내스퍼스를 바라봐야 하는 것이다. 내스퍼스의 글로벌 투자 역량이 텐센트에 투영돼서 한국 시장에서도 실력이 발휘된다. 결과는 다음카카오의 2대 주주, 넷마블게임즈의 3대 주주로 300억 넘게 한국 벤처기업에 지분을 투자한 것이 그 증거다. 앞으로 텐센트는 내스퍼스의 역량을 등에 업고 한국뿐 아니라 전 세계 인터넷 모바일 업계를 들었다 놓았다를 반복 할 것이다. 그것도 아주 세련된 방식으로. 그 이면에는 글로벌 인터넷 미디어 재벌 내스퍼스, 그리고 CEO 베커가 있다.

비판받는 것을 두려워한다면, 그냥 아무것도 하지 않으면 된다.

아마존 CEO 제프 베조스

"텐센트, 떨고 있니?" 넷이즈의 무서운 추격전

중국뿐 아니라 세계 게임 산업의 지존 자리를 굳건히 지키고 있는 텐센트가 강적을 만났다. 요즘 '넷이즈'NetEase가 중국 모바일게임에서 텐센트의 자리를 호시탐탐 위협하고 있다.

넷이즈, 넌 누구냐?

넷이즈는 중국어로는 网易왕이로, 굳이 번역을 하자면 "인터넷을 쉽게!"라는 뜻이다. 넷이즈는 알리바바처럼 미국 나스닥 증권거래소 상장사다. 2014년 말 기준 매출액을 보면 2조 4,000억 원 수준에 영업이익은 8,000

영원한 강자는 없다. 텐센트가 차지하고 있던 모바일게임 최강자의 자리를 넷이즈가 호시탐탐 노리고 있다.

억 원 정도다. 순이익은 영업 이익과 거의 동일하다. 영업 이익률, 순이익률 모두 30% 수준이다. 모바일게임 회사이기에 이런 수치가 가능할 것 같다. 2015년 6월부터 8월까지 주가는 150달러약 17만 9,100원 수준으로 급등했다가 최근 중국 거시경제에 대한 우려감 때문에 연초 수준인 110달러약 13만 1,340원대로 연초 수준으로 원상 복귀했다. 하지만, 다양한 정황을 고려하면 상당한 저평가 국면 아닌가 싶다. 시가총액 17조 원 수준으로 2014년 실적 기준 주가수익비율PER이 20배 정도 된다. 하지만, 2015년에는 전년 대비 매출 이 50% 이상 성장하고, 순이익 30% 이상을 무난히 달성했다. 연말 추정 주가수익비율은 약 16배 정도로 떨어진다. 성장성이 실적으로 확인되고 있는 게임회사의 주가가 PER 16배 정도이면 매우 준수한 수준이라 판단된다.

특히, 최근 분기별 게임사업의 매출 성장세 추이를 보면 더욱 그러하다. 지난해 4분기를 기점으로 분기 매출 성장세가 뚜렷해졌다. 올해 2분기에는 성장세가 더 가파르게 상승했다. 최근 게임업계 소식에 따르면 모바일게임 앱 순위에서 텐센트를 추월했다는 소식이 들려왔다. 3분기 실적은 더 양호할 수 있다는 기대도 된다. 넷이즈 게임사업 매출에서 모바

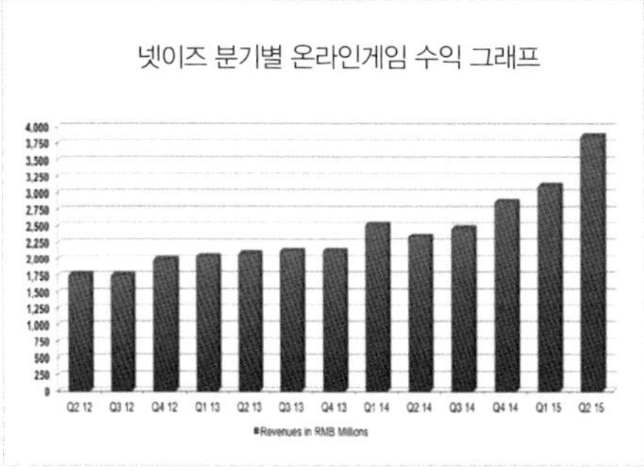

미국 나스닥 증권거래서오 상장한 넷이즈의 매출 성장세는 더욱 가파르게 상승하고 있다.

일게임이 차지하는 비중도 급증하는 추세다. 1분기 22%에서 최근 2분기에는 37%로 모바일게임 비중이 급등 중이다.

넷이즈의 몸통은 게임

넷이즈 게임에 안정적 현금 흐름을 제공해주는 캐시 카우Cash Cow는 블리자드Blizzard와의 라이선스 계약이다. 블리자드는 1990년대를 풍미했던 전설의 게임 '스타크래프트'를 개발한 미국 게임개발사다. 이후에도 일명 '와우WOW'라고 불리는 '월드 오브 워크래프트World of Warcraft', '스타크래프트2', '하스스톤Hearthstone', '디아블로Diablo' 시리즈 등 블리자드는 글로벌 유저들에게 꾸준히 사랑받고 있다.넷이즈는 바로 이러한 블리자드의 중국 판권 계약을 보유하고 있다. 블리자드가 신규로 출시하는 기대주 게임들은 곧바로 넷이즈의 미래 현금흐름으로 이어지게 된다. 지금도 '히어로즈 오브 더 스톰Heroes of the Storm', '오버와치Overwatch'가 기대작이다. 새 안정적인 실적 성장을 기대하게 만드는 요인이다. 넷이즈는 모바일에서도 실력을 발휘하고 있다. 라이선스 계약을 통한 모바일 게임 타이틀은 17개며 자체 개발한 모바일 게임 22개의 타이틀이 서비스를 진행 중이다.한국에서 6개월째 매출 1위를 달리고 있는 '레이븐'는 지난 차이나조이ChinaJoy, China Digital Entertainment Expo & Conference 2015에서 넷이즈와 계약을 맺고 부스에서 공개되었다. 쿤룬 코리아는 넷이즈에서 서비스한 인기 모바일게임 '난투서유' 한국 서비스 판권을 획득해 '난투: 전장의 지배자'로 2015년 9월에 서비스에 들어가 2015년 9월 30일 기준으로 매출 18위에 올랐다.

동시 접속자 200만, 모바일게임 '몽환서유'

최근 넷이즈의 실적 성장세는 게임 사업에서도 모바일, 모바일게임에서도 자체 개발 모바일 게임인 '몽환서유: 모바일'에서 두각을 드러냈다.'몽환서유 모바일'은 모바일게임으로 동시 접속자 200만 명을 기록하면서 수개월 동안 1위를 질주해 중국 게임판을 통째로 뒤흔들었다. '몽환서유'는 넷이즈가 2004년 이후 10년간 사랑받고 있는 PC 온라인게임의 모바일 버전이다. 기존 '몽환서유' PC 온라인게임 유저 3억 명을 기반으로 모바일에서도 성공을

한 것이다. 그러나 PC 게임이 성공을 거뒀다고 해서 모바일로 성공을 옮기는 것은 말처럼 쉽지 않다. 그래서 넷이즈의 최근 성과를 절대 깎아내릴 수 없다. PC에 익숙한 사용자들의 습관은 모바일 스마트폰에서의 습관과 같지 않다. 매출을 발생시키는 속칭 '현질 유발' 포인트도 같을 수 없기 때문이다.

더욱이 중국에서 모바일 게임 플랫폼으로 2015년 6월 기준 6억 명의 사용자를 보유하고 있는 텐센트 모바일 메신저 '위챗'Weixin, 微信의 벽을 넘은 것 자체도 기적 같은 일이다. 넷이즈는 2015년 초반 몇 개월간 '몽환서유' 모바일의 200만 동시접속자 숫자로 모바일 유저확보에 성공했다. 게임 매출 분기 성장추이로 모바일 게임의 매출 창출 역량도 검증한 셈이다. '몽환서유'로 '텐센트 제국'의 아성을 흔든 넷이즈는 2015년 하반기 기대작 게임 '대화서유'로 다시 한 번 중국 모바일게임 시장에서 돌풍을 일으켰다. 2015년 9월 17일 360, 바이두, UC 등의 메인 안드로이드 플랫폼을 통해 정식 런칭한 '대화서유'는 넷이즈가 3년간 개발한 기대작이다. 기존 웹게임의 인기에 힘입어, 런칭 30분 만에 12대의 서버가 모두 다 찼다. 런칭 첫날 100만 다운로드 이상을 기록했다. 특히 동시 런칭했던 안드로이드 마켓 중 가장 큰 반응을 끌어내며 흥행 청신호를 켰다.

게임말고도 무기는 많다

/

넷이즈의 매출은 80%가 게임에서 창출된다. 하지만 게임사업 외에도 다양한 사업을 전개 중이다. 사실 넷이즈는 중국의 '핫메일'과도 같은 존재다. 즉, 18년의 역사를 갖는 이메일 서비스 제공 업체가 바로 넷이즈다. 2015년 6월 말 기준 등록된 이메일 사용자만 7억 9,000만 명이다. 중국 이메일 서비스로는 최대 사용자수 기록이다. 텐센트의 등록유저 8억 명과 동일한 수준이고, 중국 13억 인구 중에 문맹자, 영유아, 노약자 빼고 인터넷 사용자를 합산해서 대략 8억 명이라고 가정한다면, 결국 이메일로 중국을 장악하는 것은 넷이즈인 셈이다.그런데 문제는 이메일 서비스만으로는 수익이 되지 않는다. 넷이즈가 수익 창출을 위해 6년 전 기업용 이메일 서비스를 제공했지만 실적은 크게 나아지지 않았다. 하지만 넷이즈의 상징성은 크다. 넷이즈의 중국 인터넷 산업에서의 정통성과 브랜드 인지도는 여전히 막강하다. 넷이즈의 전자상거래 사업은 해외직구전자상거래에 특화된 카올라Kaola.com 서비스가 대표적이다. O2O서비스에서는 기차표 예매, 복권, 영화관 예매 등을 서비스하고 있다. 특히, 최근 전자상거래 사업의 매출 성장세가 무섭다.이밖에도 엔터테인먼트, 핀테크 사업이 있지만 아직 본격적인 수익창출은 시간이 필요해 보인다. 결국, 넷이즈는 외형적으로는 종합 인터넷서비스 사업자의 모습을 보이고 있지만, 매출 구성을 기준으로 볼 때는 온라인, 그것도 모바일에 더 강점이 있는 게임회사라고 보는 게 맞다.

넷이즈, 게임시장의 판을 뒤집을 수 있을까

/

텐센트가 독주해온 중국 게임산업 구도에 넷이즈의 '몽환서유 모바일' '대화서유'의 돌풍은 시사하는 바가 크다. 중국 로컬 자체 개발된 역사가 있는 PC 온라인게임 IP가 모바일로 개발되어 흥행을 만들었다는 것과 그 주체가 텐센트가 아니라는 두 가지 사실만으로도 큰 의미를 갖고 있다. 텐센트의 최근 주가가 무겁게 질질 끌리는 모습을 보이는 것도 단순히 중국 거시경제에 대한 우려뿐 아니라 넷이즈와 같은 로컬 경쟁자와 게임 사업에서의 치열한 경쟁이 예고되기 때문일 듯하다. 현재 시점에서 텐센트, 넷이즈 둘 중 한 기업을 투자하라고 하면 조심스레 넷이즈를 추천한다. 이유는 미국 상장사로서 중국 모바일 게임 실적에 대한 미국 투자자의 정보 시간차로 인한 저평가 가능성에 베팅하는 콘셉트다. 텐센트는 알리바바 상장 시점인 지난해부터 알리바바보다 좋은 기업으로 공공연히 지목되어왔지만, 알리바바보다 시가 총액이 이미 높은 텐센트는 이미 알리바바 만큼 유명한 회사가 되었고, 모두의 주목을 한 몸에 받는 회사로 거듭났다.그만큼 정보의 비대칭성에서 오는 투자 기회가 사라졌다는 것을 의미한다. 이제 텐센트를 위협하는 넷이즈를 주목할 만하다. 투자자로서 현재까지 미국, 홍콩 상장사 중에서 텐센트에 제대로 된 위협을 가하는 회사는 넷이즈 이외에는 뚜렷한 도전자가 발견되지 않고 있다.

중국이라고 다 같은 중국이 아니다

과거 중국 CKGSB MBA졸업 후 상하이 푸동에서 M&A자문 업무를 하면서, 한국 증권사에서 중국기업 IPO업무 하면서 5년여 동안 100여 개 중국기업을 방문하고 30여 도시를 방문했다. 마신 바이주만해도 한 트럭은 될 것이고, 별의별 희한한 음식도 다양하게 먹어보았다. 저녁 술자리에서 실신해서 다음날 탈진하기도 하고, 도마뱀이 들어간 토속주를 먹었다가 링거 맞고 입원한 적도 있었다. 국내선 비행기 연착에 기내에서 3시간 감금되는 건 기본에, 테러가 난무한 우루무치 인근에선 안전한 숙소가 없어 군부대 숙소에서 너무 '안전'하게 잠을 잔 적도 있었다. 이렇게 험한 경험을 통해서 터득한 중국 지역별 특성을 총 정리하려고 한다.

우선, 시작은 가장 조심할 지역부터 시작해보자.

타고난 장사꾼과 사기꾼의 경계선, 푸지엔성

푸지엔성은 한국인에게 나쁘지 않은 환경이다. 푸지엔성의 대표적인 도시 하문(시아먼)은 음식도 담백하고 정갈한 해산물에 강수량도 풍부해 과일이나 채소도 풍부하고 맛있다. 여기까지 들으면 당장 가서 사업하고 싶어지겠지만 결론은, 푸지엔성이야말로 중국에서 제일 사기 당하기 쉬운 지역이라는 것!

2007년부터 2011년 사이에 푸지엔성의 방직업체부터 IT업체까지 가릴 것 없이 많이 다녀봤지만 이들 대부분의 회사의 공통점은 회계 장부가 여러 개 있다는 것이다. 재무수치가 목적에 따라 고무줄처럼 늘었다 줄었다 하는 게 참 신기했다.

일례로 푸지엔성 기업들이 과거에 한국거래소에 상장하기 위해 많이 노력했었다. 이유인 즉슨 중국 상하이의 선전 거래소는 받아주지 않고, 홍콩과 싱가폴에서도 여러 번의 사고를 친 기업들이 많아서다. 결국, 한국거래소 상장 직후 공모자금이 증발했던 희대의 상장폐지 기업이 바로 푸지엔성 출신 기업이다. 한국 투자자들을 한방 크게 먹인 것이다. 이 당시 투자손실 입은 개인투자자들도 한두 명이 아니었거니와 한국거래소도 중국고섬사태 이후 모든 중국기업에 대한 상장심사를 사실상 중단해서 한국거래소의 국제화에 엄청난 악영향을 끼친 악명 높은 사건이다. 물론, 모든 푸지엔성 기업이 문제가 있다는 것은 아니다. 단지, 이 지역에 가면 특히 더 조심해야한다는 것이다. 현지 파트너나 투자대상 기업을 선별할 때 극도의 조심성으로 접근할 것을 권장한다.

현지 은행장, 4대 회계법인 파트너, 유명 법무법인 변호사 모두 믿을 것이 못된다. 현지 정부 관료 또한 그렇다. 이들이 모두 한통속으로 짜고 치면 당하고 울어도 소용없다.

'민난화'라는 방언을 사용하는데, 정말 중요한 협상의 자리라면 비용 아끼지 말고 일반적인 중국어(보통화)를 하는 한국어 통역과 민난화가 가능한 통역도 대동하는 것이 바람직하다. 그래야 협상장에서 나오는 비밀이야기를 놓치지 않고 들을 수 있다.

우린 공자의 후손, 산동성

가장 한국과 궁합이 잘 맞는 지역은 어딜까? 지리적으로도 가장 가까운 산동성이다. 공자의 고향은 산동성의 성도인 제남에서 가까운 곡부(취푸)다. '태산이 높다 하되'의 태산도 산동성 곡부에서 멀지 않다. 한국인의 뿌리깊은 유교사상은 웬만한 중국인 못지않다. 그래서 산동사람들은 다른 중국 지방 사람은 무시해도, 한국의 유교교육 뿌리를 절대 무시하지 않는다. 공자의 후손이라는 자부심에 체면을 목숨처럼 여기고 말한 것은 그대로 지키려고 노력한다.

가장 어려운 것은 관념적인 것 좋아하는 습성 탓에, 1차에서도 공자님 말씀, 2차에서는 노자 장자 이야기, 3차에서도 여전히 시를 읊고 있다. "사업이야기는 언제 할꺼야?"라고 물어보면 웃으면서 다음번에 또 보잔다. 먼저 친구가 되고 이후에야 사업을 한다. 재미있는 건 이렇게 친해지기 쉬운 중국 산동 친구들이 속도 가장 깊고, 관계가 오래 간다. 진짜 산동 '싸나이'다.

산동은 한국과 지리적으로도 가장 가깝고, 문화적으로도 가장 긴밀하다. 이런 연유로 중국내에서 가장 많은 한국기업이 진출한 지역이 산동이다. 앞으로도 한국 기업의 중국 진출 1순위 지역의 자리는 계속 수성할 것으로 보인다. 소비재 기업도 땅값 비싼 상하이에 진출해서 실패하기보다는 산동성의 칭다오를 시험무대로 삼고 중국 전역 확장에 대한 구체적 방법론을 찾는 것이 어떨까? 그만큼 산동은 한국인이 중국에서 연착륙하기 적합한 지역이다.

중국 부동산 경기의 바로미터, 원조우

원저우 아줌마들의 부동산 투기 열풍은 중국 전역을 넘어 이제는 해남도, 제주도, 밴쿠버, 전 세계를 향해 나간다.

중국 부동산 과열의 주역은 원조우의 아줌마들이다. 예전 강남의 땅 부자 여사님을 생각하면 된다. 원조우 아줌마 부대는 통이 일단 크다. 상하이에서 한창 활약하던 때에는 분양사무실에 나타나서 "저기 저 아파트 1동 주세요."라고 했다는 에피소드가 전설처럼 전해온다. 1채, 2채는 성에 차지 않는다. 그냥 손가락으로 위아래로 가리키면서 저거 102동 한 동 계약할게요. 이게 원조우 아줌마의 위력이다.

원조우 상인들은 중국에서도 유명한 뼛속 깊이 상인이다. 전 세계 화교 중에서 돈 좀 있다고 하는 화교는 대부분 원조우 혈통이다.

이태리에서 가죽공예 가죽신발 만드는 장인 대부분이 화교들인데, 이들 대부분이 원조우 출신이다. 이들 원조우인들이 매년 창출하는 현금만도 수조원에 달한다는 풍문이다.

원조우 사람들은 일단 카드를 사용하지 않는다. 현금이 최고라고 믿는 이들은 반면에 대출은 겁내지 않고 잘 받는다. 대출 기관은 제도권 은행보다는 원조우인들 간의 금융네트워크를 이용한다. 중국의 유태인이라 불릴 만하다.

요즘 중국 부동산 시장을 점검하는 외신보도가 원조우의 부동산 경기를 집중 부각하는 것도 원조우는 중국 부동산 시장과 부실채권, 지하경제 삼종세트의 집합체이기 때문이다.

대대로 중원 사람이 양반이다, 시안

시안 성곽은 소설 정글만리에 묘사되기도 한 가장 중국적인 성곽이다. 시안의 역사를 몸으로 느끼려면 저 위에서 자전거 타고 한 바퀴 돌기 정도는 해줘야 중원을 느낄 수 있다.

중국 전역을 어머니와 함께 배낭만 메고 여행했던 적이 있다. 도중에 머무르게 된 곳이 시안이었다. 진시황릉의 엄청난 스케일과 시안성에서의 자전거 타기의 매력. 그리고 전통과 현대가 조우하는, 서역과 동양이 만나는 접점. 이러한 매력이 나를 사로잡았다.

사람에 대한 존중과 역사에 대한 깊은 자부심. 그리고 보수적이면서도 온화한 성격들이 모두 나에게 따뜻한 느낌으로 다가왔다. 그래서 결심한 것은 시안 친구집에 머무르면서 중국어 배우기! 3개월 정도 시안의 고신구(High Tech단지)에서 생활하면서 밤낮으로 시안을 느꼈다. 시안의 명동에 해당하는 '장안지'에는 눈이 파란 색목인들도 많다. 다양한 문화와 인종이 섞여 있지만, 시안은 고대 '장안'으로 엄청 보수적이고 시안인들만의 고유한 문화가 살아 숨쉰다.

내게 중국에서 가장 좋아하는 도시가 어디냐고 묻는다면 당연히 시안이다. 삼성전자가 반도체 공장을 시안에 건립하고 박근혜 대통령이 중국의 많은 도시 중에 시안을 방문한 것은 다 이유가 있다. 우선, 삼성의 입지 선정은 절묘하다. 앞서 말한 것처럼 시안은 전통적으로 중원에서 인재를 산출하는 인재의 고향이다. 게다가 이들 인재가 타지로 떠나길 거부하는 보수적 도시다. 따라서 인재들의 가성비(가격대비성능)가 극강이다. 똑같은 재능의 인재가 상하이 가면 2~3배 몸값을 요구한다. 거기다가 인재들의 보수적 성향에 이직도 상대적으로 적다. 고용주 입장에서 좋은 조건이다.

여성상위 도시, 상하이

학교를 졸업한 뒤 상하이에서 일하면서 느낀 것은 주로 야근하고 접대하는 건 여자 직원들의 몫이라는 것이다. 퇴근 후 마트에서 장을 보고 집에서 요리를 하는 건 남자 직원들이란 사실. 그래서 여자들이 고위 관리직이나 임원으로 승진하는 게 일반적이고, 덕분에 남편보다 능력이 출중한 부인들이 허다하다.

그렇다. 상하이는 중국에서도 가장 여성의 지위가 높은 지역이다. 부인에게 맞고 사는 남자 이야기도 자주 들리고, 장모에게 폭행당한 사위의 가슴 아픈 사연도 많다. 남자가 살기 팍팍한 도시다. 상하이 현지인들만 그럴까? 외지나 외국인 여성들도 상하이에서 5년만 지나면 동화된다. 이쯤 되면 상하이를 남편들의 무덤이라고 불러야 한다.

그럼 호랑이 같은 부인을 둔 상하이 남성의 성향은 어떨까? 중국에서도 상하이 남자는 최고의 남편이자, 아빠로 꼽힌다.

상하이의 야경은 뉴욕에 못지않다. 문제는 물가도 뉴욕만큼 비싸다는 것! 이제 상하이는 돈이 없으면 즐겁지 않은 비싼 도시가 되었다. 중국에서 가장 도시적이고, 물질적이고, 자본주의적 도시가 바로 상하이다. 그래서 그런지 상하이의 사장님들은 외지인이 대부분이다. 상하이 남자는 많이 올라가면 CFO다. 과감한 베팅보다는 가정을 중시하고 안정 지향하는 성향이 반영된 것일지 모른다. 그래서 상하이 남자는 깔끔한 외모의 금융인에 어울린다.

상하이에서 사업할 때 유의사항은 상하이 토박이들보다는 그 뒤의 실제 쩐주인 동사장(董事长)을 직접 상대해야 한다는 것이다. 위험 감수를 꺼리는 상하이 남자들과 자잘한 협상을 해봐야 시간만 낭비다.

그리고 3~40대의 여성 고위임원이 나타나면 바짝 긴장하라. 그 사람이 당신의 인생을 바꿔줄 사업 파트너일 가능성이 매우 높다. 만약 당신이 갑의 위치고 중국 파트너가 여성이라면 그 여성분을 절대 이성으로 바라보지 말라고 강력하게 권고하고 싶다. 몇 년 전 상하이 영사관을 휩쓴 스캔들도 다 그렇게 시작된 거다. 상하이 여자 사업가는 우리가 상상할 수 없는 승부욕과 성공에 대한 열망을 갖고 있다.

멀티태스킹의 귀재, 속도는 우리가 최고다, 광동성

광동성 사람들은 일단 빠르다. 푸지엔성처럼 선을 넘나들지는 않지만 엄청 빨라서 쫓아가기 어렵다. 한국인도 '빨리 빨리'의 대가지만 광동성 사람은 넘사벽이다.

광동성 친구의 평범한 일상을 엿보자. 아침에 대학원 수업에 오자마자 노트북 2대와 컴퓨터 2대를 켠다. 수업 필기하면서 화장품 도매업 사업도 병행한다. 업무 이메일을 보내나 싶더니 고개를 번쩍 들고 교수님께 날카로운 질문을 던진다. 교수님의 답변을 한 손으로 받아 적으면서 다른 손으로는 화장품 재고 현황을 파악한다. 이정도면 거의 신의 경지다.

그래서 심천이나 광저우에 이사 오는 중국 사람도 몇 달 동안 힘들어하는 것이 바로 삶의 속도다. 광동성 사업가들의 속도에 맞추지 못하면 샐러리맨으로도, 사업가로도 성공하기란 난망하다. 이런 성향 덕에 광저우와 심천은 무역 산업의 허브가 되었다.

광동성에서 한국인의 속도전으로 승부를 보려하지 말자. 오히려 충분한 이익분배를 통해서 광동성 무역상을 우리의 대중국 허브로 활용하자.

이백 두보도 울고 간 아름다운 도시, 항조우

항조우의 시후(서호), 이백 두보가 사랑한 이 아름다운 호수 주변에는 초호화 별장들이 즐비하다. 중국 부자들이 가장 선호하는 은퇴 후 살고 싶은 도시가 바로 항조우다.

중국 고사에 "하늘에는 천당, 하늘 아래는 항저우"라고 할 정도로 아름답다. 마르코 폴로도 동방견문록에서 세상에서 가장 아름답고 진귀한 도시라고 평가했다. 아름다운 자연과 적당히 온화한 기후에 부호들이 모여드는 항조우는 중국은행들이 상하이보다도 먼저 고급PB 사업을 시작한 동네다. 그만큼 부유층이 몰려서 사는 도시다. 역사적으로도 항조우는 남송의 수도였을 만큼 대대로 풍요로운 지역이라 항조우는 중국적인 여유로운 라이프스타일의 상징으로 자리 잡았다. 그럼, 진짜 항조우의 기업, 기업가는 어떨까?

전형적인 중국 사업가의 풍채와 기개보다는 꼼꼼하고 실리적이고 깔끔한 경영. 이게 항조우 사업가의 특징이다. 하지만 인간관계도 매우 깔끔해 저녁식사 하면서 술 취해서 '따거'라고 부르며 친해질 수 있는 그런 동네가 아니다. 밥만 간단히 먹고 헤어지는 분위기다. 실력으로 승부해서 인정받아야 한다. 대표적인 항조우 기업으로는 요즘 세계 시장을 주무르는 세계 전자상거래 1위업체인 알리바바와 중국의 코카콜라격인 음료업체 1위 업체 '와하하'가 있다. 두 회사 모두 실리추구와 승부사 기질 모두 갖춰서 외국계 기업과의 승부에서 승리하면서 일약 중국계 스타로 떠오른 기업이다. 과거 알리바바는 야후와 분쟁이 있었고, 와하하는 다농과 분쟁이 있었다. 모두 항조우 기업가의 완승.

중국판 배달의 민족, '얼르마'

중국판 배달의 민족 '얼르마'ele.me가 투자금을 게걸스럽게 빨아들이고 있다. 회사 이름처럼 투자금에 배고팠던 2015년 8월 기업가치 3.3조 원으로 7천억 원의 자금 조달을 완료한지 4개월 만에 두 배가 넘는 1조 5천억 원의 금액을 투자받았다. 그것도 세계 최대 전자상거래 업체인 알리바바에게 말이다. 알리바바의 지분은 27.7%로 얼르마의 모든 주주 중에서 가장 지분율이 높아 이제 얼르마는 알리바바의 품에 쏙 안겼다고 봐도 무방하다. 알리바바 뿐만 아니다. 얼르마에 투자한 기존 투자자들의 면면을 살펴보면 더욱 놀랍다. 실리콘밸리의 전설적 벤처 캐피털 '세쿼이아 캐피털', 8억 명의 유저를 가진 중국 최대 SNS '텐센트', 알리바바를 추격중인 B2C 전자상거래 업체 'JD닷컴'텐센트가 2대주주, 중국 최대 음식점 평가 및 예약 사이트 '디엔핑닷컴'텐센트, 샤오미가 주요 주주, 중국 대표 사모펀드 중 하나인 'CITIC Private Equity', 중국 오프라인 유통의 강자 '화렌그룹' 등이 단순한 투자를 넘어서 얼르마의 전략적 가치 향상에 기여하고 있다.

이번 투자 유치로 얼르마의 기업 가치는 5조가 훌쩍 넘을 것으로 추정된다. 한국 모바일상거래 1위 쿠팡의 기업 가치와 비슷하다. 중국에서는 '배달'만 잘해도 5조 원의 기업 가치가 생길 수 있다는 사실이 놀랍기만 하다.

30만 개 음식점, 330만 건의 주문, 이게 대륙의 스케일

/

얼르마는 중국 전역 360개 도시에 30만 개의 음식점과 제휴가 되어있다. 주의해서 보기 바란다. 360개의 음식점에 30만 명의 유저가 아니다. 착각금지!

거대한 대륙의 스케일답게 매일 330만 건의 주문을 받은 거래액은 180억 원이 넘는다. 정규직 배송 직원은 6천 명이 넘고, 외부 협력 배송직원까지 모두 합치면 50만 명에 달한다. 얼르마는 하루에 수백 만 건의 주문이 바글바글대는 제대로 된 플랫폼인 것이다.

여기에 얼르마를 더 무섭게 만드는 것은, 중국 택시 앱 시장을 거의 독점 중인 '디디콰이디'가 얼르마와 전략적 협력 관계를 가져갈 수 있다는 것이다. 그렇게 되면 바이두와 손잡고 중국 진출을 선포했던 우버가 디디다처滴滴打车와 콰이디다처快的打车의 전격합병으로 다리에 힘이 풀린 이후 두 번째 겪는 황당한 사건이 될 것이다. 우버는 택시 앱 뿐 아니라 우버이

츠EATS의 영역인 음식배달까지 봉쇄당하는 격이다. IT 만리장성이 괜히 생긴 말이 아니다.

여기서 우리가 흥미롭게 바라봐야 하는 포인트가 있다. 중국 O2O에서 펼쳐지는 막후의 알력이 가히 무협지 수준으로 복잡한 양상을 보이고 있기 때문이다.

사실, 얼르마는 2015년 1월, 텐센트가 주요한 투자자로 참여하면서 텐센트 계열에 편입된 것으로 파악됐다. 그런데 갑자기 알리바바가 1대 주주로 등극하다니! 구도가 재미있어지는 지점이다. 게다가 알리바바의 이번 투자로 앉아서 이득을 본 것은 다름 아닌 텐센트다. 텐센트가 투자할 당시 얼르마의 기업 가치는 이번 알리바바가 투자한 가치의 1/4 정도로 추정된다. 텐센트의 투자 평가이익은 1년도 되지 않아 덕분에 4배로 급등한 것이다. 오로지 알리바바 덕분에!

격하게 경쟁할 것만 같은 텐센트와 알리바바의 오묘한 지분 섞기를 통한 동거는 이번이 무려 3번째다. 2015년에는 텐센트와 알리바바가 'O2O 적벽대전'을 펼칠 것이라는 내 개인적인 예상이 보기 좋게 빗나가고 말았다.

텐센트와 알리바바 간의 첫 번째 혈맹은 2015년 초 중국판 우버인 '디디다처'와 '콰이디다처'의 합병으로 '우버'의 중국 진출을 막막하게 만든 사건이고, 두 번째는 몇 달 전 메이퇀과 따종디엔핑의 합병으로 중국 소셜 커머스 시장을 통폐합한 사건이다. 알리바바와 텐센트의 긴장감 넘치는 동거는 마치 로맨틱 코미디 영화에 나오는 남녀 주인공들의 밀당을 보는 듯하다.

이번 알리바바의 투자 직전까지만 해도 얼르마는 텐센트의 O2O 중 배달을 담당하는 명실상부한 친親 텐센트 진영으로 해석되고 있었다. 2015

년 초부터 텐센트가 투자자로 참여했을 뿐 아니라, 텐센트의 전자상거래를 담당하는 징둥상청JD닷컴도 얼르마의 주주이기 때문이다. 누가 뭐래도 얼르마는 텐센트와 같은 라인에 서있었다.

알리바바의 얼르마에 대한 투자는 텐센트의 메이퇀따종에 대한 투자를 보면 이해할 수 있다. 현재 중국 현지 언론에는 텐센트가 조만간 메이퇀따종에 추가로 1.2조 원을 투자해 지배력을 강화할 것이라는 소문이 돌고 있다. 이번 투자로 메이퇀따종의 기업 가치는 약 20조 원에 육박할 것으로 전망된다. 이미 메이퇀따종에 약 20% 지분을 보유한 텐센트는 만약 이번 투자가 확정된다면 메이퇀따종의 명실상부한 1대 주주가 되는 것이다.

거꾸로 알리바바는 메이퇀에 2011년 투자를 시작한 이래 지속적으로 O2O 영역에서 메이퇀과 전략적 협력을 공고히 하려 했다. 메이퇀 CEO 왕싱의 독립 경영에 대한 의지가 워낙 강해서 현실화되기 어려웠고, 알리바바는 끝내 올해 6월 "코페이왕"을 독자적으로 출시하기에 이르렀다. 이러던 중에 메이퇀과 따종이 합병했고 추가로 텐센트가 1조원이 넘는 금액을 투자한다는 이야기는 알리바바는 단순 재무적 투자자로 뒤로 빠진다는 것을 의미한다.

이렇듯 복잡하게 물고 물리고 얽히고설킨 중국 O2O의 계보에서 알리바바가 얼르마에 1조원이 넘는 금액을 투자하면서 지분율 1위27.7% 주주로 등극한다는 사실은 의미심장하다. 얼르마를 키운 것은 텐센트라면 이제는 알리바바가 바톤을 넘겨받아 더 큰 그림을 그려보겠다는 의지로 받아들여야 한다. 얼르마는 이제 텐센트나 메이퇀따종과 가깝지 않고, 오히려 알리바바와 코페이왕의 연장선상에서 바라봐야 하는 것이다.

중국판 애플을 꿈꾸는 IT생태계 창조자 샤오미

거대한 생명을 잉태한 작은 좁쌀 '샤오미'

샤오미小米는 작은 좁쌀이란 뜻으로 '작은 좁쌀이 산보다 거대하다'는 불교의 교리에서 유래했다. 4년 전 8명이 의기투합해 만든 샤오미가 이제는 그 작은 좁쌀 속에 거대한 생명력을 잉태하고 열매를 맺어가고 있다. 샤오미는 2010년 6월, 8명의 공동창업자들에 의해 창립됐다. 그리고 창립 4년 만에 중국 1위, 세계 5위권의 스마트기기 제조사로 기적적인 성장을 했다. 2013년 말 기준 스마트폰 약 2,000만 대를 팔았고 2014년에는 그 세 배인 6,110만 대가 판매됐다. 샤오미의 성공 비결은 무엇일까? 많은 분석가들은 샤오미의 성공을 두고 '저가 전략의 성공'이라고 설명한다. 쉽게 말해 '가격이 무지막지하게 싸서' 잘 팔렸다는 얘기다. 실제 샤오미 폰 한 대가 우리 돈으로 30만 원 대의 가격이니 그런 분석이 나오는 게 이상할 것도 없다. 그런데 사실, 중국에는 '산자이山寨'라고 불리는 값싼 짝퉁 제품들이 널렸다. 샤오미의 성공비결은 그렇게 단순하지 않다. 오히려 놀랍게도 '소프트웨어 역량'이 가장 큰 비결이다. 그리고 여기에 '헝거 마케팅'이라는 뛰어난 마케팅 전략이 더해졌고, 유통망의 혁명을 성공적으로 이뤄냈다. 그리고 미국에서 공부한 다양한 엘리트들이 모여 실리콘 밸리형 '혼합 문화'를 창조한 것도 샤오미 만의 독특한 DNA를 만드는 데 기여했다. 이 역시 살펴볼 필요가 있다.

뛰어난 소프트웨어 역량

아직도 샤오미를 '초저가 짝퉁 아이폰'을 만드는 회사로 생각하고 있다면 착각이다. 샤오미가 창립 후 가장 먼저 한 일은 스마트폰을 출시한 것이 아니라 안드로이드 기반의 변형 OS인 'MIUI'를 출시한 것이다. 샤오미는 사용자의 요구사항을 반영해서 수시 업그레이드를 실시했다. 그

왼쪽이 애플의 아이폰이고, 오른쪽이 샤오미의 스마트폰이다. 좀 더 큰 아이폰처럼 보일 정도다.

것도 매주 금요일마다 OS 업그레이드를 실시했다. 이것은 결코 쉬운 일이 아니다. 안드로이드 기반 변형 OS는 대부분 오리지널 안드로이드 OS보다 느리고 오류가 자주 발생하는 것으로 악명이 높다. 그래서 성공하기가 어렵다. 하지만 샤오미는 신속한 오류 수정과 무한 업그레이드로 이러한 단점을 짧은 시간 안에 극복해나갔다. 게다가 샤오미는 OS 역량을 아낌없이 소비자들에게 펴줬다. 기존 휴대전화 업체들의 경우 옛 모델에 대해 최신 OS업그레이드를 지속적으로 제공하기 어려웠다. 하드웨어적 한계로 인해 업그레이드된 OS가 잘 작동하지 않을 수 있기 때문이었다. 하지만 샤오미는 철저하게 사용자 편의에 집착하고 소비자의 의견을 실시간으로 반영해서 자신들의 OS를 지속적으로 개선한다. 이게 샤오미의 가장 큰 파괴력이다. 소프트웨어 개발 후 4년이 지난 지금 'MIUI'는 샤오미폰이 없는 해외 유저들도 기본 안드로이드 OS보다 선호할 만큼 가장 편리하고 심플한 운영체제로 진화했다. 한국에도 모바일 기기 헤비 유저들 중 'MIUI'를 깔고 자랑삼아 보여주는 사람들이 있다. 이유는 아름답고 편리하기 때문이란다. 일반적으로 안드로이드폰 제조사들은 구글이 고정값default으로 제공하는 번들 앱들을 생각 없이 받아들이고, 유저들은 사용하지도 않고 방치해 결국 쓸모없이 용량만 차지하는 애물단지로 전락시킨다. 샤오미는 이 틈새를 파고들었다. 쓸모없는 안드로이드 번들을 없애버리고 애플처럼 깔끔한 레이아웃의 OS를 만들었다. 일각에선 세상에서 가장 아름답고 편리한 안드로이드 기반의 OS라는 찬사를 보내기도 한다. 한 가지 흥미로운 점은 샤오미가 비즈니스 모델도 애플을 따라가고 있다 것이다. 애플과 마찬가지로 제품의 제조는 모두 팍스콘Foxconn, 인벤텍Inventec 등의 회사에 외주를 주고 있다. 창업자 레이쥔雷軍의 신제품 출시

발표 스타일이나 제스처도 애플의 스티브 잡스를 연상케 한다.하지만 애플 아이폰이 '최고가 + 고품질'을 추구하는 것과 달리 샤오미는 일단 '초저가 + 적당한 품질'을 추구한다. 또 애플은 고가의 스마트폰으로 수익을 내는 하드웨어 판매 회사지만 샤오미는 OS와 소프트웨어를 보급하기 위한 플랫폼으로 스마트폰을 활용하는 소프트웨어 회사라는 점에서 애플과 차이가 난다고 주장한다. 샤오미 회장 레이쥔은 샤오미 스마트폰이 아마존의 킨들과도 같은 역할을 한다고 외치고 다닌다. 그만큼 자신들의 안드로이드 변형 OS 기술에 자신감이 있다는 뜻이다.

헝거 마케팅이 먹히는 브랜드를 만들다

/

샤오미폰은 싸다. 그냥 유통망에 내다 팔면 가격 때문에 저가 브랜드로 인식되기가 쉽다. 그래서 샤오미는 소비자를 안달복달하게 만든다. 이른바 '헝거 마케팅'이다. 물론 헝거 마케팅은 핵심가치인 소프트웨어 'MIUI'가 있기에 가능했다. 핵심역량 없는 헝거 마케팅은 외면당하기 마련이다. 샤오미의 소프트웨어 기술을 사랑하는 충성스런 팬들이 배고파하며 제품 출시를 애타게 기다리기에 가능했다는 말이다. 그 결과 제품을 출시하면 몇 분 만에 완판되는 기염을 토하며 소비자들에게 샤오미란 브랜드를 '싸지만 돈 주고도 못 구하는 레어 아이템'으로 격상시켰다. 그래서 샤오미의 브랜드 가치는 절대로 싸지 않게 된 것이다.

샤오미는 판매 물량을 매번 한정하기 때문에 판매가 완료되면 소비자는 다음번 제품 출시를 기다려야 한다. 소비자 입장에서 짜증나고 불편한 방식이다. 하지만 샤오미의 제품은 소비자들을 안달복달하게 만들고 기다림을 감수하게 할 만큼 성능과 가격 면에서 매력이 있었다. 소비자들이 샤오미의 헝거 마케팅에 꼼짝없이 걸려든 이유다. 소비자들은 인내심을 갖고 다음번 제품을 구입할 수 있는 '기회'를 기다렸고 매번 출시할 때마다 매진의 연속이었다.

샤오미는 2012년 제품을 출시하면서 홈페이지에 2일 동안 딱 15만 대만 판매한다고 광고를 했다. 소비자들을 서두르게 만들고 소비 충동을 이끌어낸 것이다. 결국 매번 몇 시간도 채 되지 않아 준비한 제품을 완판하는 기록을 세우고, 또 10만~20만 대씩 띄엄띄엄 판매하는 방식을 반복했다. 그렇게 샤오미는 소비자들을 자신들이 원하는 방식으로 길들였고 고객들의 애간장을 태웠다. 헝거 마케팅을 비단 중국에서만 진행하고 있는 것은 아니다. 인도에서는 5초 만에, 싱가포르에서는 2분 만에 물량 완판 기록을 세우면서 고객들을 애타게 만들었다. 허름한 맛집에 줄서서 기다리는 걸 불편해하지 않고, 이런 가게에서 친절한 서비스도 기대하지 않는 사람들의 심리를 기막히게 잘 이용한 마케팅이다. 앞에서 언급했듯이

샤오미는 2012년 새로운 제품을 출시하면서 홈페이지에서 딱 2일 동안 15만 대만 판매했다. 소비자들의 소비 충동을 이끌어내는 헝거 마케팅의 대표적인 사례다.

2014년 샤오미의 스마트폰은 6,110만 대가 팔려나갔다. 창업 4년 만의 기업이 달성한 수치라고는 상상할 수 없는 비현실적 수치다.

샤오미의 혁명은 유통부터

제조업체에게 유통은 항상 머리 아픈 문제다. 샤오미의 창업가 8명의 해법은 유통과정의 '제로화'다. 이건 엄청난 도박이었다. 무조건 홈페이지 직접 판매만 가능한 방식으로, 그것도 온라인쇼핑이 미국이나 한국보다 덜 보급된 중국에서 오직 자신들의 홈페이지에서만 판매한다는 건 가히 혁명적 시도였다. 하지만 최강의 소프트웨어에 대한 자부심으로 헝거 마케팅을 감행한 샤오미가 온라인 직판을 선택한 것은 어찌 보면 당연할 수도 있다. 중국에서 유통비용은 한국에서 상상할 수 없을 정도다. 성별 총판, 지역별 대리점으로 다단계 유통망을 따라 내려가다 보면 엄청난 비용 지출을 감수해야 한다. 샤오미의 온라인 직판은 이런 모든 비용을 한 방에 없앨 수 있었다. 한 푼이라도 절약해서 소비자에게 더 저렴한 가격으로 샤오미폰을 구입하게 함으로써 궁극적으로 샤오미 세상, MIUI 세상에 편입시키려는 전략이다. 이 전략은 적중했다. 샤오미는 스스로를 하드웨어 회사가 아니라고 주장한다. 하드웨어는 소프트웨어를 보급하기 위한 채널일 뿐이라는 얘기다. 더 많은 사용자들이 자신들의 고유한 운영체제를 좋아하게 되고 거기에 길들여지면 하드웨어에서 포기한 이윤을 확보할 수 있다는 전략이다. 샤오미는 광고를 전혀 하지 않고 오직 온라인 '직판'에 집중한 결과 마케팅 비용을 매출의 1% 수준으로 현격히 떨어트릴 수 있었다. 참고로 삼성의 마케팅 비용은 매출의 5% 수준이다. 영업이익률로 직결되는 마케팅 비용의 절감은 공격적 가격 인하의 무기가 될 수 있다.

샤오미의 혁신 DNA

삼성만 샤오미의 추격이 무서운 게 아니다. 전통의 중국 강자 레노버, 화웨이에게 샤오미는 가장 무서운 존재이다. 레노버는 모토로라, IBM을 인수하기 위해 거대한 자금을 공격적으로 투자했다. 그런데 샤오미는 '궁합이 잘 맞는' 미국 엘리트 교육을 받은 친구들이 모여 4년 만에 가볍게 레노버를 제쳐버렸다. 적어도 중국 내수시장에서 성장 가능성은 샤오미가 더 높다.샤오미의 핵심 강점은 구성원들의 혁신 DNA다. 이는 미국 실리콘밸리의 DNA가 이식된 덕분에 확보됐다. 샤오미의 회장인 레이쥔雷军은 알리바바의 마윈马云이나 텐센트의 마화텅马化腾, 바이두의 리옌훙李彦宏과 비견된다. 그는 이전에 킹소프트를 경영해 성공시켰지만 지분율이 높지 않은 전문 경영인이었기 때문에 개인 자산규모는 앞선 3명과는 비교되지 않을 정도로 적었다. 그래서 킹소프트 상장 이후 '건강상'의 이유로 회사를 그만두고 새로운 사업을 구상한다.그가 기획한 다양한 사업 아이템 중 하나가 샤오미였다. 당시 레이쥔에게 자신감을 심어준 사람은 린빈林斌이다. 린빈은 1990년대부터 마이크로소프트에서 소프트웨어 개발 경험을 쌓았고, 샤오미 창업 전까지 구글에서 개발담당 임원을 지낸, 즉 글로벌 역량을 보유한 중국계 기술 인재다. 사실 린빈 입장에서 샤오미 창업은 엄청난 모험이었다. 구글의 중국시장 철수 결정이 모험의 계기가 됐다. 구글은 중국 정부의 심각한 검열에 두 손 들고 서버를 중국 본토에서 홍콩으로 옮긴다. 그래서 지금은 바이두가 중국 검색엔진 시장을 80% 이상 독점하고 있다.

역설적으로 오늘의 샤오미는 린빈이라는 사람이 없었으면 불가능했고 이를 가능하게 한 것은 바로 구글이었다. 구글이 중국 본토를 포기하지 않았더라면 샤오미의 약진은 불가능했을지도 모른다. 레이쥔과 린빈은 2009년부터 부정기적으로 만나 스마트폰 시장에서의 반란을 꾀했다. 레이쥔이 시중에 출시된 20개 이상의 스마트폰을 가져 오면 린빈이 이런 저런 코멘트를 제시하는 방식으로 논쟁이 오고갔다. 가족들도 함께 모여서 식사하고 둘이 방에서 밤새 사업구상을 했다는 후문이다. 또 모토로라에서 잔뼈가 굵은 광핑조우, 마이크로소프트 출신의 장지웡, 구글에 근무했던 펑홍 등 다른 공동창업자도 실리콘밸리의 혁신 DNA를 장착했다.샤오미는 창업 멤버 이외에도 사업 확장을 위해 2명의 부사장을 추가로 영입했다. 2012년에 왕촨王川 부사장은 스마트 TV 및 셋톱박스 사업을 맡기 위해 샤오미에 들어왔다. 그리고 유일한 외국인인 휴고 바라Hugo Barra 부사장은 구글 부사장으로 재직한 경험이 있으며 2013년 샤오미에 합류했다. 브라질 출신의 휴고 바라는 구글 안드로이드 생태계를 구축한 주역 중 한 명이다. 휴고 바라는 구글에서 창업자 세르게이 브린Sergey Brin과 대립하다 회사를 박차고 나왔다. 이 사건은 한동안 뉴스거리였다. 구글은 결과적으로 다양한 측면에서 샤오미의 성장에 기여했다.샤오미의 투자자들도 미국계 자본이다. 중국에 이식된 실리콘밸리 DNA의 위력이 정말 크다는 것을 확인할 수 있다. 이러한 창업자와 투자자들의 DNA는 샤오미 내에 자율적이고 수평적인 조직문화를 만들어 냈다. 조직은 '창업파트너-팀장-팀원' 등 3단계로 구성됐다. 사무실 배치도 한 층마다 한 명의 창업파트너 사무실이 있고, 해당 층에는 창업파트너의 전공 분야 팀장과 팀원들이 배치돼 있다. 창업파트너는 자신이 맡은 영역에서 소小사장처럼 일한다.

샤오미의 미래가 궁금하다

가장 초기에 샤오미에 투자한 벤처투자사는 역시 중국 본토 회사들이다. 샤오미는 2010년 12월, 중국계 벤처 캐피털 회사인 모닝사이드 벤처스Morningside Ventures와 치밍 벤처 파트너스Qiming Venture Partners로부터 4,100만 달러를 투자받았다. 당시 평가된 지분가치는 2억 달러였으니 두 벤처투자사는 샤오미의 20.5% 지분을 4,100만 달러에 취득했다.

2년 만인 2012년, 샤오미의 주식가치 총액은 40억 달러로 초기에 비해 20배 상승했다. 이어 2013년 네 번째 투자유치에 성공하면서 샤오미의 가치는 100억 달러한화로 약 10조 원로 늘어났다. 만약 샤오미가 증권거래소에 상장하면 이 가치는 몇 배 더 오를 것으로 추정된다. 샤오미도 대단하지만 엄청난 투자수익이 예상되는 '치밍 벤처 파트너스'도 주목할 만하다. 2006년 설립된 운용 규모 1조 원 이상의 중국 벤처 캐피털인 '치밍 벤처 파트너스'는 중국 정부기금뿐 아니라 하버드, 프린스턴, 카네기멜론, 뉴욕대 기금 등이 포함됐다. 이 회사의 창립 멤버 중에는 인텔 캐피털 출신의 돤광Duane Kuang과 마이크로소프트 출신의 리치통Rich Tong이 포함돼 있다.

샤오미는 초저가라서 두려운 존재가 아니다. 자신만의 OS를 보유하는 데 성공한데다 하드웨어도 성능도 만만치 않다. 미국적 DNA를 보유했기 때문에 혁신의 잠재력도 높다. 그러나 '애플 디자인을 베꼈다'는 논란은 피해가기 어렵다. 당분간 샤오미는 중국과 신흥시장에서의 사업에 집중할 것으로 예상된다. 선진시장으로 샤오미가 진출하기에는 소송 등 법률 리스크가 너무 크다. 당장 샤오미의 중국시장 1위 등극으로 글로벌 기업들이 단기적 충격을 받겠지만 웨어러블, 헬스케어, 사물인터넷 등 전혀 다른 방식으로 복안을 만든다면 샤오미의 추격에서 벗어날 수 있을 것이다.

실패는 하나의 옵션이다. 만약 무언가 실패하고 있지 않다면 충분히 혁신하고 있지 않은 것이다.

테슬라 CEO 앨런 머스크

'대륙의 실수'가 아닌 생태계의 창조자

시작은 미약했으나? 좁쌀 '샤오미'의 시작은 시작부터 남달랐다. 2010년 4월 설립해 8개월 만에 중국계 치밍 벤처 파트너스와 모닝사이드 벤처스로부터 450억 원 규모의 투자를 유치했다. 그리고 1년 8개월 후 퀄컴 벤처스으로부터 900억 원의 투자를 유치한다. 한 가지 놀라운 사실은 샤오미의 로열티 이슈로 가장 피해를 보는 기업이 바로 퀄컴이다. 그런 퀄컴이 초기 투자자였다니! 미국 기업의 리스크 관리는 생각보다 꼼꼼하고 치밀하다.

마지막으로 설립 3년 8개월 만에 DST, Hopu, GIC 등으로부터 1조 3천억 원의 투자를 유치했다. 당시 기업 가치는 50조 원으로 당시 비상장기업 중 세계 최대를 기록했다. 만약 한국 거래소에 상장할 경우 삼성 다음으로 시총 순위 2위에 단숨에 오를 가치다.

이제 샤오미의 레이쥔 회장은 인민대표 배지를 달고 스마트 제조 강국의 주역으로 정치적 역할까지 수행하고 있다. '짝퉁'이라며 샤오미를 욕하지만 샤오미 휴대용 충전기, 멀티탭, 미밴드, 체중계는 지금도 불티나게 팔리고 있다.

과감한 헤쳐모여 중인 중국 IT 공룡들

디엔핑과 메이퇀이 합병한다면?

중국 알리바바와 텐센트 공동전선이 더욱 공고화되는 것일까? 만약 음식점 앱의 최강자 디엔핑과 공동구매 최강자 메이퇀의 합병은 2015년 초에 이뤄진 디디콰이디와 콰이디다처의 전격 합병과 유사한 역대급이자 엽기적 합병이다. 텐센트는 디엔핑의 주요주주이며, 알리바바는 메이퇀의 주요주주다. 메이퇀과 디엔핑 합병은 메이퇀이 더 높은 가치를 인정받아 합병했고 텐센트는 알리바바와 지분율을 비슷하게 맞추기 위해 합병 후 회사에 추가 지분 투자를 했다는 이야기도 전해진다. 합병법인 기업가치는 15~20조 원에 가까울 것이다. 디디콰이디 합병과 이번 합병으로 중국 O2O는 텐센트와 알리바바의 합동전선 밑으로 서서히 빨려 들어가는 모양세다. 이제 두 회사의 시장 지배력은 과점을 넘어 독점 수준으로 가고 있다. 바이두는 역시나 낙동강 오리알 신세를 면치 못하고 있다. 우버랑 협력하자니 디디와 콰이디가 합병하고 이제는 음식점과 공동구매도 텐센트와 알리바바에게 막히기 직전이다. 중국 정부는 이러한 독점적 상황을 즐기는 것일까?

택시로 시작됐던 중국의 O2O 대전이 텐센트와 알리바바가 서로의 전력 누수를 막기 위한 대타협으로 싱겁게 마무리 되는 형세다. 물론 마지막 자존심 핀테크 금융사업은 서로 샅바를 놓지 않고 견제를 더해가고 있지만 말이다. 결국 돈 이외의 다른 영역에서는 최대한 협력의 모습을 그려가는 것으로 보인다. 아마도 텐센트와 알리바바 이 두 기업이 손을 잡으면 거대한 차이나 주식회사China Internet Co.가 될 것이다. 이것을 중국 정부가 그대로 두는 것은 이미 중국의 목표가 중국이 아니라 세계로 향해 있다는 증거다. "안방서 싸우지 말고 나가서 점령하시게!" 이번 합병이 이뤄지면 후폭풍이 어떻게 이어질지 관심가져볼 만하다.

황당한 일들이 쉼 없이 벌어지는 중국 O2O 산업. 인터넷플러스를 위해 과감한 '헤쳐모여!'는 계속될 것이다!

화웨이, 중국 스마트 제조의 맏형

/

화웨이는 세계 최대 이동통신장비 제조업체. 세상의 대부분 이동통신사들 이제 화웨이 제품 없이는 장사 못할 수준! 글로벌 스마트폰 시장 점유율 3위 업체. 레노버는 멀찌감치 제치고 샤오미도 화웨이에 뒤쳐진다. 압권은 자체 생산 반도체를 스마트폰에 탑재한다는 사실이다. 구글은 화웨이와 손잡고 넥서스폰에 다시 시동을 걸면서 애플에 도전장을 내밀고 있다. 화웨이가 선보인 풀 메탈 바디의 넥서스 6P는 외형만 봐서는 아이폰에 전혀 뒤지지 않을 정도다.

이제 세계는 중국의 대표 IT기업을 꼽으라면 샤오미나 알리바바를 꼽지 않고 화웨이를 꼽는다. 에릭슨을 제치고 세계 1위의 통신장비 제조 기업으로 등극하고, 샤오미보다도 더 무서운 속도로 성장하며 세계적 IT기업들의 견제 1순위로 등극한 중국기업 화웨이! 비결은 무엇일까?

1987년 설립된 화웨이. 요즘 창업 10년도 안된 중국의 파릇파릇한 IT 스타트업 입장에서 보면 화웨이는 그야말로 노땅 구닥다리다. 그것도 창업자 임정비 회장은 중국 인민군 출신이다. 실리콘밸리에서 잔뼈가 굵었다고 해야 명함이라도 내미는 시대에 군 출신이라니. 하지만 중국 IT 업계에서 화웨이의 기업문화는 칭송받고 있다. 근면 성실하게 바닥부터 하나씩 만들어가는 착실한 기업문화와 서두르지 않고 거북이처럼 묵묵히 기술을 쌓아나가서 세계적 경쟁력을 추구하는 것이 화웨이의 방식이다. 스피드와 팬덤으로 승부하는 샤오미와는 전혀 다른 종자다. 화웨이는 17만 명이 넘는 임직원수를 자랑하는 IT제조업 기업으로 이중 8만여 명이 연구개발R&D 인력이다. 그야말로 기술개발 인해전술을 인민군 방식으로 밀어붙이는 것이 화웨이의 저력이자 특장점이다. 애매하고 모르겠다 싶으면 "관련된 특허 다 만들어! 싸그리!" 이게 화웨이가 걸어온 길이다. 작년에 R&D에만 투자한 금액이 7조 원 정도 된다니 기술개발에 대한 과감한 투자 또한 세계적 수준이다. 화웨이는 자회사로 반도체 회사 하이실리콘을 중점적으로 키워왔는데 이제 화웨이는 자신이 생산하는 스마트폰에 들어가는 반도체를 직접 생산하는 업체로 등극했다. 참고로 자체 디자인한 반도체 AP를 장착한 스마트폰을 생산하는 기업은 삼성전자와 애플이 유일했다. 그리고 얼마 전 화웨이는 퀄컴, SMIC와 함께 합작법인을 설립하고 CMOS 이미지센서 개발에도 착수한다는 소식도 들렸다. 대만 홍하이와 손잡고 6세대 디스플레이패널 생산 공장에 조 단위의 투자를 감행한다는 소식도 들린다. 화웨이는 차곡차곡 자신의 IT 수직 계열화를 진행 중이다. 그 큰 그림이 완성되면 어떤 모습일까? 이런저런 맥락을 모두 고려하면 화웨이는 중국 정부의 스마트 제조 정책 수혜를 한 몸에 누릴 가능성이 가장 높은 기업이다.

반도체 수입대체를 위한 중국 정부의 올 한해 투자 예산만도 60조 원이 넘는다. 향후 수백조원을 지원할 계획이다. 전 세계 최종 소비자와 수천 개 기업 고객을 보유한 화웨이는 중국 안방에서의 든든한 수요와 글로벌 시장에서 경쟁할 기술력을 모두 겸비한 중국 IT업계의 진정한 고수이자 최강자이다. 앞으로도 유심히 지켜봐야할 중국 기업 화웨이다.

'싱글 마켓' 기대보다는 우려가 크다!

한-중-일 전자상거래를 단일시장권single market으로 통합한다는 소식이 들린다. 나는 기대보다는 우려가 더 크다. 이유는? 중국 알리바바 때문이다. 동아시아 3개국 전자상거래가 하나의 생태계로 통합된다면 가장 큰 수혜자는 결국 규모와 자본력에서 넘.사.벽.인 알리바바일 것이므로!

알리바바의 생태계에는 쿠팡 + 옥션 + 네이버 + 카카오 + 핀테크, 종합 금융업이 모두 담겨있다. 거기에 추가로 작년부터는 알리바바 픽쳐스를 중심으로 영화, 방송, 연예산업 모두를 아우르면서 콘텐트 통합자로 산업의 영역을 파괴하면서 그야말로 오프라인의 모든 영역으로 진격 중이다. 게다가 최근 분기 실적은 미국 증권 애널리스트의 예상을 훌쩍 뛰어넘으면서 중국 거시경제 성장률 하강의 우려를 한방에 불식시켰다. 알리바바는 세상을 향해 외친다. "우린 달라!"

중국 전자상거래에서 시작한 알리바바의 온라인 혁명은 O2O라는 키워드로, 시진핑 정권의 "인터넷플러스"란 키워드로 확장 심화되면서 13억 인민의 라이프스타일을 혁명적으로 바꾸어 놓고 있다. 월간 활동사용자수 8억 명을 기록하는 거대 SNS플랫폼 텐센트와도 올해 초 일명 "모바일 홍빠오세뱃돈 전쟁"으로 1:1 적벽대전을 펼치는가 싶었더니 디디다처와 콰이디다처의 합병으로 택시 앱 분야에서 사실상 독점을 만들어내고, 최근엔 O2O 상거래 플랫폼 디엔핑과 메이톤의 합병으로 또다시 독점적 지위를 텐센트와 "함께" 만들고 있다. 정부는 두 O2O거대 공룡의 야합을 규제하기는커녕 응원하고 있다.

알리바바의 시가총액은 삼성전자보다 큰 220조 원에 달한다. 사실 이 시가총액은 마윈의 입장에서 보면 반절은 빼고 말한 게 된다. 알리바바의 모든 결제 금액이 흘러들어가는 꿀물의 근원인 알리페이는 미국 거래소에 상장된 알리바바 그룹과는 무관하게 비상장 상태로 별도로 존재하기 때문이다.(사실, 과거 알리바바 마윈은 야후, 소프트뱅크 상대로 알리페이를 강탈해왔다.) 요즘 간편결제 플랫폼 알리페이는 은행, 보험, 자산운용으로 무한확장하면서 종합 인터넷기반 금융사인 '앤트 파이낸셜Ant

Financial'로 진화했다.

한국에서는 아직 사업자 선정도 되지 않아 진통을 겪는 금융산업에서 알리바바는 이미 베테랑이 되어가고 있다. 그래서 나는 지난 몇 개월간 목이 아프게 주장해왔다. 핀테크, 금감원에서 규제하려 한다면 규제를 푸는 판도라의 상자 이름은 바로 "알리바바"일 것이라고. 우리가 바꾸지 않으면 중국 O2O 공룡들이 우리의 낙후된 시장을 먹이로 덤벼들 것이라고. 그들에게 한국 시장은 세계에서 가장 모바일 침투율이 높은 최적의 테스트 베드로 글로벌 확장의 아주 의미있는 거점일 것이라고. 한국 시장은 자체의 규모는 작지만 세계 모바일 O2O 시장 변화의 방향성을 가늠할 리트머스 시험지의 역할을 하는 아주 의미있는 시장인 것이다.

그럼, 일본은 어떨까? 걱정 없다! 이미 일본과 중국의 모바일 산업 리더들 간에는 혈맹의 관계가 형성되어 있으니까. 알리바바의 최대주주는 마윈이 아닌 일본의 소프트뱅크다. 그래서 알리바바가 성장하는 것이 그대로 소프트뱅크의 주가 상승으로 이어진다. 한국계 손정의 회장의 미래에 대한 혜안은 이미 십 수 년 전에 알리바바 마윈에게 만난 지 몇 분 만에 수백억을 투자할 만큼 확신에 가득한 것이다.

게다가 소프트뱅크는 올해 초 한국 모바일 전자상거래 1위 쿠팡에 1조원 투자를 한 장본인이다! 비상장 스타트업 쿠팡을 단숨에 5.5조원 시가총액을 만들어주면서 한국판 유니콘1조원 이상 스타트업의 신화를 창조한 소프트뱅크.

이번 한-중-일 3국 싱글 마켓 구상의 가장 수혜자는 어쩌면 알리바바와 쿠팡을 모두 자신의 생태계에 품고 있는 소프트뱅크일지도 모른다. 참고로, 소프트뱅크는 세계 1위의 모바일 게임업체 핀란드의 수퍼셀클래시 오브 클랜 제작사, 헐리우드 영화제작사, 인도 최대 전자상거래 업체, 인도/동남아 최대 택시앱 업체, 프랑스 최고의 로봇제조사 알데바란 등의 기업을 자신의 생태계에 품고 있다.

그럼 우리는? 걱정이 크다. 정말 크다! 내가 걱정한다고 뭐가 달라질까마는, 한국은 중국, 일본에 비해 속도, 스케일, 전략 모든 측면에서 뒤쳐진다. 네이버, 카카오가 시장 지배적 사업자라고? 웃긴다. 글로벌 시장에 나가면 모두 개미 같은 존재다. 알리바바 220조, 소프트뱅크 75조원 앞에 카카오의 7조, 네이버의 22조는 '새발의 피'처럼 느껴지지 않는가? 게다가 이 두 기업의 성장은 그놈의 사업자 선정이다, 갑질논란이다, 시장질서다, 이런저런 쇠사슬 같이 숨 막히는 통제와 규제로 정체된 상태다. 3개월, 6개월이 영원처럼 느껴지는 모바일 O2O혁명의 시기에 이미 1~2년은 뒤로 확 뒤처진 대한민국 모바일 산업은 순수한 비전의 젊은 O2O 스타트업들 수십 개 업체가 고군분투하면서 간신히 이끌어 가고 있을 뿐이다.(이 또한 싹이 자라나면 싹뚝 잘릴지도?) O2O는 본질상 교란적이고, 기존질서에 도전하는 것이니 기성세대 기득권세력에 눈엣가시일 수밖에 없기에 어찌 보면 이러한 진통은 당연한 것일 수도 있겠다. 하지만! 지금 중국, 일본의 변화하는 모습을 바라보면 우리의 상대적 경쟁력 저하는 결국 기술과 자본에 의한 침공에 그대로 노출된다는 측면에서 바짝 긴장해야 한다고 주장하고 싶다.

지금 모바일 생태계에서 국경은 이미 무의미해져 있고, 그렇다면 경쟁에서 우위를 만들어 나가려면 규모, 속도, 창조성 이 셋 중 최소한 하나에서 승기를 잡아야 하는데, 어느 하나 우리가 갖고 있는 것이 없어 보이기에 더 위험해 보인다.

알리바바의 미친 성장이 의미하는 것은?

지난 2015년 10월 27일 알리바바는 분기 실적을 발표했다. 분기 매출 성장률은 전년 대비 36%, 연간구매자수 3.8억 명, 잉여현금흐름 2.3조 원. 작년 상장 당시 의문시되었던 모바일로의 전환도 완전히 달성했다. 모바일 매출 비중이 60%를 돌파했다. 중국 경제의 성장세가 완연히 꺾인 상황에서 매우 고무적인 실적이다. 경제 전체적인 성장률 하강 속에서 전혀 타격을 입지 않은 모습은 인터넷산업이 중국의 새로운 경제를 든든히 받친다는 사실을 세상에 증명했다.

금번 발표는 월가 투자은행의 추정보다 훨씬 훌륭한 결과로 주가도 지난 한 달 동안 무섭게 올랐다. 지난달 말 역사적 저점인 50달러 중반에서 바닥을 찍고 올라서 어제 종가는 82.3달러. 한 달 만에 50% 주가 상승을 기록했다. 실적에 대한 소식 때문이던 과도한 우려감이 해소되었든 알리바바에 대한 투자자들의 믿음은 서서히 회복되는 과정에 있다. 여전히 상장직후 '미친' 기대감이 반영되었던 120달러 수준은 멀어 보이지만 시가총액 2,000억달러220조 원의 상징적 지위는 다시 복귀했다.

알리바바가 on-track으로 복귀한 것의 의미는 다양하게 해석해볼 수 있다. 인터넷플러스 정책의 큰 시각에서 바라볼 때 이건 알리바바와 마윈 회장의 문제가 아니다. 오히려 중국의 경제 시스템의 변화가 제대로 이뤄지고 있는지를 확인해볼 수 있는 기회다. 중국 인터넷 사용자의 패턴이 PC에서 모바일로 급속히 진행 중이란 사실과 모바일인터넷 확산이 실제 손에 잡히는 부가가치로 이어지고 있다는 사실은 시진핑 정권이 주창하는 "인터넷플러스" 정책이 유효하게 작동된다는 것을 증명한다. 이제 알리바바 뿐 아니라 텐센트, 바이두, 르티비, 넷이즈, 화웨이, 샤오미의 성장과 실적을 하나의 틀에서 바라보아야 한다.

이들 기업을 치열한 경쟁 구도 속에서 바라볼 것이 아니라 차이나 2.0 주식회사란 거대한 틀에서 바라보아야 한다. 중국정부란 지주회사 밑에서 각자 역할을 담당한다고 보면 맞다. 비록 주주는 일본, 미국, 남아공 다양하지만 결국 중국 정부의 정책적 지원 없이는 생존 불가한 기업들이기 때문이다. 그래서 고분고분 정권에 순응하는 기업들이기도 하다.

모바일시대를 선도하려는 차이나 주식회사 2.0은 1.0의 문을 닫고 간판을 바꿔달았고 이제 본격적으로 새로운 엔진에 스파크를 일으키며 전진하고 있다.

새로운 엔진의 추력과 가속력이 1.0시대의 무거운 짐들을 모두 안고 나아가기 충분하다면 1.0의 잔재인 국영기업의 비효율, 막대한 부채도 극복할 수 있다.

그래서 알리바바의 기대 이상의 실적은 한 기업의 주가 상승에 그치지 않고 다양한 시그널로 느껴진다.

세상에는 두 종류의 회사가 있다. 고객에게서 돈을 더 받기위해서 일하는 회사와 덜 받기 위해서 일하는 회사. 아마존은 후자다.

아마존 CEO 제프 베조스

르티비, 내가 진정한 중국판 '넷플릭스'야!

콘텐트 괴물, 르티비

르티비LeTV. 우리말로 '즐거운 방송' 정도로 번역하면 될 것 같다. 이 즐거운 방송은 이미 10만 편의 드라마, 5천 편이 넘는 영화 타이틀을 보유하고 있는 콘텐트 괴물이다. 매일 페이지뷰가 2.5억 회 이상 기록되고 3.5억 명 이상의 유저가 매달 서비스를 이용하고 있다.

2004년 설립된 르티비는 동영상 스트리밍 서비스로 시작해 지금은 콘텐트 통합자로 중국판 넷플릭스의 입지를 다지고 있다.

최근에는 1천억 원이 훌쩍 넘는 제작비가 들어가는 영화 "만리장성"을 헐리웃 영화 제작사와 손잡고 제작중이다. 넷플릭스처럼 콘텐트 생산에 직접 투자하며 생태계의 외연을 확장중이다.

이런 르티비의 확장은 콘텐트에 기반을 두면서 모바일 하드웨어 영역에도 진출해 샤오미의 영역까지 침범하고 있다. 내수에만 1억대를 판매해 중국 1위, 세계 4위 스마트폰 업체로 등극한 샤오미가 안방에서 강적을 만난 것이다. 르티비는 막강한 온라인스트리밍 콘텐트를 바탕으로 수억 명의 구매동기를 유발하면서 급성장 중이다. 성능은 샤오미에 유사하지만 10만 원은 더 싸고 게다가 원하는 인기 프로그램을 제공해준다.

르티비의 자체 온라인 쇼핑몰 르몰LeMall에서는 하루 만에 50만 대의 스마트폰과 35만 대의 스마트TV 판매 기록을 세우기도 했다.

2015년 초에는 전기차 제조에도 영역을 확장한다는 계획을 밝혀 더 큰 주목을 받았다. 실제로 실리콘밸리에 260명 규모의 연구 조직을 구축했다고 한다. "내가 중국판 넷플릭스이고 테슬라야!!"라고 외치는 중이다.

샤오미가 OS로 승부를 보았다면 르티비는 콘텐트로 승부를 본다. 스마트폰기기로 자신의 수직적 확장을 이룩하고 있는 것이다. 확장의 결과 전장에서 샤오미와 정면대결하게 된 것.

애초 샤오미는 스마트폰은 소프트웨어 공급의 채널 정도로 "아마존의 킨들"로 간주했는데, 르티비는 아예 콘텐트 업체로서 스마트폰을 통해 자신의 생태계를 중국 인민에게 전파하는 데 활용하겠다고 밝힌다. 그래서 확실한 수익원인 동영상 구독료가 있는 르티비는 더욱 과감히 가격을 후려칠 체력이 충분하다.

여기에 질세라 샤오미는 르티비 이외의 온라인 스트리밍 업체의 세를 규합하느라 분주하다. 1조 원이 넘는 투자금을 손에 쥐고 100개 넘는 콘텐트 공급자들과 연합군을 규합중이다. 하지만 그럼에도 중국 언론을 통해 르티비와 샤오미간의 강도 높은 비방전이 오고 가는 것을 보면 르티비가 샤오미에 위협이 된다는 의미로 보인다.

여기에 흥미로운 것은 샤오미가 르티비에 대한 공동 전선을 구축중인 중국의 유튜브 '유쿠 투도우'이다. 알리바바가 45억 달러로 인수한 바로 그 회사다.

'유쿠 투도우'의 매달 고정 방문자 수는 약 5억 명! 대한민국 인구 10배가 사용하는 서비스로 대륙의 사이즈는 역시 다르다.

앞으로 중국에서 르티비와 샤오미, 알리바바와 텐센트가 만들어가는 모바일 콘텐트 전쟁이 지켜볼 만하다.

그런데 이런 뜨거운 경쟁구도를 틈타 한국의 방송과 엔터테인먼트 산업은 커다란 기회를 잡을 수 있지 않을까? 단순 수익배분 말고 지분으로 얽힌 혈맹관계 구축의 기회 말이다. 앞서 언급한 5개 업체와 썸을 타면서 '어장관리'를 한다면 가능할지도 모른다.

혁신이 리더와 팔로워를 구분짓는다.

애플 CEO 스티브 잡스

우버판 중국 요리사, 하오추스

'일류 셰프를 집으로 초청하는' 콘셉트의 중국 O2O서비스, 하오추스好厨师. 다양한 종류의 음식에 전문성이 검증된 정규직 셰프들의 요리가 모바일 앱의 화면을 가득 채우면서 사용자들의 구미를 당기고 표준화된 복장마스크, 모자, 가방, 노랑 스카프 등, 높은 위생 수준, 요리 재료의 품질관리를 통해 중국 소비자들의 고질적인 불안감인 위생과 안전의 이슈를 해소시키며 만족감을 극대화시키고 있다.

불과 1992년생인 창업자 쉬즈앤은 일류 음식점 요리사 경험을 바탕으로 창업했다. 이 O2O서비스는 중국 음식문화의 특성에 정확히 부합한다. O2O의 가장 중국스러운 재해석이다.

땅이 큰 만큼 다양한 민족으로 가득한 중국에 걸맞게 음식의 종류는 헤아릴 수 없을 정도로 많다. 집에서 손님을 대접하려면 준비하는 시간도 많이 소모된다. 또 중국 문화는 사람들이 한번 모이면 점점 불어나 인원이 예상보다 많아진다는 점도 하나의 포인트. 그래서 등장한 O2O가 바로 하오추스다.

집으로 검증된 셰프가 찾아와 줄 수 있다면, 그리고 모바일 앱으로 가능하다면, 마지막으로 서비스와 위생 상태를 잘 통제할 수 있다면 엄청난 수요가 창출될 것이라고 예상했다.

2014년 6월 첫 서비스를 시작해서 상하이 인근 약 3만 가정에 방문 요리 서비스를 제공했다고, 현재 320명의 셰프를 보유하고 그 중 300명은 정규직 전속 셰프. 정규직 셰프는 기본 고정급여에 초과 달성 실적에서 절반의 이익을 챙겨준다고 한다. 그야말로 중국의 주방장판 '우버'인 셈이다. 서비스를 개시한 반 년 만인 그럼 2014년 55억원의 시리즈A 투자금 유치에 성공했다.(스타트업의 투자유치는 통상 1차를 시리즈A, 2차를 시리즈B로 구분한다.) 향후 계획은 상하이 중심의 서비스 지역을 15개 이상 도시로 확장하고 셰프를 1,000명 이상 확보하는 것이다. 목표가 빠른 시일 내에 달성된다면 그야말로 중국 주방장 업계를 발칵 뒤집어 놓을 수 있는 O2O 서비스 아닐까?!

만인의 창업이 13억을 뿌리째 변화시킨다

지금 중국에선 역사적이라고 할 만한 변환이 진행 중이다.

등소평 이후 37년간 지속해온 국영기업 중심의 국가자본주의에서 탈피해 민영기업 중심의 개방형자본주의로 급속히 변모하는 대수술이 진행되고 있는 것! 바뀌지 않으면 안 되는 숙명을 감지한 시진핑 정권은 자신들의 운명을 걸고 '인터넷플러스', '스마트 제조'라는 정책 키워드로 경제의 근본을 뒤집는 중이다.

알리바바의 미국거래소 상장이 세상을 놀라게 했다면, 앞으로는 수많은 중국발(發) 스타트업 열풍이 미국 실리콘밸리도 놀라게 할 것이다.

"만인의 창업!"

중국 정부는 우직한 뚝심으로 일관된 정책을 가지고 중국판 실리콘밸리를 이미 만들어 나가고 있다. 샤오미로 상징되는 북경 중관촌엔 칭화대, 북경대 출신의 인재들과 미국 유학파들이 뒤섞여서 미래의 샤오미를 꿈꾼다. 다양한 배경의 인재들은 새로운 문화를 창조한다. 그래서 오늘날 중국 스타트업의 기업문화는 한국보다 더 파트너십을 강조하고 미국보다도 더 빠른 시대 적응력을 자랑한다. 반면 한국 스타트업에는 개방적인 마인드를 가져야할 20대 창업가도 지분 나누기에 정말 인색할 정도로 여전히 오너(Owner)문화가 뿌리 깊다.

'미친 존재감' 샤오미의 성공비결은 바로 미국적인 자율과 파트너십 기업문화를 중국적으로 재해석한 데 있었다. 8명의 창업멤버 대부분 미국 일류 기업에서 잘 훈련받은 미국식 인재라는 것! 중관촌엔 이미 인재, 자본, 정책적 지원 모든 것이 넘쳐나는 상황이다. 필요한 것은 아이디어와 열정뿐이다. 그래서 버블이라고 오해할 정도로 스타트업에 대한 투자 받기가 쉬운 상황이다. 사업계획서 몇 장과 좋은 팀이 구성되면 몇 십억원을 투자하겠다는 투자자들이 줄을 서서 기다리고 있다.

북경은 이제 딱딱한 정치의 도시가 아니라 활력이 넘치는 중국판 실리콘밸리로 탈바꿈하고 있다.

한 때 세계의 공장으로 불리던 선전은 이제 제조 스타트업의 산실로 변모했다. 시제품에서 대규모 생산에 이르는 완벽한 제조 생태계가 가장 경쟁력 있는 가격으로 마련되어 있다. 덕분에 세계 최고의 드론은 이제 중국 기업의 손으로 만들어진다. DIJ의 카메라 장착 드론의 품질과 가성비는 세계가 놀랄 정도다. 미래의 샤오미, 화웨이를 꿈꾸는 젊은 창업가들이 3D프린터로 아이디어를 이리저리 구현해보고, 된다는 확신이 들면 바로 투자를 받고 대량 생산에 들어간다. 이런 과정이 수개월 내로 뚝딱 진행되고, 성공만 하면 인구 13억의 세계 최대 시장을 먼저 먹고 시작하니 글로벌 전략도 딱히 필요없다. 샤오미는 해외진출을 하지 않고도 중국 시장에서 통하자 세계 4위의 스마트기업이 됐다. 대륙의 포스가 느껴진다.

그 뿐인가?! 중국 정부의 정책은 민간 기업을 통제하고 재단하기보다 민간 기업의 뒤를 쫓아가는 방식이다. 마치 사커맘처럼 응원해주고, 상처 나면 치료해주는 역할을 자처한다. 최소한의 간섭으로 최대한의 자율을 제공해준다. 창조와 혁신을 위해선 숨쉴 공간이 필요하다는 것을 중국 정부는 너무나 잘 알고 있다. 때로는 무관심이 약이라는 것을 어찌 그리 잘 아는지.

반면 한국은 여전히 제조업 시대의 관성으로 국가가 유망 산업을 선정하고 산업의 질서를 설정하려 애쓴다. "규정도 없는데 어떻게 해?"라는 식의 사고방식을 가지고 있다. 규정이 만들어지면 벌써 그 사업 모델은 필요 없어지는 것이 지금 시대인데 말이다.

우리가 가진 기존 질서를 교란하는 것이 두렵다? 어차피 한국 스타트업이 교란하지 않아도 텐센트와 알리바바 같은 중국의 거대 IT공룡들이 우리의 시장을 결국 교란할 것이다. 그러니 시대에 맞게 바뀌어야 한다.

중국 만인의 창업 열풍은 어찌 보면 미국 실리콘밸리보다 더 많은 가능성을 내포하고 있는지도 모른다. 시진핑 정권의 절박함과 과거 기득권세력의 자연스런 몰락에 따른 경제 권력의 공백 그리고 넘치는 투자금과 해외파 인재들의 복귀까지. 이 모든 요인들이 맞물려 중국은 이미 모바일 서비스 산업 'O2O'에서는 세계를 시장을 선도하는 지위에 올라섰다. 디디콰이디, 메이퇀디엔핑, 그리고 그 뒤의 텐센트, 알리바바까지. 수십조, 수백조 원의 자본이 중국을 모든 사람과 사물이 인터넷으로 연결된 세상으로 바꾸고 있다. 이제 창조될 새로운 중국은 그간 우리가 경험해보지 못한 중국일 것이다. 세계를 이끌 규모와 속도, 유연성을 모든 것을 겸비하고 세상을 놀라게 할 창조와 혁신을 이어나갈 것이다.

마무리로 큰 질문을 던진다.

그럼… 우리는?

3부

2015년은
조선, 반도체, 스마트폰 등의
제조업에게는 암울한 한 해였다.

해외시장에 의존하는 한국 경제의 특성상 제조업으로 대표되는 기업들이 암울한 전망을 보일 때마다 위기론이 대두됐다. 그런데 반대로 우리의 시선을 돌려보자. O2O기업으로 대표되는 카카오부터 배달의민족, 직방 등의 O2O기업들은 오프라인 시장의 기존 질서에 구애받지 않고 폭발적인 성장세를 기록하고 있다. 이 시점에서 우리에게 필요한 것은 발상의 전환이다. 더 이상 과거의 산업이나 질서에 얽매이지 말고 새로운 질서를 만들자. 그 중심에 O2O기업들이 있다. 3부에서는 O2O혁명의 시대를 시작한 한국 O2O기업들을 살펴보고 앞으로 한국의 기업들이 어떤 혁신의 길을 걸어야 할지 답을 찾아보았다.

O2O,
한국의 미래를 만들다

카카오, 쿠팡이 200조 기업이 될 때까지 제발 그냥 냅둬라!

누가 내게 지금 한국에서 O2O의 방향성을 가장 뚜렷하게 지니고 있는 기업을 꼽아 달라고 묻는다면 나는 단연 카카오와 쿠팡을 꼽을 것이다. 그런데 한국은 지금 일종의 '카카오 신상털기', '쿠팡 길들이기'에 난리도 아니다. 심지어 얼마 전 국내 언론은 쿠팡의 대표이사가 국감장에 나타나지 않는다는 비난조의 기사가 도배가 되기도 했다.

그런데 나는 궁금했다. 카카오나 쿠팡이 한국 정부로부터 제대로 된 도움을 받은 적이 있었던가? 왜 이리 잡아먹지 못해 안달일까?

카카오와 쿠팡, 두 회사 모두 모두 한국에서는 꽤나 큰 기업으로 명함을 내밀지 모르지만, 글로벌 시장에서는 아직 갓 시작한 풋내기에 불과하다. 여전히 무럭무럭 자라나야하는 새싹 의 수준이다. 그런데 왜 자라나는 새싹이 햇빛을 보기도 전에 밟으려고 하는 것일까?

우리가 지금 고민해야 할 것은 따로 있다. 세계적으로 불어 닥친 제조업의 위기에 휘말린 대기업의 미래를 고민할 필요는 없다. 오히려 지금 막 자라고 있는 잠재적 대기업인 카카오와 쿠팡을 어떻게 하면 더 세계적인 기업으로 도약시킬지를 고민해야 한다.

카카오가 시장지배적 사업자인가? 당연하다. 카카오의 모바일 메신저는 세계에서도 손꼽히는 선도적 시도였다. 쿠팡이 물류 시장을 교란하는가? 공짜와 당일 배송으로 소비자의 편의를 위한 교란이라면 바람직하고 건전한 교란이 아닐까? 지금의 인터넷 O2O 스타트업들의 비즈니스 모델은 시장 질서를 "교란" 할 수밖에 없다.

기존 시장을 붕괴하라! 이것이 O2O시대 스타트업에 부여된 미션이다. 기존 체제의 불편함에 항거하고 거대 질서에 반항하는 새로운 시도가 필요하다. 결국 이러한 변화는 소비자의 편리함과 유익으로 연결된다.

혁신 vs 붕괴

혁신innovation이 기존 질서 내에서 나은 결과를 만들어내는 변화라면 붕괴disruption는 기존 질서를 도태시켜 쓸모없게 만드는 더욱 근본적인 변화다.

2007년 애플이 아이폰을 처음 출시한 순간은 포드의 자동차를 경험한 것과 비슷한 규모의 거대한 변화를 가져왔다. 스마트 모바일 시대는 아직 현재진행형이라 우리가 그 혁명적 변화를 제대로 느끼지 못할 뿐이지 이미 우리의 행동패턴과 의사소통, 정보 습득 그리고 이제는 오프라인의 모든 서비스에 대한 조정도 똑똑한 모바일 기기를 통해서 하고 있다.

이런 거대한 조류의 맨 앞단에 한국은 서 있다. 가장 빠른 모바일 통신 속도와 높은 침투율, 그리고 가장 까다로운 소비자를 한국 시장이 가지고 있기 때문이다. 한국에서 검증되고 살아남은 서비스가 글로벌 시장에서 성공할 가능성도 매우 높다. 한국이 가장 좋은 시험대인 것이다. 특히 한국과 중국 시장은 여러 모로 비슷한 특징을 공유하고 있다. 그렇기 때문에 중국 진출의 성공 가능성은 알아볼 수 있다는 점에서 한국은 비교 우위를 가지고 있다.

붕괴할 자유를 허락해야 한다. 활기를 잃은 대한민국 경제를 다시 살아나도록 숨을 불어 넣으려면 한국 스타트업에 기존 질서를 무너뜨릴 자유를 허락해야 한다. 기존 질서가 무너지면 혼란스럽게 된다고 걱정하는 사람들도 있다. 그러나 나는 반대의 생각을 가지고 있다. 일단 자유를 주고 지켜보면 된다. 행여 적정선을 넘어갈 때는, 가지만 쳐주면 된다. 아직 자라나는 새싹에게 "너 커서 뭐가 될래?"라고 묻지 말고, 다 자라나 튼튼한 나무가 되고 가지가 무성해지면 끝단의 가지만 정리해주면 된다.

게임, 핀테크, 각종 O2O 서비스 모두 마찬가지다. 그리고 어떤 산업을 육성할 것인지 딱히 지정할 필요는 없다. 그것은 시장이 알아서 결정한다. 누가 제시하지 않아도 소비자가 좋아하고 열광하는 서비스는 나타나기 마련이다.

지금 우리가 사는 이 시대는 철강, 자동차, 반도체처럼 산업을 찍어서 육성하는 시대가 아니다. 오히려 그렇게 특정 산업을 지정하고 자원을 쏟아 부으면 더 이상하고 비효율적인 폐해가 나타난다. 시장은 시장에서 해결해야 생존본능이 정상적으로 작동한다.

중국은 이미 이러한 시대정신에 가장 앞장서 있다. 텐센트는 이미 종합 인터넷 전문은행을 운영 중이고 최초 대출 버튼을 작년 말 리커창 총리가 직접 눌러 주었다. 상징적인 순간이었다. 아직 제도가 완비되기도 전임에도 불구하고 창조적인 시도가 축복 속에서 진행된 것이다. 참고로 우리 정부의 인터넷 금융업에 대한 종합적 가이드라인이 며칠 전 발표됐다. 중국이 단기간에 세계를 선도하는 모바일 국가가 된 비결은 바로 기존 질서를 무너뜨릴 자유를 부여하는 데서 시작되었다. 한국도 중국과 마찬가지로 기존 질서와 기존 경제에서 한계를 마주하고 있다. 수출 감소, 기업들의 부실 속출로 성장의 한계에 부딪혔다. 이러한 문제들은 비난과 부정으로 해결할 수 없다. 새로운 주체와 지금껏 해오지 않았던 전혀 새로운 방식의 변혁을 통해 채워야 한다.

그러기 위해서는 새 시대의 패러다임을 새롭게 만들 자유를 허해야 한다. 스마트 모바일 시대는 과거와 단절한 전혀 새로운 시대로 규정하고 백지에 청사진을 그려 나가자. 백지에 그림을 그릴 작가는 이미 우리에게 많이 있다. 판교와 테헤란로에, 그리고 대학 창업동아리에 넘쳐난다. 우리가 도와줄 것은 그들이 만들어낼 새로운 서비스에 관심을 가지고 열심히 써주는 것, 그리고 냉정하게 평가해주는 것이 필요할 뿐이다. 그리고 정부의 할 일은 기존 질서를 무너뜨리고 새로운 질서를 만들 자유를 허락하는 것이다. 규제는 개별 영역에서 엄청난 성공을 목격한 이후에 해도 절대 늦지 않다.

O2O 최고 선진국 중국은 한국을 앞서도 한참 앞서 있다. 중국 정부는

전자상거래, 간편 결제, 유통, 물류 등 모든 것을 방임에 가깝도록 허락해 주면서 짝퉁제품의 천국 알리바바가 세계 최대 전자상거래 기업이 되도록 했다. 올해 초, 절대적 시장 지배적 사업자인 알리바바와 텐센트가 손을 맞잡고 시장점유율 90%대를 장악한 것이 중국판 우버인 디디다처와 콰이디다처의 전격 합병이었다. 독과점에 대한 문제나 지적은 없었을까? 일언반구의 언급도 없다. 결과, 우버는 중국 시장에서 길을 잃었다. 방향이 정해지면 무섭게 달려가는 중국 정부의 한 단면을 볼 수 있다. 정부의 정책은 방향성을 갖고 있어야 한다. 그리고 그 방향성은 미래지향적이어야 한다. 그것을 몸소 보여주는 중국 정부다.

비교체험 극과 극, 중국 vs 한국

시진핑의 중국 정부는 루즈벨트 대통령이 미국을 경제대공황에서 구해낼 때의 심정으로 인터넷에서 새로운 시대의 부가가치를 만들어내려 안간힘을 쓰고 있다.

심지어 '인터넷플러스'란 정책 표어를 국가의 10년 경제개발 표어로 외치면서 '만인의 창업'을 외치고 있다. 2015년 초부터 '인터넷플러스', '스마트 제조'란 두 키워드로 경제 체제의 근본적 전환을 꾀하고 있고, 수십 년 간 고착된 국영기업 중심의 비효율은 인터넷 스마트 기업들의 혁신으로 신속하게 대체되고 있다. 중국의 혁신에 대한 관용으로 경제의 체질이 근본부터 급속히 변화하는 느낌이다.

반면 한국은 겉으로 창조와 혁신을 외치지만 정작 창조적이고 혁신적인 기업들을 상대로 신상 털기, 국감 증언대 세우기를 하면서 길들이기에 본격 돌입했다. 정작 창조와 혁신을 만드는 기업들에게 시장질서의 보호라는 논리로 철지난 규제의 틀로 재단하고 있다. 기술혁신으로 자수성가한 이 시대의 영웅들을 깎아내리고, 무릎을 꿇려야 속이 시원한 걸까?

지금 전 지구적으로 일어나고 있는 모바일혁명은 O2O로 이어져 온라인이 오프라인의 부가가치를 모두 빨아들이려는 움직임을 보이고 있다. 기득권과 권력을 가진 오프라인 기업들의 말을 듣고 내수 시장의 규제를 통해 O2O가 몰고 오는 거대한 조류를 거슬러봐야 헛수고다. 결국 O2O 시대의 흐름을 잘 따라가는 국내 기업을 죽이면, 미국과 중국의 글로벌 강자에게 안방 시장을 스스로 내주는 자살골을 넣고 말 것이다. 슬프게도 이런 자살골 넣는 행태는 과거부터 이어진 구태였다.

한국 인터넷 게임 산업의 아픈 경험이 그 대표적 사례라고 할 수 있다. 과거 한국은 인터넷 게임 종주국으로 세계를 호령했다. 그러나 지금 전 세계 모바일게임은 핀란드산 게임최대주주는 손정의의 소프트뱅크 '클래시 오브 클랜'이 휩쓸고 있다. 핀란드는 모바일게임 산업으로 노키아가 몰락한 빈칸을 채우고 있다. 그것도 아주 성공적으로 말이다. 게임 하나가 수천억 원의 이익을 창출하고, 수많은 사람을 고용하고 있다. 게임에 연계된 산업은 수조 원을 창조한다. 이러한 성공은 한국 게임 산업이 마땅히 차지했어야 했다. 그러나 규제라는 이름의 자살골은 지금 한국의 게임 산업에 쓰디쓴 패배를 안겨 주었다. 과거 게임의 종주국이었던 한국은 게임을 유해한 존재로 여기고 도박이나, 마약과 비슷하게 분류했다. 결국 지난 수년간 국내산 게임은 역차별을 당했고 그 결과 글로벌 경쟁력을 잃었다. 그런데 지금은 다시 "병 주고 약 주듯" 돌아오라고 부르고 있다. 그러나 이미 버스는 지나갔다. 지나간 버스는 돌아오지 않듯 떠나간 기회는 다시 오지 않는다. 넥슨이 인수하려 했던 미국의 EA스포츠는 넥슨보다 3배나 큰 20조 원 규모의 회사가 됐고, 한국 게임에 기대서 성장한 텐센트는 삼성보다 큰 시가총액 250조 원의 세계 최대 게임회사로 등극했다. 모두가 이젠 '넘사벽'이 되어 오히려 한국의 게임 산업을 주무르고 있는 게 현실이다. 그래서 국내외에서 씁쓸한 개그가 있다.

"한국 게임산업의 엑스맨은 누구? 바로 한국 정부!"

이제 더 이상 자살골로 씁쓸해지지 말아야 한다. 택시, 금융 등으로 O2O의 새로운 시도를 이어가는 카카오, 모바일에서 오프라인, 유통 물류 산업으로 무한 확장 중인 쿠팡, 모바일게임 차트를 휩쓰는 넷마블까지. 속칭 잘 나가는 신흥 모바일시대의 강자들이 국내에서 체력을 단련하고 그 힘을 바탕으로 세계 시장에서 승전보를 울리길 기원하고 응원해야 한다. 헐뜯거나 비난할 사항들은 이 시대의 신흥 강자들이 세계적인 수준의 규모로 우뚝 선 다음 지적해도 늦지 않다. 대놓고 부끄럽지도 않게 자살골을 마구 넣는 행태를 더 이상 보고만 있기엔 가슴이 너무 아프다.

텐센트와 썸 타는 넷마블

세계 1위의 지위를 지키고 있거나 조만간 그런 지위에 오를 것이 확실한 중국 기업들에게 한국은 동등한 협력의 대상이기보다는 전략적 투자 대상이 될 가능성이 크다.

한국 기업, 특히 중소기업과 중견기업의 입장에서 이미 중국의 13억 시장을 기반으로 규모를 한껏 키워낸 로컬 공룡들과 진검 승부를 시도하는 것은 무모한 도전이다. 그렇다면 우리의 기회는 어디에 있을까?

지금도 해법을 고민하고 있는 한국 기업들은 중국 텐센트로부터 투자를 받은 한국의 게임업체 '넷마블'의 사례를 통해 하나의 대안을 찾을 수 있다. 넷마블은 한국에서 검증해본 서비스나 사업 모델을 가지고 중국의 거대 기업에게 가져갔다. 중국 기업이 채우지 못하는 빈칸을 찾았기에 성공한 케이스다.

요즘 젊은 층에 회자되는 말 중에 '썸녀', '썸남', '썸 타는 관계'등 '썸'이라는 말이 있다. 영어의 'some'에서 나온 말로 연인 관계도 아니요, 그렇다고 그냥 친구 관계도 아닌 애매모호한 상태를 의미한다. 넷마블의 방준혁 의장은 텐센트와 CJ사이에서 바로 이런 '썸'을 타면서 자신의 지위를 굳히는 데 성공했다.

넷마블은 CJ그룹 산하 CJ E&M의 게임 산업 부문에 불과했다. 그런데 2014년 3월, 텐센트에서 5,000억 원이 넘는 투자자금을 유치하면서 넷마블의 위상이 달라졌다. 지분율은 창업자인 방준혁 의장이 35.88%, CJ E&M이 35.86%, 텐센트가 28%가 됐다. 이제 방준혁 의장은 텐센트와 의견의 일치만 이루면 CJ E&M의 간섭을 받지 않고 자유로운 의사결정 내릴 수 있는 상황이 된 것이다.

반대로 텐센트나 CJ E&M 입장에서도 나쁘지 않은 선택이었다. 넷마블은 일찍부터 PC 위주의 게임 산업에서 모바일로 방향 전환을 했다. 2014년 3월 2주 차, 한국 모바일 게임 구글플레이 랭킹 상위 5위 중 넷마블 제품이 4개를 차지하고 있을 정도로 성공적이었다. 텐센트 입장에는 한국의 소비자들에게 검증된 넷마블의 게임을 중국으로 가져가면 시행착오를 최소화할 수 있다는 장점이 있다. 이런 방식으로 회사의 가치가 커지면 많은 지분을 갖고 있는 CJ E&M의 이익도 커진다. 게다가 어부지리의 이익도 생겼다. 최근 게임업계 라이벌인 넥슨과 엔씨소프트 간의 경영권 분쟁이 터지자 넷마블이 엔씨소프트의 구원투수로 등장해 주식을 교환했다. 엔씨소프트가 다급한 상황이었기에 넷마블은 좋은 조건으로 주식을 받을 수 있었다. 불과 몇 개월 전 텐센트가 투자한 주당 가치의 거의 2배에 해당하는 가격이었다. 넷마블과 텐센트는 가만히 앉아서 투자주식의 가치평가가 두 배가 된 셈이고, 여기에 한국의 대표 게임업체인 엔씨소프트의 주요한 주주(간접)가 되는 효과도 얻었다.

여기서 중요한 점은 텐센트의 성공은 한국이 없었다면 불가능했다는 점이다. 이 회사는 원래 QQ라는 온라인 메신저사업으로 시작했다. 네이트온이나 야후 메신저와 유사한 기능의 QQ메신저는 그것만으로는 큰돈이 되지 않는 사업이다. 그러나 수억 명의 메신저 가입자를 이용해 온라인 게임 사업을 시작했고 2008년부터 한국의 게임사들과 중국 시장 내 퍼블리싱 계약을 맺고 배급을 시작했다. 그 결과 2014년 기준으로 텐센트는 게임 사용료와 아이템, 이모티콘 등을 팔아서 현금 5조 3,000억 원을 벌어들이는 회사가 됐다. 국제 신용등급도 초우량 수준(A3)으로 삼성전자(A1)와 유사하다. 이런 고성장 고수익의 기반을 만들어준 것이 바로 한국 온라인게임 회사들이었고, 텐센트 역시 이를 잘 알고 있기에 끊임없이 한국 게임 업체들에 러브콜을 보내고 있는 것이다.

텐센트의 성장으로 한국도 함께 이익을 향유하고 있음을 간과해선 안 된다. 2014년 '크로스파이어'라는 게임이 중국에서 히트하면서 약 1조 5,000억 원의 매출을 기록했다. 한국 개발사 '스마일게이트'는 넘쳐나는 현금을 주체하지 못할 정도의 영업이익을 거뒀다.

한국 기업의 선택은 이렇게 중국에서 잘 팔릴 아이템을 중국보다 빨리, 그리고 완벽한 품질로 만들어내고, 한국의 빠른 변화속도와 까다로운 소비자를 이용해 한국 시장에서 한발 앞서 검증하는 것이다. 한국산 서비스, 한국산 제품만의 매력을 발산할 수 있다면 중국 자본은 한국에 대한 투자를 아끼지 않을 것이다. 격화되는 글로벌 경쟁에서 우위를 선점하기 위해서도 중국 기업에게 한국의 중요성은 더욱 커질 것이다.

창조를 위해 위험한 시도를 허락하자!

드론은 하늘로 날려봐야 안전하게 도착할지 아닐지 알 수 있고, 핀테크 혁명은 금융사고가 터져야 해법을 찾을 수 있다. 전혀 새로운 생태계를 책상에서 공문서로 이리저리 그려봐야 현실과는 영영 거리가 멀다. 가장 좋은 스승은 시행착오다.

구글 창업자 두 명의 위험한 시도는 스탠퍼드대학교의 서버를 마비시켰지만, 덕분에 지금은 전 세계가 구글이 없으면 마비가 된다. 중국은 텐센트에 온라인 전용 은행업 자격을 작년 말에 주었고 관련 규정은 최근에야 발표했다. 한국은 여전히 규정과 자격을 부여하는 밥그릇 싸움에 시간을 허비 중이다. 그 사이 중국의 알리페이, 텐페이가 한국 편의점과 마트에 상륙 중이고, 조만간 금융상품도 '역'직구하게 될지도 모른다. 자, 이제 그만 재고 빨리 바꾸자.

기업들의 위험한 시도에 박수를 치고, 지켜보며, 선을 넘지 않도록 돌봐주는 것. 이것이 이 시대에 걸 맞는 정부의 역할이다. 한국은 모바일 인프라가 세계에서 최강국인 온라인게임 종주국이며 한류 문화 강국이자 세계 4대 모바일 메신저인 카톡과 라인을 배출한 나라다. 8억 유저를 가진 텐센트의 위챗도 카카오톡의 시행착오를 빌어 성장했다는 사실을 기억하자. 전 세계 모바일혁명을 이끌어갈 역량과 실적을 보유한 한국이다.

제조업 위기에 대한 해법을 찾고, 중국 경제의 시즌2를 맞이할 방법론이 궁금하다면 위험한 시도를 할 수 있게 내버려두자. 자율 운전 차량을 테스트할 수 있는 도로를 만들어주고, 미국 Darpa DoD's Advanced Research Project Agency 국제대회 같은 이벤트도 만들어 창조의 시도가 연달아 이뤄질 수 있는 시스템을 갖추어야 한다. 그렇게 밀어주지 않아도 세계 1등을 수상할 정도로 역량을 가진 한국 젊은이들이다. 노심초사하여 애초부터 핸들을 빼앗아버리면 영영 제대로 운전할 기회도 생기지 않는다. 노파심을 버려야 한다.

우리가 가지고 있는 오프라인 산업의 기존 생태계는 알리바바나 텐센트와 같은 O2O기업들의 인해전술과 자본력에 의해 점령당할지도 모른다. 이미 O2O 초우량 기업은 일본 소프트뱅크, 미국 골드만삭스, 세쿼이아 캐피털, 블랙록이 알아서 채갔다. 쿠팡, 배달의 민족, 직방 등의 주요한 투자자가 바로 앞에서 말한 전설적 글로벌 투자자들이다. 한국 경제를 한국의 경제 주체가 살리고 자생적 생태계를 만들고 싶다면 그냥 맘껏 뛰어놀고, 사고도 치도록 방치(?)해야 한다. 위험한 시도로 세상을 깜짝 놀라게 말이다.

판교가 O2O 스타트업 특별자치구가 된다면?

판교는 이미 수많은 O2O 스타트업들로 북적거린다. 자유롭게 교란하고, 위험한 시도를 할 수 있는 자유를 줄 가장 적합한 곳이다. 그래서 난 강력히 주장한다. 판교를 O2O 스타트업 특별자치구로 지정하고 모든 것을 가능케 하자고 말이다. 어떤 시도가 좋을까? 상상은 자유니까. 몇 가지 사례를 이야기 해보자.

• **드론 자유비행 지역 :** 안전모는 필히 착용해야 한다. 추락하는 드론이 있을지도 모르니까. 이곳의 하늘은 드론이 새 떼처럼 날아다니도록 하자. 때로 드론 경주대회를 여는 건 어떨까? 드론으로 문제가 생긴다면 관련된 항공법을 개정하면 된다.

• **자율운전 차량 전용도로 :** 판교를 자율운전차량의 세계 메카로 만들어보자. 새로운 기술을 시도하는 과정에서 사고가 날 테니 사고를 감안해서 도로를 설계하자. 정기적으로 세계 규모의 자율운전차량 대회를 주최하는 것도 무한 경쟁을 유도할 수 있는 좋은 방법이다.

• **로봇/인공지능/음성인식 산업단지 :** 로봇, 인공지능, 음성인식. 이 세 가지 기술은 결국 로봇으로 귀결된다. 세계 2위 공업용 로봇 소비국인 한국의 기술은 어느 정도의 수준일까? 전력으로 쏟아 부어도 손해 보지 않을 분야가 바로 로봇산업이다. 세계적 석학들에게 연봉의 몇 배를 주고 데리고 와서 당장 상업화가 가능한 분야부터 시도하면 된다. 가정용 로봇

페퍼Pepper, 지보Jibo와 같은 로봇보다 나은 기술을 우리가 개발한다고 상상을 해보라. 가슴이 뛴다.

• **세계 최대 규모 데이터 센터 :** 데이터 센터는 빅 데이터 시대의 근간이다. 페이스북과 구글도 데이터 센터에 거대 자본을 투자했다. 안정적으로 전력을 공급해 주는 게 관건이지만 정부가 건립하고 사용은 민간에 임대해주는 방식도 좋다. 거대한 데이터 센터를 날려먹을 정도의 더욱 거대한 시도를 환영해야 한다. 스탠퍼드대학교의 서버를 다운시켰던 구글의 창업자들처럼 말이다.

혹시 빼먹은 것이 또 뭐 없나요? 상상은 공짜니까.

미국보다 빠르고 중국보다 섬세해져라

대한민국의 O2O기업들은 태초부터 글로벌을 추구해야한다. 이유는 간단하다. 한국 시장이 너무나도 작고 초라하기 때문이다. 대한민국은 미국, 중국, 일본과는 차원이 다른 작은 내수 시장을 가지고 있다. 규모가 너무 작다. 전 세계 O2O 생태계가 경쟁적으로 문어발 확장을 시도하는 시점에서 글로벌화란 '선택'이 아닌 '숙명'이다. 국내용 서비스에 머무르면 언젠가 중국이나 미국의 글로벌 공룡 기업들의 자본력 규모에 밀려 잡아먹히고 만다. 그래서 태초부터 글로벌을 향한 확장성을 생각해야 한다. 글로벌을 생각할 때 가장 가깝고, 거대한 시장은 역시나 중국이다. 중국을 빼고 글로벌을 논할 수가 없는 시대가 됐다. 동시에 우리는 미국 기업들의 눈치도 빠르게 파악해야 한다. 결국 세계 최대시장이자 O2O의 가장 거대한 격전지인 중국 시장을 혁신적으로 파고드는 기술과 아이디어는 결국 미국 실리콘밸리의 창업가들이 만들어낸 것이기 때문이다. 그럼 중국과 미국의 사이에서 한국은 어떤 전략을 취해야할 것인가?

중국인에게 한국은 언제나 멋진 스타일의 나라다. 유럽에서 이탈리아, 프랑스가 누려온 경쟁의 우위를 아시아에서는 과거부터 한국이 누려왔다. 중국은 한국의 멋을 한때만 반짝하는 유행이 아닌 보편타당한 진리에 가깝게 수용하고 있다. 명동에 요우커는 더욱 늘어가고 한국의 화장품과 의류는 불티나게 중국으로 팔려나가고 있다. 앞으로 중국 소비자의 씀씀이는 더욱 커질 것이고, 민영기업의 한국에 대한 투자는 더욱 공격적일 것이다. 이미 서울 주요 도심에는 중국어 간판이 생소하지 않고, 중국 자본은 제주도, 해운대, 광화문 등 지역을 가리지 않고 한국 부동산을 매집하는 데 여념이 없다. 게임사뿐만 아니라 수조 원 규모의 보험사와 제조업의 인수까지 손대지 않는 곳이 없다.

시진핑 시대의 앞으로 남은 8년간은 국영기업 주도에서 민영기업 주도로, 토목과 건설에서 모바일과 인터넷으로 빠르게 전환될 것이다. 그래서 앞으로도 중국 자본의 한국 상륙은 더 큰 규모로, 그리고 더 빠른 속도로 진행될 가능성이 높다. 근본적인 이유는 한국을 매력적인 나라라고 간주하기 때문이며 그 근저에는 한국의 근본적 경쟁우위인 섬세한 마지막 터치가 있기 때문이다. 중국 자본이 밀물처럼 쳐들어온다고 겁먹을 필요 없다. 높은 가격에 투자를 받아서 다시 새로운 섬세함을 가진 무엇인가를 창조하면 그만이다. 중국 자본의 침공이 사실이라면 이 자본을 어떻게 활용할 것인가를 궁리하는 것이 지혜로운 대안이다.

관건은 지속적으로 한국만의 날카로움을 유지해나갈 수 있느냐 하는 것이고, 이를 위해서는 세련됨을 유지하기 위한 끊임없는 자기 혁신이 필요하다. 스타일은 한순간만 방심해도 구겨진다. 한 시즌만 놓쳐도 구닥다리로 전락될 수 있다. 아시아의 세련된 스타일의 맹주로서 한국의 지위를 유지하는 것이 시진핑 시대 중국과의 경쟁력 확보의 지름길이다.

한국의 대중국 '에지'edge를 유지하는 데 가장 큰 경쟁자는 미국이다. 명실상부한 패권국가 미국은 거대한 경제 규모에도 불구하고 가벼운 발놀림을 보여주는 무서운 존재다. 체급과 펀치는 헤비급이지만 스텝은 라이트플라이급 수준의 빠른 보폭을 자랑한다. 금융위기도 '돈 찍어내기'양적완화, quantitative easing라는 신기술로 무난히 이겨냈다. 세계 최고의 창조성을 지닌 국가라는 것이 미국의 가장 큰 경쟁력이다.

자유로운 논쟁과 실패에 관용적인 사회 문화, 그리고 무엇보다도 전 세계 인재를 블랙홀처럼 빨아들이는 미국의 고등교육 시스템이 그 원동력이다. 중국, 인도, 아프리카, 남미의 수많은 천재들이 미국의 대학 입학을 위해 밤낮으로 공부하며 경쟁한다. 검증된 인재 중의 인재들은 미국 기업에 취직해서 미국에 터를 닦고 눌러앉는다.

천재 이민자들은 미국의 창조성을 다른 어떤 나라도 따라올 수 없는 수준으로 올려놓았다. 대학 교육을 미국에서 받지 못했더라도 전문직 종사자 이민 비자인 'H1B'가 별도로 존재한다. 미국은 그야말로 천재급 인재에겐 언제나 문이 열린 나라다. 이런 인재에 대한 개방성은 바로 창조성으로 이어지고, 창조성은 미국을 오늘날 기술 강국, 인터넷 모바일 혁명을 창조한 나라로 만들어 주었다.

이런 창조성 절대강국 미국에 한국이 앞설 수 있는 한 가지 강점을 가지고 있다면, 그것은 속도다. '빨리, 빨리' 정신에서 한국을 따라올 나라는 없다. 미국의 창조자들은 새로움에 열광하지만 그것을 스피디하게 실행하는 역량은 부족하다. 근면, 성실하고 꼼꼼한 한국인을 따라가지 못한다. 미국의 창조적 시도들을 '빨리' 냄새 맡고, '빨리' 한국 시장에서 검증하고, '빨리' 중국 시장에 적용할 시도를, '빨리' 한다면 미국에 대한 한국의 이점도 확보 가능하다.

다만 어설프게 미국의 창조성에 진검 승부하려는 시도는 바람직하지 않다. 삼성이 나름의 스마트폰 소프트웨어 시스템을 만드는 시도를 했지만 잘되지 않는 이유도 여기에 있다. 그냥 과감히 미국산 안드로이드 시스템을 잘 활용하면 그것이 한국의 날카로움이 될 수 있다. 한국인의 창조성은 실용적 창조성에 가깝다. 순수한 창조보다는 신속한 개선, 최적화에 능하다. 한국인은 무수한 시행착오를 통해 고려청자라는 아름다움의 경지에 도달하는 데 능한 것이지 도자기의 생성 원리를 연구했던 민족은 아니다.

시진핑 시대의 중국, 새로운 창조력에 불이 붙은 미국 사이에서 한국의 생존전략은 역설적으로 한국인다운 모습을 지켜나갈 때 확보될 수 있다. 가장 나다운 것이 가장 강력한 경쟁력을 유지할 수 있는 비결인 것이다.

한미 FTA와 한중 FTA는 미국, 중국이 끌고 가는 글로벌 경제에서 한국이 '린치핀'핵심 인물, linchpin 역할을 수행할 수 있다는 하나의 단서가 된다. 중국 기업이 직접 미국에서 거대한 인수합병을 하거나 활발한 투자를 하는 것은 부담스럽다. 민간기업인 화웨이의 '3COM' 인수가 불발된 것은 이러한 거부감에서 비롯된 것이었다. 또 중국 국영 에너지기업인 중국석유개발회사CNOOC가 캐나다 에너지기업을 인수했을 당시에는 미국 안보를 이유로 청문회가 벌어지기도 했다. 중국의 미국에 대한 직접적인 투자는 언제나 언론의 뜨거운 관심의 대상이 된다. 배경에는 중국 정부의 어떤 의지가 있을까 하는 추측성 기사가 난무한다. 미국 기업이 중국 기업을 인수할 때도 마찬가지다. 코카콜라가 중국 전통 음료회사 회이위엔匯原을 인수하려 했을 때도 전통 브랜드를 지키기 위해 인수합병을 불허한다는 중국 정부의 통보가 있었고, 결국 인수합병은 무산됐다. 중국과 미국의 긴장감은 군사뿐 아니라 민간 경영의 영역에서도 이렇듯 명확하다.

한국은 명시적으로 FTA를 통해서 우호국가로 분류되므로 중국이나 미국 입장에서 전혀 문제될 것 없는 국가다. 미국과 중국 2개의 나라와 동시에 FTA가 체결돼 있다는 사실은 엄청난 기회 요인임에 틀림없다. 게다가 한국은 중국, 미국 어느 나라와 비교해도 가장 높은 스마트폰 모바일 침투율을 기록하고 있고, IT의 수준도 손색없는 일류 수준이다. 따라서 두 거대 패권국가 사이에 흐르는 긴장감 속에서 기회를 찾는다면 현재 가지고 있는 다양한 인적 자원과 기술적 경쟁력을 더욱 극대화할 수 있을 것이다.

이 기회를 더욱 잡으려면 시진핑 정권이 세운 미래의 청사진을 명확히 이해해야 하고, 민간기업과 창업가들의 면면과 그들의 말에 귀를 기울여야 한다. 동시에 미국 실리콘밸리에서 꿈틀거리는 창조의 움직임에 예민하게 반응하고 과감히 한국과 중국 시장에 발 빠르게 적용하고 상업화시킬 기회를 포착해야 한다.

우리에겐 지금 인공지능이 필요해

2015년 O2O가 단순히 온라인과 오프라인을 연결하는 데서 신기함을 느꼈다면, 2016년의 가장 거대한 키워드는 인공지능이 될 것이 분명하다. O2O의 핵심역량으로 단순한 연결을 넘어서 무수한 데이터 가운데서 기계가 스스로 생각하고 추론해 인간을 이해하고 지적으로도 능가하길 바라는 수준까지 기대하고 있다. 산업혁명이 기계에 근육을 붙여주었다면 정보혁명의 성숙기인 O2O 시대, 데이터기술 시대에는 기계에 마음이 생기게 되었다.

최근 수년 간 인공지능 기술은 급속도의 성장을 기록했다. 기술은 일상적 잡무를 넘어 복잡한 문제를 해결하고 인간의 인지 능력을 복제하는 수준에 다다르게 되었다. 이제 인공지능, 머신 러닝, 딥 러닝, 자연어 인식 등의 기술이 융합되어 기계가 사람의 지식 노동을 대체할 수 있는 시대가 도래하게 된 것이다.

이미 전 세계적으로 인공지능 분야에 대한 투자는 이뤄지고 있다. 2009년 이래 애플, 구글, IBM, 인텔, 니혼전기주식회사NEC, 히타치 등의 기업들은 20조 원의 규모의 투자를 했다. 인터넷 데이터 센터IDC, Internet Data Center 전망에 따르면 인공지능과 사물 인터넷, 그리고 데이터 분석 기술이 융합되어 창조되는 시장의 규모가 앞으로는 80조 원 수준이 될 것이라고 한다. 연간 36%의 성장률을 보일 정도로 급격히 증가하고 있다. 덕분에 앞으로는 데이터-정보-지식-인사이트 과정의 데이터 정제 작업을 굳이 사람의 손을 거치지 않고 기계가 스스로 할 수 있게 되었다. 스스로 판단과 예측을 하고, 사람의 판단을 유도, 심지어 유혹하는 단계까지 진화해 나가고 있다. 데이터 속에서 스스로 패턴을 찾고 유추하고 합리적 판단을 통해서 유의미한 결과를 도출해내는 것이다. 누구의 도움도 받지 않은 기계 스스로의 힘으로 말이다.

인간은 하나의 전공 분야를 연구하기 위해 수십 년의 경험을 필요로 한다. 그러나 인공지능은 수많은 전공 분야를 혼자서 익히고 통섭하는 솔루션을 도출해 낼 수 있다. 인간을 닮아가는 기계. 아니, 나아가 인간 두뇌의 한계를 극복하는 기계인 셈이다. 과거 산업혁명 시대에는 기계의 놀라운 물리적 능력을 경험했다면, 인공지능이 만들어가는 새로운 세상에서는 기계의 놀라운 지적 능력에 감탄하게 될 것이다. 그럼, 인간은 이제 무엇을 해야 할까? 로봇을 창조하는 인간 밖에는 떠오르지 않는다.

수요가 결정하는On Demand 경제, 공유경제로 불리는 O2O와 모든 것들을 인터넷에 연결하는 사물 인터넷은 정보의 하부 구조에 있는 데이터를 필요로 한다. 2015년 전 세계 인공지능 기술은 이 무수한 무정형의 데이터를 인간보다 구조적이며 종합적이고 더 합리적인 판단을 내리게 할 수 있게 됐다. 또 지식으로 만들어 순식간에 최선의 의사 결정을 내리는 수준으로 이미 올라섰다. 시중의 모든 '핫'한 첨단 기술 키워드들은 데이터로 수렴되고 이 데이터를 게걸스레 먹어치우는 주체는 마음을 장착한 기계 즉 '마음'과 '기계'가 함께하는 인공지능인 것이다.

말이 자동차로 대체된 것처럼 운전자는 '자율운행 차량'으로 대체된다. 수천 만의 운전기사들의 미래는 길어야 5년일지도 모른다. 지금 기업에서 일하고 있는 사무직 인력의 2/3는 적어도 10년 안에 사라질지도 모른다. 샐러리맨들이 하는 일은 합리적인 경영 의사결정을 위한 근거를 찾아내고 그 근거를 보고서에 담는 일이다. 극소수 최고경영자를 이외에 대부분의 지식을 수집하고 작성하는 일자리는 모두 사라진다.

그렇다면 인공지능이 인간의 합리성을 넘어서는 시대에 인간은 무엇을 하면서 경제활동을 할 것인가? 순수한 창조? 순전히 여가를 즐기기 위한 인간? 존재론적 질문에 대한 해답은 없다.

하지만, 자명한 것은 지금 이뤄지는 인공지능의 심화발전 속에서 인간이 하는 생산, 창조, 소비의 행태가 현격하게 변화할 것이라는 사실이다.

한국판 인공지능 머신 육성 프로젝트를 가동하자

그래서 강조하고 싶은 것은 미래를 위해 한국판 '인공지능 10조 원 프로젝트'를 가동하자는 것이다. 위기와 불안, 불확실성이 엄습해올 때는 그 근원이 되는 메가트렌드에 일단 올라타는 게 현명하다. 그래서 한국판 인공지능 머신두뇌 육성 프로젝트가 시급하다. 데이터 기술의 시대를 대비하기 위한 가장 시급하면서도 중요한 킬러 아이템은 다름 아닌 인공지능 시스템이기 때문이다.

미국의 혁신을 주도하는 기업들은 하나같이 자신만의 거대한 인공지능 두뇌를 육성 중이다. IBM의 '왓슨', 구글의 '텐서플로우'Tensorflow가 대표적이고, 페이스북은 인공지능비서 'M', 마이크로소프트는 '코르타나'Cortana, 애플의 '시리', 아마존의 '알렉사'도 각자 기업들이 마찬가지로 각자의 기계 두뇌를 육성 중이다.

IBM의 왓슨은 모바일 자산관리도 척척하는 똑똑한 인공지능이다. IBM의 '코그니티브 비즈니스'Cognitive Business는 각종 모바일 장치와 인프라, 소셜 네트워크를 통해 확보된 빅 데이터와 인지컴퓨팅 기술을 기반으로 각 산업 영역에 디지털 혁신을 일으킨다는 개념이다. 현재 더 똑똑해진 왓슨은 의료와 금융, 미디어 분야에서 적극 활용돼 사용자의 질문과 관련된 방대한 데이터를 2~3초 만에 분석하고 답변을 제공하는 수준이 됐다. 예를 들어 싱가포르 DBS은행 등의 금융 기관에 도입된 왓슨은 각종 리서치 자료와 상품을 분석하고 개인의 투자 선호도를 파악해 자산 관리를 돕고 있다. 또 병원에서 환자치료 계획을 수립할 때도 왓슨이 방대한 양의 학술 논문과 환자의 의료영상 등의 많은 데이터를 분석해 가장 효과적인 치료법을 제시할 정도로 똑똑한 인공지능이 됐다.

그렇다면 한국에는 왓슨같은 똑똑한 인공지능이 있을까? 안타깝게도 아직까지 없다. 민간 기업의 차원에서 수천 억 원을 투자하더라도 글로벌 경쟁력에서는 뒤처질 수밖에 없다. 인공지능에는 수많은 기술이 동원된다. 딥 러닝, 머신 러닝, 자연어 인식, 빅 데이터 등 거대한 연산을 효율적으로 처리할 전문화된 하드웨어 개발이 필요하다. 또 인공지능은 인간과 유사한 개념체계와 사고의 방식을 기계에 이식하는 것이므로 전통 학문의 영역 또한 동원되어야 한다. 수학, 철학, 심리학, 언어학, 뇌 과학 등 각 세부 영역별로 체계적이면서도 대규모의 투자가 이뤄져야 한다. 또 한국형 인공지능 프로젝트라는 거대한 방향성 아래 청사진을 그리기 위해서는 세계에 뻗어 나가있는 한국의 지식인들의 역량을 결집해야 한다. 나이를 따지지 말아야하는 것은 물론이고 학계의 관행에 빠져 연공과 서열에 맞춘 줄서기가 아니라 순전히 해당 분야의 업적에 근거해 최고의 전문가를 모아야 한다. 그래서 현재 받는 대우를 뛰어넘는 파격적인 지원도 아끼지 말아야 한다. 연구 성과는 SNS로 실시간 국민의 감시받으면 된다. 연구과정과 실적을 페이스북과 같은 공간에 투명하게 공개하면 끝이다. 어차피 우리가 사는 시대는 비밀이 없는 개방과 공개의 시대이니 말이다.

'인공지능의 최고 강국'이 되어야 미래의 데이터기술 시대를 이끌어가는 국가가 될 수 있다. 죽어가는 제조업의 회생에 막대한 재원을 쏟아부을 것이 아니라 인공지능에 매년 10조 원을 써야 한다. 인공지능 기술에 대한 국가차원의 투자 결정은 첨단기술 영역 뿐 아니라 순수과학 인문학까지도 한 단계 도약에 기여할 수 있다.

인공지능 기술을 이용한 응용 분야는 헤아릴 수 없이 많다. 사람처럼 행동하는 로봇의 두뇌에는 인공지능이 탑재된다. 게임 산업이 폭발적 인기를 누리려면 인공지능이 향상되어야 흥미 요소를 극대화할 수 있다. 온라인으로 오프라인의 모든 부가가치를 빨아들이는 O2O서비스도 인공지능이 붙어야 찾아가는 맞춤형 서비스가 본격적으로 가능해진다. 소비자의 행동패턴 속에서 취향을 저격하는 무언가를 찾아내고, 소비자를 유인할 고난이도의 영업력까지인공지능의 영역이 감당할 수 있다.

2016년, 인공지능이 가진 파급력이 아직 피부로 느껴지지는 않은 이 시점이야말로 한국이 모든 것을 걸고 모험을 시도해볼 가장 좋은 타이밍이다. 과거 조선, 철강, 반도체에 모험적 베팅을 하면서 한강의 기적을 만들어온 대한민국에게 이제 데이터 기술의 시대에도 새로운 승기를 잡아나갈 기회가 주어진 것이다. 결단과 베팅, 그리고 미래 비전에 대한 신념 등이 합쳐지면 안 될 것처럼 보이는 것도 기적적으로 이뤄진다.

당신이 포기할 때, 나는 시작한다.

테슬라 CEO 앨런 머스크

O2O시대 살아가기

돈의 흐름을 보면 시대의 방향성이 보인다. 왜? 그게 자본주의의 심플한 논리이기 때문이다.

수백조 원의 돈이 몰리는 산업은 미래의 기대감이 잔뜩 묻어있는 산업이고, 실제 미래는 그 곳에서 창조된다. 물론 기대감을 주는 것에만 머물고 열매를 맺지 못하는 기업이 수없이 존재한다. 우리는 그것을 거품이라 부른다. 하지만 거품도 나름의 존재 의미를 지닌다. 기대감은 열망의 표현이고, 발화점을 넘길 정도로 뜨거운 열기가 새로운 세상을 이끌어 가는 원동력이기 때문이다. 우버, 에어비앤비, 쿠팡과 같은 회사들의 수십조 원의 거대한 기업 가치가 난데없다고 느낄 수도 있지만 그게 바로 우리가 살고 있는 시대의 또렷한 단면이다. 그것이 거부할 수 없는 시대정신이라면 담담히 받아들이고 그러한 기대와 열망, 환상 속에 도취되어 미래를 '함께' 꿈꾸는 것이 더 바람직하고 안전한 길일 수도 있다. 그러나 우리는 아마존과 월마트의 정반대로 엇갈린 주가를 보면서 이 시대의 큰 흐름을 보았다.

이제 반문해보자. 내가 살고 있는 이 하루가 지금 이 순간 새롭게 창조되는 시대의 초입인가? 아니면 그동안 살아온 과거의 끝자락인가? 두 가지 시나리오 모두 동일한 하루일지 모르지만 몇 년이 지나지 않아 깨닫게 될 것이다. 미래의 첫 날을 매일 살아온 사람의 진짜 미래는 불완전한 하루하루가 모여서 온전한 모습으로 창조된다는 것을 말이다. 태도의 전환일 뿐이지만, 시대가 전환되는 중심에 나를 가져다 놓으면 그게 바로 창조의 시작이다. 먼저 가고, 빨리 가면 리더가 되는 게 이 시대다. 필요한 것은 용기, 결단, 방향성뿐이다. 어차피 정답은 누구도 모른다. 정답은 함께 더듬어 가면서 찾아가는 것일 뿐이니까.

'No'답 제조업, 로봇이 스마트한 대답

대한민국 대표 수출 효자종목이었던 조선업이 휘청거린다. IT 하드웨어를 비롯해 자동차 산업도 이제는 품질과 규모 면에서 세계를 놀라게 하는 중국 기업들에 쫓기고 있다. 미국, 독일 , 일본의 선도 기업들은 저만큼 더 앞서간다. 강국들의 틈바구니에서 샌드위치가 될지도 모른다는 우려가 현실이 되어 수출의 감소는 걷잡을 수 없는 트렌드로 자리 잡았다. 그럼 제조 산업을 부활시킬 방법은 없는 것일까? 해답은 로봇산업에 있다.

O2O시대의 가장 아름다운 창조물, '로봇'

모든 로봇은 가장 인간과 비슷하면서 가까운 사물 인터넷이고, 인터넷에 연결된 가장 스마트한 오프라인의 기계 신체를 지닌 O2O의 창조물이다. O2O시대의 가장 아름다운 창조물은 로봇이 될 것임이 분명하다.

미래의 제조업 현장에는 사람이 아닌 로봇이 가득할 것이고, 사람의 부가 가치는 로봇의 신체와 두뇌를 창조하는 데서 창출될 것이다. 테슬라의 공장은 이러한 미래를 상징하는 대표적인 예다. 테슬라의 전기자동차 제조 공장은 일본 화낙Fanuc의 공업용 로봇으로 가득하다. 더 놀라운 것은 일본 후지산 언저리에 숨어있는 은둔의 기업, 화낙의 공업용 로봇 제조공장에서 공업용 로봇이 공업용 로봇을 스스로 만들어 낸다는 사실이다. 테슬라 제조 공장에서 로봇을 디자인하고 개발하는 연구자 이외에 그 어디에도 사람의 존재감 없다.

화낙의 최근 연간 매출 성장률은 62%로, 당기순이익은 두 배 이상 성장했다. 대부분의 성장은 공업용 로봇의 매출 증대 덕분이다. 'Robomachine 사업부'의 연간 성장률은 무려 262%에 이른다. 참고로 화낙의 시가총액은 현대자동차보다 큰 38조 원에 달한다.

한-중-일-독, 로봇 산업 비교

한국은 공업용 로봇 침투율단위노동자당 공업용 로봇 비율이 노동자 1만 명 당 400대 이상으로 일본을 제치고 전 세계에서 가장 높은 국가다. 그럼에도 최소한의 수입 대체를 위한 연구 개발과 투자는 이뤄지지 않고 있다. 게다가 바로 옆 나라 중국은 가장 많은 공업용 로봇을 수입하는 국가다. 앞으로 공업용 로봇 수요의 성장은 중국이 견인할 것이다. 지금도 1위인 중국의 공업용 로봇 수요가 향후 2년 내에 두 배 이상 급증한다는 전망도 나온다. 최고의 시장이 바다 건너 바로 옆에 펼쳐지고 있다.

중국은 '스마트 제조 2025년' 이라는 목표를 내세우며 시진핑 주석까지 나서서 로봇 강국 건설을 외치고 있다. 수입대체 효과만으로도 엄청나기 때문이다. 중국은 2020년까지 세계 로봇 시장 점유율 45%를 달성하겠다고 외치면서 로봇 집중 육성 계획을 발표했고, 텐센트, 알리바바, 바이두는 앞 다퉈 이러한 정부의 정책 방향에 부응하며 수천억 원을 로봇 산업에 할당하고 있다.

이 와중에 화낙으로 대표되는 일본의 공업용 로봇 기술력은 이미 세계 최고 수준이 되었고, 독일의 쿠카KUKA는 중국에서의 판매 대수를 매년 50% 이상 늘리는 등 앞으로 수년간 회사의 성장 전략을 중국에 집중하고 있다. 누가 승기를 잡고 있고, 누가 미래의 기회를 놓치고 있는지 단번에 알 수 있는 상황이다. 슬프게도 한국이 로봇산업의 강국이 될 기회는 "또 하루 멀어져 간다"는 노래 가사처럼 점점 멀어져 간다.

한국의 조선, 자동차 산업은 진즉에 로봇 개발에 힘을 쏟았어야 했다. 공업용 로봇의 최대 수요처로서 미래를 위한 대비는 공업용 로봇을 자체 개발하는 것이었음은 자명한 사실이다. 하지만, 지금 당장의 규모의 성장과 달콤한 현금 흐름에 도취되어 미래에 대한 대비가 전혀 없는 것이 현재의 상황이다. 씁쓸하지만, 우리는 수 조원에 이르는 조선 산업의 손실을 목격하고 있고, 국산 자동차가 해외 시장에서 갈 곳을 잃고 헤매는 모습을 지켜보고 있다.

감정을 읽는 로봇 '페퍼'

로봇산업은 미래를 상징하는 다양한 기술적 키워드와 자연스레 조합된다. 로봇이 자율적인 결정을 내리기 위해 필요한 핵심기술인 인공지능AI, 인공지능을 가능케 해주는 근거인 딥 러닝, 머신 러닝. 로봇과 사람, 사물을 연결해주는 연결고리인 사물인터넷, 이러한 기술들의 기반이 되는 빅 데이터. 빅 데이터가 모이는 곳이 바로 클라우드다.

로봇은 미래 스마트홈의 안주인이자 스마트공장의 전부이고, 스마트카 그 자체인 것이다. 드론도 어찌 보면 날아다니는 로봇이 아닐까? 따라서 로봇의 하드웨어, 소프트웨어에 대한 원천기술은 미래의 우리 삶을 지배할 만큼 거대한 파급력을 지닌다.

이제 로봇은 제조업 현장에만 침투한 게 아니다. 인간의 감정을 읽고 반응하는 소비재 로봇은 가정으로, 병원으로, 학교로 진군하고 있다. 소프트뱅크의 감정을 읽는 로봇, 페퍼는 출시 3분 만에 3천 대가 매진됐다. 중국에서 폭스콘, 알리바바는 소프트뱅크의 페퍼를 대량 생산하기 위해 합작법인을 설립하고 페퍼를 미래의 스마트 기기로 만드는 작업을 진행 중이다.

소프트뱅크가 출시한 '페퍼'

소프트뱅크의 손정의 회장은 감정을 읽는 로봇을 출시하기 위해 수년 전부터 세계 최고 수준의 로봇 개발사인 프랑스 '알데바란'의 지분을 야금야금 확보해나갔다. 그리고 대부분의 지분을 보유하고 난 뒤 페퍼를 세상에 내놓았다.

이제 페퍼를 사용하기 위해 매월 지불해야하는 소프트웨어 사용료는 '임금'이란 단어로 표시된다. 씁쓸하면서도 오싹한 현실이다. 하지만, 페퍼의 귀엽고 친절한 멘트에 사용자들은 금세 호감을 느끼고 오히려 페퍼의 임금을 싸다고 느낀다.

쿠팡의 로켓배송에 놀라면서 오프라인 유통 물류업계가 바짝 긴장하고 있지만, 진짜배기 물류 혁명은 아마존의 키바를 봐야 보인다. 2012년, 아마존이 물류에 로봇시스템을 도입하기 위해 인수한 키바 시스템즈는 이제 아마존 물류창고에 수만 대 설치되어 인간의 오류를 최소화시키는데 기여한다. 최적의 동선으로 상품들은 가장 빠른 속도로 정확히 정리되고 출고된다.

로봇이 인간의 영역을 대신하면 슬프게도 인간의 일자리는 줄어들 것이다. 아마존 직원들이 눈물 흘리면서 일하는 데는 다 이유가 있을 수도 있다.

로봇에 한국의 미래를 걸어라

/

카이스트 태생이자 한국 최초의 인간형 로봇 '휴보'Hubo는 아직 어떠한 대규모 투자도 받지 못했지만 미국 다르파 로보틱스 챌린지DARPA Robotics Challenge 대회에서 1등을 먹었다. 미국 명문대학교에서 탄생한 로봇들은 구글, 우버, 테슬라와 같은 거대 기업들의 스폰서를 받았다는 사실을 감안하면 정말 대단한 성취이고 눈물겨운 감동의 스토리에 가깝다. 하지만, 언제까지 감동적인 스토리에 만족할 수 없다. 이제 규모 있는 투자(최소 수천억, 수 조원 대면 더 좋겠다)와 명확한 글로벌 상업화 전략이 마련돼서 로봇 침투율이 최고라는 우리나라의 이점을 십분 활용할 때가 온 것이다.

요즘 O2O스타트업 열풍이 한국뿐 아니라 세계를 강타하고 있다. 하지만, 로봇이 없는 O2O는 '팥 없는 찐빵'이나 마찬가지다. 스마트한 제조와 서비스가 하나의 세트로 맞아 떨어져야 제대로 된 O2O가 창조되기 때문이다.

아마존이 물류로봇 키바와 인공지능 스피커 에코, 클라우드 컴퓨팅으로 사업영역을 확장해나간 것을 우리는 유심히 지켜봐야 한다. 요즘 아마존은 하늘을 4등분하고 드론 배송을 추진중이라고 한다. 미국의 항공법을 바꾸면서. 날아다니는 로봇 드론을 전자상거래에 응용하는 아마존의 혁신을 지켜만 볼 것이 아니다. 아마존의 움직임을 가장 빨리 '복사'copy하고 한국의 판교 스타트업 자치구에 '붙이기'paste해서 자율드론 비행 시범구역을 만드는 게 답이다. 자율주행 자동차 이야기가 미국과 중국에서 들린다고? 우리는 인천 송도에 자율주행 자동차 전용 트랙을 만들어서 거액의 상금을 걸고 자율주행 자동차 국제대회를 개최해야 한다. '속도'로, '완결성'으로, '스타일'로 승부하지 않으면 규모와 자본에서 모두 밀리는 게 우리의 현실이기 때문이다. 그렇다! 로봇산업은 한국의 미래 산업 맞다. 휴보, 넌 더 이상 혼자가 아니야, 라고 외쳐주자. 휴보는 더 이상 혼자가 아니고, 로봇산업은 한국의 미래다.

창조성이야말로 내 진짜 가치다!

1957년생, 한국계 일본인 손정의 회장이 이끄는 소프트뱅크는 일본을 넘어서 세계 O2O업계의 주요한 참여자로 대활약 중이다. 세계 최대 전자상거래 업체 알리바바와 한국의 쿠팡도 소프트뱅크가 그리는 O2O생태계의 거대한 그림 중의 일부 중 하나다. 거대한 꿈을 실현시키고 있는 전 세계 O2O산업의 큰 손인 손정의 회장은 과연 어떤 사람인가? 그가 겪은 인생 역정을 통해 소프트뱅크의 경영 철학을 엿보고자 한다.

난 한국인이야! 내 성은 '야스모토'가 아니라 '손'이야!

일단, 손정의 회장은 한국인으로서 정체성을 지키기 위해 무모할 정도의 집념을 보인 사람이란 것을 기억하자. 일본에서 '손'이라는 성을 갖고 살아가는 것은 매우 어려운 일이다. 손정의 회장이 현재 공식적으로 사용하는 성인 '손'씨 성은 일본에 존재하지 않는다. 그래서 일본식 성인 '야스모토'를 쓰지 않고 한국식 성인 '손'을 끝까지 고수하는 데는 우여곡절이 있다. 그는 일본인 아내의 성을 손으로 바꾸게 하고(일본인이어야 새로운 성씨를 만들 수 있다) 그 밑으로 자신을 입적시키는 방법으로 소중한 '손'씨를 자신의 이름에 정식으로 붙이게 되었다. 그가 '손'이라는 한국 성을 쓰는 건 뿌리를 잊지 않겠다는 다짐으로 느껴진다. 그가 일본인으로 국적을 정식으로 획득한건 1990년이라고 하니, 일본에서 태어났지만 한국인으로서 주류 사회에 편입하지 못한 절망감도 느껴지는 대목이다. 이제 그는 엄청난 성공으로 일본 IT업계의 우상이니 스스로 주류(mainstream)를 만들어가고 있다. 더 이상 한국식 성으로 일본에서 문제될 것은 없다. 하지만, 그가 얼마나 한국인으로서 정체성을 분명히 하려 노력했는지를 '손'이라는 성을 갖게 된 스토리 속에서 느낄 수 있다.

경제학 + 컴퓨터공학, 융합의 손정의

손정의의 투자전략은 유연하다. 보통 투자업계에서는 전략적 투자(strategic investment)와 재무적 투자(financial Investment)를 구분하는데, 손정의 회장은 이 두 경계를 자유롭게 넘나들면서 미래의 성장 길목에 과감히 투자한다.

손정의 회장은 과거에 닷컴 버블이 붕괴할 때 수십조 원을 한 번에 날렸던 아픈 과거를 가지고 있다. 기네스북에는 가장 짧은 기간 동안 가장 많은 부를 잃은 사람으로 손 회장이 올라있다. 이 기록은 오랫동안 깨지지 않을 것으로 보인다. 그래서 최근 소프트뱅크의 성장이 더욱 값지다. 엄청난 성장과 위기를 모두 겪은 그야말로 백전노장, 쓴물 단물 다 맛본 사람이기 때문이다. 항상 세상이 내 뜻대로 될 수 없다는 것을 누구보다 잘 아는 손 회장이다. 하지만, 여전히 혁신과 인류의 미래에 대해서 고민하고 연구하고 미래 방향에 베팅하는 배짱도 지닌 승부사다.

손 회장의 사업가와 투자자로서의 이런 균형 잡힌 접근법의 근원은 어디에 있을까 살펴보니, 일단 그는 고등학교 과정부터 미국에서 공부한 이른바 '미국파'다. 그것도 세상의 모든 혁신이 이뤄지는 미국 서부! 캘리포니아 버클리대학교에서 경제학을 전공하면서 컴퓨터공학 수업을 청강했다. 이 부분도 참 흥미롭다. 한국에서는 경제학과 다니면서 컴퓨터공학 수업 듣는 학생이 얼마나 있을까? 우리라면 취업 준비에 스펙 쌓기에 혈안이라 이런 생각은 해보지도 못할 것이다. 이래서 한국과 미국은 교육에서부터 시작점에서부터 비교가 안 된다. 손정의는 20대 시절, 하루에 하나씩 아이디어 만들어내는 프로젝트를 혼자서 진행했다. 그 결과, 샤프사에 특허를 1백만 달러에 판매한다. 대학 졸업 후 출근하기도 전에 이미 아이디어로 가치를 창조하고 이를 현금화하는 일련의 과정을 겪은 것이다.

손 회장의 특허 매각은 참으로 값진 경험이었다. 큰 기업에 몸을 담는 순간 우리는 다양한 바깥 세상의 도전에서 보호받게 된다. 큰 조직이 주는 안도감과 보호받는 느낌은 결국 개인의 도전정신과 창조성을 갉아먹는다. 한 마디로, "잘~ 쫄게" 되는 것이다. 손 회장은 스스로 자신의 역량을 시장에 증명했다. 손 회장은 스스로 말했을 거다. "쫄지 마!"

손 회장은 학부를 졸업한 직후 1981년도 소프트웨어 도매회사인 소프트뱅크를 설립했고, 30여 년의 시간동안 소프트뱅크는 우여곡절을 겪으면서 이제는 1,300여개의 직·간접적 관계회사를 거느리는 거대 그룹으로 변신했다.

뇌가 산산이 부서질 때까지 고민하라!

최근 소프트뱅크의 성장하는 속도는 정말 무섭다. 비결은 과감한 인수합병(M&A)과 지분투자! 인수하거나 투자한 기업들의 실적으로 내수, 해외에서 모두 고속 성장 중인 일본 대기업이다.

여기서 손정의 회장의 승부사적 기질을 이야기 해야겠다. 미국 통신업체 스프린트(Sprint)를 인수한 직후 소프트뱅크의 부채는 690억 달러(70조 원)에 달했다. 말이 70조 원이지 어마어마한 금액이다. 공교롭게도 690억 달러는 손정의 회장이 2000년도 닷컴 버블로 손실 본 금액과 거의 정확히 일치하는 금액이다. 당시 다수의 언론은 손 회장의 베팅을 무모하고 위험하다고 비난했다. 이에 대한 그의 답변이 멋지다.

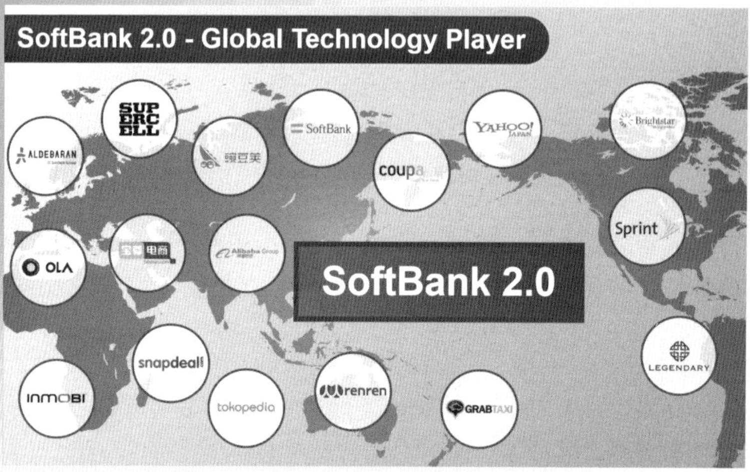

"한 기업의 가치는 도전과 진화로 결정됩니다. 자신이 이룩한 것을 지키려고만 하는 기업은 더 크고 강하게 성장할 수 없습니다. 더욱이 급속히 진화하는 세상에서 그러한 기업은 수면 밑으로 가라앉을 수밖에 없습니다."

언론 인터뷰에서 일본의 끈질긴 기자가 다시 질문한다. "그럼, 당신은 스스로 도전과 진화를 어떻게 하시나요?" 좋은 질문이다. 나도 궁금했으니까.

"뇌가 산산이 부서지는 느낌이 들 때까지 생각하십시오. 저는 미국에서 19살 때부터 하루에 5분씩 새로운 아이디어를 창조하는 훈련을 스스로 했습니다. 결과적으로 1년 동안 특허를 출원할 수 있는 250개의 아이디어를 만들어냈습니다. 그 중 음성인식 다중언어번역 장치를 1백만 달러에 매각했습니다."

끈질긴 일본기자, 다시 손 회장에게 민감한 질문을 던진다. "왜 그렇게 거대한 인수합병을 연달아 하십니까?" 여기에 손 회장의 답변은 좀 허세가 들어간다.

"우린 돈이 있습니다, 그래서 인수한 겁니다. 우리가 하고 싶은 일을 하기 위해서요."

이어지는 답변은 좀 멋지다. 그리고 일련의 인수합병의 맥을 잡을 수 있는 일종의 사명선언문이다.

"소프트뱅크는 모바일 인터넷공간을 새로운 지평으로 개발하고자 합니다. 우리가 창조하는 모바일 인터넷공간이 끊임없는 정보혁명을 통해서 인류에 행복을 가져다 줄 것이라고 믿습니다."

손정의 회장이 비전 있는 창조자이자 리더인 이유는 여기에 있다. 그는 뚜렷한 사명감과 자신이 이룩하고자 하는 방향성을 갖고 있다. 그는 두뇌가 산산이 부서지는 고민을 매일 하면서 인류의 새로운 생활방식, 정보혁명을 통해서 더 많은 행복을 더 많은 사람들에게 선사하고자 하는 열정을 마음속 뚜렷이 가지고 있다. 그는 진정한 비전이 있는 리더이다. 1,000여 개 자회사가 손정의의 비전을 공유한다. 세계 최대 전자상거래 기업 알리바바의 마윈도 이 정신을 공유한다. 손정의의 비전은 세상을 바꾸고 있고, 미래를 창조하고 있다. 그는 이러한 아름다운 정신으로 미래 가치창조의 제일 좋은 길목을 차지하고 통행료를 받아서 돈을 버는 것이다.

일본의 내수 텔레콤 기업이 이렇게 공격적으로 세계 시장에서 선전할 수 있었던 것은 손정의 회장의 끊임없는 혁신에 대한 추구에서 온다고 하겠다. 끊임없이 미래를 상상하면서 오늘을 살아가는 손정의 회장이 요즘 밀고 있는 아이템은 감정을 읽는 로봇 '페퍼'(Pepper)다.

페퍼의 콘셉트는 간단하다. 인간을 웃음 짓게 만들 수 있는 배려심 많은 로봇을 만들자는 손정의 회장의 목표였다. 페퍼는 〈HER〉라는 영화를 떠올린다. 그 영화에서는 이혼남이 인공지능 컴퓨터 운영체제(OS)와 사랑의 감정을 느끼면서 서로 밀당 하고, OS는 자체적인 진화기능으로 감정이 오락가락한다. 결국 이혼남은 컴퓨터와 이뤄질 수 없는 사랑에 괴로워하다 헤어지는 내용인데, 손정의 회장은 이미 이 영화에서 이루어진 장면을 현실로 만들 작정인가보다. 손정의 회장은 2000년이나, 16년이 지난 지금이나 변함없이 뚜렷한 비전을 갖고 미래를 이야기하고 있고, 요즘엔 로봇, 인공지능, 헬스케어, 사물인터넷 등의 키워드로 인류의 미래를 설명하고 있다. 비전이 넘치는 리더십이 아닐 수 없다. 대한민국에도 이런 리더가 있었으면 하는 바람이 있다.

마지막으로, 손정의 회장이 강연에서 대학생들에게 했던 멋진 말을 한번 들어보자.

"현재에 대한 고민으로 스스로를 절대로 한정짓지 마세요. 한계를 넘어서 상상하세요. 나이에 얽매이지도 마세요. 세계를 향해서 인류에 기여할 수 있는 방법을 창조해서 새로운 시대를 개척할 꿈을 꾸세요."

60세가 다되어가는 손정의 회장은 이렇게 여전히 자신의 한계를 넘으려 노력하고 있다.

한국 최대 O2O기업, 카카오의 생태계 대 해부

한국 최대 O2O기업은 명실상부 카카오다. 5천만 명이 사용하는 대표 채팅 앱 카카오톡은 온라인을 장악하고, 오프라인으로의 확장은 카카오 택시로 상징된다. 2015년까지 카카오가 택시, 금융, 자동차, 뷰티, 영 · 유아 등 O2O의 다양한 영역에 씨를 뿌리는 시기였다면, 2016년부터 카카오는 자신만의 O2O제국을 수립하려 할 것이다. 기대감이 아닌 놀라움을 만들려 할 것이고, 모든 역량을 O2O에 집중할 것이다. 대한민국에서 가장 빨리 세계적 O2O 메가트렌드를 직접 계획하고 실천하고 있는 기업이 바로 카카오다. 그래서 대한민국 O2O산업에 대한 이야기는 카카오로 시작한다. 기승전 카카오!

카카오의 기존 생태계의 중심은 뭐니뭐니 해도 국민 채팅 앱 '카카오톡'이다. 남녀노소, 대한민국 거의 대부분이 사용하는 채팅 앱 카카오톡의 최근 분기 기준 월간 활동사용자수MAU는 4천만 명으로 글로벌 사용자 1천만 명까지 포함하면 5천만 명이다. 대한민국 인구 5천만 명과 동일하다.

- 국내 카카오톡 이용자(MAU)는 전분기 대비 55만명 증가
- 글로벌 230개국 15개 언어로 서비스 중

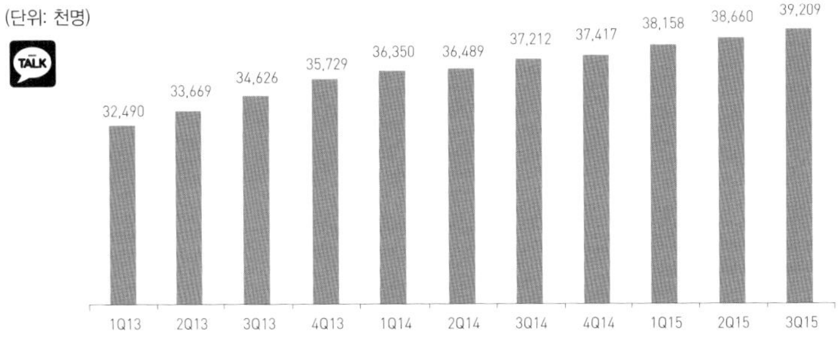

	1Q13	2Q13	3Q13	4Q13	1Q14	2Q14	3Q14	4Q14	1Q15	2Q15	3Q15
국내	32,490	33,669	34,626	35,729	36,350	36,489	37,212	37,417	38,158	38,660	39,209
글로벌	40,096	46,132	48,916	50,619	50,386	48,769	48,411	48,254	48,207	48,073	48,464

주)월별 MAUs의 평균값. 글로벌은 국내 포함.

카카오는 기본적으로 의사소통의 채널로서 대한민국에서 가장 강력한 영향력을 지니고 있다. 요즘 한국인은 전화 통화나 이메일보다 '카톡'으로 더 많은 대화를 한다. 검찰 조사, 범죄수사에도 이제 카카오톡 대화 내역 확인은 필수적이다.

카카오가 장악한 것은 의사소통의 채널

우선, 우리는 기본적으로 카카오톡은 '스마트폰 앱'이라는 사실에 주목해야 한다. 카카오톡을 통해 모바일 소비자를 장악한 것은 미래를 장악한

것과 마찬가지다. 최근 몇 년간 세상은 PC 시대에서 모바일 시대로 무게 중심이 급격히 이동했다. 이제는 소통도, 쇼핑도 모든 것을 스마트폰으로 모바일하게 하고 있다. 모바일의 폭발적인 영향력은 바로 24시간, 일주일 내내 우리의 삶을 장악하는 것에 있다. 모바일은 그야말로 혁명적으로 우리의 습관을 바꿔 놓았고, 카카오는 그러한 변화의 길목을 카카오톡 앱을 통해 장악한 것이다.

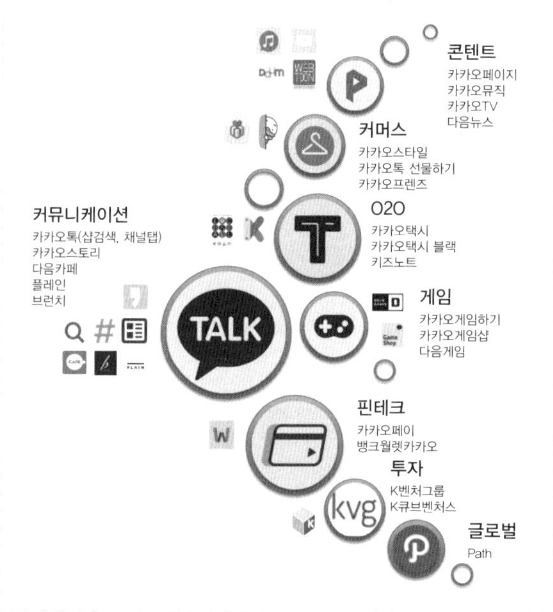

카카오가 확장해 온 사업영역

2015년, 카카오톡은 모바일하게 연결된 온라인공간에서 갑갑함을 느끼고 오프라인으로 뛰쳐나왔다. O2O, 즉 온라인에서 오프라인으로 뛰쳐나온 카카오는 오프라인의 다양한 영역으로 진군하고 있다.

• 카카오택시, 오프라인의 발을 잡아라

가장 기억에 남는 O2O의 움직임은 아마도 카카오택시일 것이다. 택시를 스마트폰으로 부르면 신기하게 택시가 오는 동선이 실시간으로 추적된다. 택시 기사의 사진까지도 친절하게 등장한다. 하지만, 글로벌한 시각에서 바라보면 이러한 O2O 실험은 사실 미국 우버, 중국 디디콰이디에 한참 뒤쳐진 시도였기 때문에 그리 신선한 시도는 아니었다. 마땅히 가야 할 길을 시장 선도자로서 간 것뿐이다.

카카오택시를 생각하면 온라인과 오프라인을 연결하기 위해 위치기반 서비스LBS의 인프라인 길안내 내비게이션 서비스 록앤올김기사을 600억이 넘는 금액에 인수한 것은 어찌 보면 당연한 선택일 수 있다.

오프라인의 소비자들이 어디서 무엇을 하는지 알아야 오프라인과 온라인은 빠짐없이 연결될 수 있다. 이 또한 카카오만의 독창적 전략이 절대 아니다. 중국의 O2O 공룡 알리바바, 텐센트, 바이두 모두 각자 자신만의 내비게이션 서비스를 보유하고 있다.

• O2O의 핵심은 돈줄, 금융을 잡아라

카카오는 오프라인 금융 산업으로도 영역을 확장 중이다. 오프라인에서 가장 큰 금전적 가치를 지니는 산업은 돈을 다루는 금융 산업이다. 하지만, 금융산업만큼 규제로 가로막힌 산업도 없다. 그래서 인터넷 전문은행의 사업자 선정에만 거의 1년 가까운 시간이 소요되었다. 긴 기다림과 진통 끝에 카카오는 지난 11월 인터넷 전문은행 사업자로 선정되었다.

한국카카오은행은 한국금융지주 50%, 카카오와 KB국민은행이 각각 10%, 나머지 8개 기업들이 4% 이내의 지분을 형성하고 있는데, 향후 산업자본의 인터넷은행 지분 제한을 현재의 10%의결권은 4%에서 50%까지 확대하는 내용의 은행법 개정이 되면, 카카오가 최대주주가 될 전망이다.

카카오가 인터넷 전문은행 사업자로서 본격적인 영업을 개시하면 카카오의 'O2O생태계'는 날개를 달게 된다. 결제, 송금, 투자 등 다양한 금융거래가 온라인 오프라인의 다양한 서비스와 어우러져서 현재 상상할 수 없는 놀라운 일들이 벌어질 수 있기 때문이다. 참고로 중국의 텐센트는 자신의 택시 앱을 사용한 고객이 탑승 중에 금융상품 관련 광고를 청취하면 택시비를 할인해주는 행사를 진행하기도 한다. 중국 텐센트의 생태계에서 카카오의 미래적 모습을 엿볼 수 있는 대목이다. 참고로, 텐센트는 김범수 의장 다음으로 카카오의 지분을 많이 보유한 카카오의 2대 주주다. 중국 13억 인구 중 텐센트 서비스에 가입된 유저 수는 8억 명에 달한다. 카카오의 5천만 명과 규모의 차이가 느껴지는가?

• 영유아에게도 O2O를, '키즈노트'

카카오가 다음과 합병한 이후 처음으로 인수한 "키즈노트"는 유치원 등에서 교사가 학부모에게 메시지를 전달하기 위해 사용하는 '알림장'을 스마트폰 앱으로 옮겨놓는 서비스를 제공한다. 교사가 아이들의 일상과 식단, 사진, 준비물 등을 PC나 스마트폰에 올리면 부모가 스마트폰 모바일 기기를 활용해 실시간으로 확인할 수 있게 도와주는 것. 최근엔 다문화 가정의 학부모도 교사와 언어적 어려움 없이 소통할 수 있도록 번역 기능을 제공하고 있다.

현재 전국 유치원과 어린이집의 50%에 이르는 2만 5천여 개 기관이 키즈노트 서비스를 사용하고 있다. 최근에는 미국, 일본 등 해외에서도 활용된다.

• **중고도 다 팔아줄게! '셀잇'**

카카오는 올해 5월 모바일 중고 전자상거래업체 '셀잇'을 약 100억 원에 인수했다. 판매자가 스마트폰을 이용해 제품 사진을 올리면 국내 주요 중고사이트의 실시간 시세를 반영해 자동으로 시세를 결정하고, 제품이 2주 동안 판매되지 않으면 회사가 직접 제품을 구입한다. 중고거래 절차의 복잡함과 사기거래 위험을 최소화한 사업모델이다.

• **자동차정비는 내게 맡겨라, '카닥'**

카닥은 사용자가 자동차의 파손 부위를 사진으로 찍어 올리면 수리 업체들의 견적을 실시간으로 받아볼 수 있는 자동차 외장수리 견적 비교 서비스다. 이용자가 앱에 사진을 올리면 평균 7분 내에 견적을 받아볼 수 있다. 접수 건당 평균 3개 이상의 견적을 비교해볼 수 있다. 앱을 통해 견적 제공업체와 채팅 상담을 하면서 세부 정보를 확인할 수 있고 카닥을 통해 직접 수리를 의뢰할 수도 있다. 올해 8월, 카닥은 지분 53.7%가 카카오에 인수되면서 카카오의 자회사로 편입됐다.

• **뷰티 O2O, 하시스**

올해 10월 카카오는 뷰티업계 고객관리 솔루션 1위 업체인 하시스의 지분 51%를 인수했다. 하시스는 미용실, 피부미용실, 네일 샵 등 뷰티 업계 고객관리 솔루션인 '헤어짱'과 ' 뷰티짱'을 개발, 서비스하는 업체로 전국에 9천 7백여 개 회원사를 보유하고 있으며 69%의 점유율을 차지하고 있다.

• **스타트업 발굴의 통로, K큐브벤처스**

K큐브벤처스는 카카오의 O2O 생태계 조성을 전방 돌격대에 해당한다. 초기 단계의 스타트업을 창업 직후 단계부터 육성해서 카카오 생태계에 편입될 가능성을 엿본다. 대박 가능성이 보이면 카카오가 직접 지배주주 지분을 인수하기도 한다. 2015년 3월 카카오의 자회사로 편입된 K큐브벤처스는 현재까지 총 57개 스타트업에 약 330억 원을 투자했다.

2016년, 카카오의 O2O 생태계는 본격 꽃을 피운다!

2015년을 돌아보면 카카오의 O2O 생태계는 아직 꽃을 피우지 못한 상태로 평가된다. 카카오택시로 포문을 열었지만, 금융이 달라붙지 않아 폭발적 부가가치의 창출을 만들어내지 못했고, 뷰티, 중고거래, 영・유아 등 다양한 영역으로 O2O를 확장해나갔지만 진정한 의미의 오프라인 생태계에 대한 영향력을 발휘하지는 못했다.

즉, 아직 '건설 중under construction'인 카카오의 O2O제국은 2016년 본격 그 모양새가 잡혀나갈 것으로 전망한다. 이유는, 카카오가 정말 잘해서가 아니다. 오히려 카카오는 시대의 거대한 변화 메가트렌드에 올라타서 비상할 것이라는 전망이다. O2O가 대세인 것은 미국, 중국을 통해서 이미 확인된 명백한 사실이고, 오프라인이 스마트폰의 모바일한 생태계로 빨려 들어가는 것은 거스를 수 없는 대세이기 때문이다. 카카오는 대한민국에서 그러한 O2O 메가트렌드에 가장 잘 어울리는 사업 포트폴리오를 갖고 있고, 그러한 변화에 부합하는 중장기 전략을 보유한 기업이기에 미래가 밝아 보인다. 하지만, 무작정 장밋빛 기대감을 가질 수 없는 이유는 오히려 카카오 스스로에게 있다. 아무리 좋은 분위기와 환경에 놓여있더라도 빠르고 유연한 실행 능력, 그리고 단단한 기업 문화의 DNA가 없다면 기회를 낚아채지 못할 수도 있기 때문이다. 사실 현재 카카오의 매출은 여전히 광고와 게임이 80% 이상 차지하고 있다. O2O의 영역은 미미한 '기타'의 영역에 속하고 있고, 언제 본격적으로 O2O에서 실질적인 부가가치를 만들어서 현금창출 능력으로 전환시킬 수 있을지는 여전히 미지수다.

모든 모바일 사업자들의 고민인 '돈 만들기monetization'은 단순히 소비자를 모아서 북적거리게 만드는 것보다 더 어려운 일일 수도 있기 때문이다. 그래서 카카오에게 2016년은 본격적인 O2O 도약의 시기이면서 동시에 O2O 영역에서 뚜렷한 "돈 만들기" 전략이 집행되고 성과로 보여야 하는 한 해이기도 하다. 나의 예상은 카카오의 미래 성장 전략은 중국의 텐센트, 알리바바의 전략과 닮을 수밖에 없다고 판단한다. 그래서 우리는 카카오의 미래를 읽기 위해 중국의 O2O 거인들의 행보를 유심히 바라보아야 한다.

쿠팡, 오프라인 유통 산업 앞으로 돌진하다

한국 O2O 전자상거래를 상징하는 대표 기업은 쿠팡이다. 미국의 아마존, 중국의 알리바바와 궤를 함께한다. 대표적인 O2O의 시도로는 오프라인 물류창고에 대한 과감한 투자를 꼽을 수 있다. 마치 2015년 월마트를 아마존이 추월한 것처럼 쿠팡도 O2O의 혁신을 통해 오프라인의 물류, 유통 강자들의 간담을 서늘케 하고 있다. 얼마 전 롯데의 신동빈 회장도 공공연히 쿠팡을 잠재적 경쟁자로 꼽으면서 쿠팡에 대한 심도 깊은 분석을 했을 정도다. 그럼 한국의 전자상거래의 선두주자이자 오프라인 유통 물류산업을 정복하기 위해 돌진하고 있는 쿠팡의 오프라인 시장 정복기를 들어보자.

2015년 소프트뱅크로부터 1.2조 투자받은 쿠팡은 기록적인 기업 가치 상승을 이어나간다. 2014년 세쿼이아 캐피털로부터 1,200억 투자 유치, 블랙록 3,300억 원에 이어 1년 만에 투자유치 금액이 조 단위로 급성장했다. 그 사이 기업 가치는 5.5조 원 수준으로 오프라인의 대기업들의 몸집을 넘보고 있다.

이런 엄청난 가치상승의 배경엔 전자상거래 모바일 앱 '쿠팡'의 다운로드 2,500만이란 숫자가 있다. 전 국민의 절반이 다운받은 규모로 덕분에 모바일 전자상거래는 쿠팡이 길목차단에 성공했다. 흔히 말하듯 시장에서는 선점하는 자가 우위에 선다First Mover Advantage!는 것이 진리이기에, 이미 외신들은 쿠팡을 한국 최고의 전자상거래 기업으로 평가하고 있다.

바이럴 마케팅이면 충분한 쿠팡

쿠팡은 O2O시대의 핵심을 아는 기업이다. 그럼 과연 로켓성장의 비결은 무엇일까?

첫째, 고객의 엄지손가락을 재미있게 했다. 쿠팡 앱을 한번 해보면 그 이유를 알 수 있다. 옆으로, 위로… 엄지 몇 번이면 된다. '토 나오는' 스크롤의 압박 따위는 없다. 반대로 다른 전자상거래 앱을 실행해보면 위, 아래로 스크롤만 백만 번은 해야 된다. PC시대 기업이 모바일에 특화된 기업을 따라가지 못하는 유저 인터페이스의 수준 차이다. 엄지가 편해야 사람들은 주문한다. 특히 엄지에는 옆으로 넘기기가 제격이다. 이런 측면에서 쿠팡의 로켓성장은 마땅하고 손끝에 와 닿는 진짜배기다.

둘째. 오프라인의 차별화가 생명이란 것을 안다. 모바일에서 엄지 말초 감각까지 고객에게 다가갔다면 다른 극단은 상품을 들고 고객을 찾아가는 배송기사다. 배송을 직접 해야 서비스 품질을 높일 수 있고, 그게 유저 경험 극대화의 마무리다. 엄지로 몇 번 만에 주문했지만 배송이 늦는다면 바로 앱을 지울 것이다. 소비자들에게 이런 소심한 보복당하지 않고 월간 활성사용자를 누적적으로 쌓아나가려면 물건 배달받는 손을 즐겁게 해줘야 한다.

배송기사는 젊고 훈훈한 외모의 남자로 옷차림도 깔끔하다. 배송 문자는 썸타는 '어장관리남'의 따스하면서도 느끼하지 않은 멘트로 장식한다. "배송 후 박스는 저희가 수거하겠습니다."라는 호의까지. 유저들의 만족함은 이런 디테일을 챙기는 데서 시작된다. 그리고 디테일이 거대한 시장 점유율의 판도를 바꾼다. 쿠팡은 그걸 안다.

쿠팡 로켓배송의 비결은 자신만의 물류 시스템을 수직적vertical으로 보유한 것이다. 거리를 보라. 쿠팡 택배 트럭이 점점 자주 보인다. 버스 광고판에 괜한 돈을 쓸 필요가 없다. 그냥 택배 트럭 자체가 움직이는 광고판이다. 쿠팡 모자와 조끼를 입은 택배기사에게는 여자 혼자 사는 오피스텔에서도 안심하고 문을 열어준다. 게다가 젊고, 훈남형 외모의 택배 기사는 30대 아기를 키우는 주부들을 '아기가 잠자요' 스티커와 기저귀 박스 수거 등의 섬세한 서비스 정신으로 매료시킨다. 쿠팡의 보이지 않는 저력을 느끼게 해주는 대목들이다. 이 모든 섬세함의 근거는 수직적인 물류 시스템을 통합한 과감한 투자에서 유래한다.

그럼 잠시 쿠팡이 왜 30대 엄마들을 핵심적인 소비자로 삼았는지, 어떻게 그들의 마음을 사로잡았는지 자세히 들여다보자.

쿠팡은 전자상거래 시장의 지갑을 지배하는 의사결정자를 육아를 담당하는 30대 아줌마들로 설정했다. 즉 영 · 유아를 키우는 엄마들이다. 이들 지갑 지배자들의 입소문 '바이럴 마케팅'은 가히 상상을 초월한다. 육아 관련 블로그나 카페의 폭발적 조회 수가 증명한다. 그도 그럴 것이, 이동의 자유 제한되어 있기에 외부와의 소통채널은 SNS가 최고다. 고로 한국 전자상거래 중원을 차지하는 비결은 이제 갓 부임한 신임 엄마들의 지갑을 여는 것이다. 즉 쿠팡은 지갑 지배자의 지갑을 지배하는 방법을 알았다는 얘기다. 이들에게 옥외광고는 잘 먹히지 않는다. 아기를 키우느라 외출을 자주 하지 못해 외부 옥외광고에 노출될 시간이 없다. 고로 옥외광고에 열을 올리는 모 전자상거래 업체는 헛돈을 쓰고 있는 것이다.

그럼 믿음직스런 배송이 왜 핵심 유저경험이냐고? 물류창고부터, 트럭과 정규직 택배기사까지 쿠팡은 왜 그것에 모든 에너지를 쏟는 것일까? 30대 아줌마의 마음속에 들어가 보면 답이 바로 나온다. 일단 기존 배송업체의 택배 아저씨? 이 사람이 누군지 알 방법이 없다. 친절과 담을 쌓은 것은 물론이고, 때로는 위협감이 들 정도의 매너를 가지고 있다. 이런 물류 서비스 수준 때문에 아줌마들은 전자상거래보다 마트 매대 위의 제품을 선호해왔다.

그렇다면 쿠팡맨은 어떨까? 정규직 배송기사들의 복장부터 매너. 그리고 외모와 나이 등 모든 면에서 기존 물류업체를 멀리 앞서 나간다. 게다가 배송의 부산물인 종이박스까지 배송 기사들이 직접 수거한단다. 고객의 입장에서 보면 완전히 '땡큐'할 노릇이다.

게다가 잠자는 아이가 집에 있으면 쿠팡맨은 "아기가 자고 있어요. 벨 누르지 마세요!" 스티커를 붙이고 간다. 난 이 섬세함이 경쟁력의 핵심이라 생각한다. 모바일 시대의 경쟁력은 역설적으로 온라인이 아니라 고객과 직접 응대하는 오프라인의 접점에서의 완벽한 마무리가 필요하다. 이처럼 소비자의 입에서 탄성이 터져 나올 정도의 서비스면 프로모션이나 홍보는 필요가 없다. 쿠팡맨을 경험한 감동의 후기가 엄마들의 블로그와 카페를 도배할 터이므로. 자동적으로 공짜 마케팅이 이뤄지는 것이다.

마지막으로 지갑의 지배적 소비자, 즉 육아에 지친 엄마들의 필요한 욕구를 자극하는 마지막 마무리는 감성 충만 문자다. 결혼 이후 부쩍 뜸한 남편과의 로맨틱 라인에 깊이 불만족하는 우리네 엄마들은 쿠팡 배송기사로부터 방문 전후에 이모티콘 남발하는 감성 로맨틱 문자를 받으면 왠지 모르게 마음 설렌다. 예를 들어 비가 오는 날에는 배송박스에 이런 식의 문구가 적혀있다. "빗방울 개수만큼 행복 하세요!"

깜짝 놀랄 창조성을 서비스의 마무리에 활용하는 쿠팡은 핵심 가치란 무엇인가를 아는 기업이다. 쿠팡의 경쟁력의 근원을 적어도 나는 이렇게 이해한다. 본질에 충실하고 O2O 생태계의 생존 공식을 아는 쿠팡. 훗날 드론배송 로봇물류 시스템을 한국 최초로 시도할 기업도 쿠팡이 될 확률이 매우 높다.

물론 쿠팡의 온라인, 특히나 모바일 분야에서의 본질가치 대부분은 고품질의 제품 큐레이션과 기술 기반의 편리하고 직관적인 앱 서비스에 있겠지만. 사용자를 감동시키는 미묘하지만 치명적 차이는 쿠팡의 기업 문화에 있다. 성장과 기업가치 상승이라는 선순환의 비결은 보이지 않는 공유된 가치에 기반을 두는 것이다.

이제 앞으로 쿠팡은 어떤 성장의 궤적을 그릴까? 1.2조 원이라는 어마어마한 현금으로 도대체 어떤 변화를 만들어낼까? 강하게 드는 생각은 상상의 영역이 전자상거래에만 있지 않고, 오프라인 유통 물류를 한꺼번에 변혁하는 커다란 스케일로 확장될 것이라는 예상이고, 나아가 상상의 영역은 한국에 국한되지 않고 최소한 아시아 지역을 상대로 성장해나갈 것이다. 소프트뱅크 손정의 회장이 1.2조 원을 과감히 베팅했다는 면은 더욱 그러한 추측을 확신에 가깝게 만들어준다.

여기서 소프트뱅크 손정의 회장의 포트폴리오 잠깐, 살펴보자.

세계 최고 모바일게임 클래시 오브 클랜 개발사 수퍼셀.

세계 최대 전자상거래업체 알리바바.

중국 최대 O2O택시 앱 디디콰이디.

인도 최대 전자상거래업체 스냅딜.

인도 최대 O2O택시 앱 올라.

동남아 O2O택시 앱 그랩택시.

미국 통신사 스프린트.

프랑스 로봇개발사 알데바란.

모두 손정의 회장의 소프트뱅크가 대주주이다. 소프트뱅크는 최근 가장 빠른 속도로 GDP가 성장하는 인도에 공격적 투자 중이다. 손정의 회장의 후계자는 인도인 니케시 아오라. 후계자 영입에만 수천억 원의 비용을 들일 만큼 사람에 투자하는 사람이 바로 손정의 회장이다.

이런 큰 그림을 바라보면 쿠팡의 글로벌 전략 수립에 손정의 회장의 300년 비전이 커다란 힘이 되어줄 것이라 확신한다. 그래서 쿠팡은 향후

2년 이내에 나스닥 상장이 예상되고 작년 3천억 원을 쿠팡에 투자한 세계 최대 헤지펀드 '블랙록'이 친절한 가이드가 되어줄 것이다. 내가 예상하는 쿠팡의 상장 시가 총액은 최소 10조 원이 될 것이다. 만약 더 성공적이라면 많게는 20조 원도 기록할 수 있을지도 모른다. 그렇다면 다음카카오보다 커지고 네이버의 시가 총액에 육박하게 되는 것이다.

쿠팡, 돈을 제대로 벌고는 있는걸까

쿠팡을 비롯한 소위 소셜커머스 3사쿠팡, 티켓몬스터, 위메프의 재무실적은 항상 많은 사람들의 관심사였다. 이유는 이들 세 회사가 돈은 도대체 어떻게 벌고 있는지, 재무 상태는 과연 지속가능한 것인지 이런 궁금증이 가득하기 때문이다. 그래서 준비했다. 쿠팡의 유일 무이한 공개된 공시 자료인 '2014년 말 감사보고서'에 대한 재무분석이다. 2016년 1월, 이 시점까지도 쿠팡의 공시 자료는 아직까지 2014년 감사보고서이니, 그나마 가장 업데이트된 버전이라고 할 수 있다. 2015년 감사보고서는 적어도 2016년 3~4월은 되어야 확인할 수 있다.

쿠팡의 법인명은 미국법인 포워드 벤처스 LLC한국 법인은 미국 본사의 한국지점 형태, 회계감사는 국내 최대 회계법인인 삼일회계법인PWC이 맡았다.

이익이 나는지 확인하기 위해서 우선 손익계산서부터 뜯어보자. 2014년 매출은 3,484억 원으로 2013년의 478억 원과 비교하면 1년간 매출 성장률은 720%에 달한다.

이 기록적 매출 성장률은 인수합병으로 만들어낸 결과가 아니라, 사업

규모를 키워서 만들어낸 진짜배기 성장이다. 특기할 점은 2013년도 대비 상품 매출액의 비중이 급증한 것인데, 상품 매출액이 1,948억 원에 달해서 총 매출의 절반이 넘는다는 것이다. 단순 수수료 사업에서 상품을 직접 판매하는 매출로 비중을 늘리는 방향으로 사업모델이 급변했다는 것을 확인할 수 있다.

2014년 영업이익은 1,592억 원으로 2013년 426억 원에서 370%나 증가했다. 좋다. 여기까지는 매출과 이익 성장의 스토리가 잘 만들어진다. 하지만, 문제는 판관비기업의 판매와 관리, 유지에서 발생하는 비용의 폭증이다. 로켓배송이 판관비의 로켓 증가로 이어진 것일까? 2014년 판관비가 2,800억 원으로 2013년의 427억 원에서 무려 650% 증가한 수준이다. 이 중 광고비는 386억 원으로 생각보다 그리 높은 수준은 아니다. TV광고 몇 번만으로도 이 금액은 충분히 나온다. 그보다는 오히려 물류비 179억원, 지급수수료 644억 원, 급여 802억 원쿠팡 급여수준이 높다는 소문은 들었다.의 비중이 크게 느껴진다. 그 결과, 2014년 영업손실은 1,215억 원을 기록했고, 당기순손실은 이와 유사한 1,200억 원이다.

하지만, 여기서 영업활동으로 인한 현금 흐름은 269억 원이고, 투자활동으로 인한 현금 유출액이 602억 원, 그리고 2014년 말 현금이 1,900억 원에 달하는 것을 감안하면, 쿠팡의 재무적 상황은 그리 우려될 수준은 아니라는 판단이다.

일단 영업으로는 이익을 내고 있고, 투자가 많기는 하지만 여전히 현금이 풍부한 상황에서 2014년을 마무리했다. 미지급금이 2천억 원을 넘는 상황을 감안하면 영업현금을 마이너스 천억 원 이상으로 보는 게 더 정확해 보인다.

게다가 2015년 들어 신규로 1조 원의 현금을 소프트뱅크로부터 수혈 받았으니, 현재 시점의 쿠팡의 재무상황은 돈이 남아서 은행 계좌를 옮겨 다니면서 이자를 챙기고 있을 수도 있다.

그럼 이제 자산 부채를 확인할 수 있는 대차대조표를 확인해보자!

일단 자산부터 확인하면, 현금 1,900억 원을 포함해서 유동자산이 2,564억 원이고, 유형자산 590억 원을 포함한 고정자산은 863억 원이다. 결국, 쿠팡의 자산 중에 가장 많은 비중을 차지하는 자산은 '현금'이다.

부채는 3,191억 원이고, 이 중 차입금은 1,820억 원이다. 차입금은 사실 기말 현금으로 다 갚을 수 있을 만한 규모로 과도해 보이지 않는다.

자본이 참 재미있는 부분이다. 2014년도에 블랙스톤을 포함한 세계적 투자자로부터 거액의 투자를 유치해서 주식발행 초과금이 2,045억 원으로 급증했는데, 당기순손실로 인한 결손금이 1,207억 원이 발생해서 자본 총계는 237억으로 쪼그라들었다. 2014년도 투자자들은 결국 2014년도 당기순손실을 막아준 백기사 역할을 한 셈이다.

2015년도 말 자본에는 소프트뱅크 투자의 결과로 1조 원이 추가될 예정이다. 그러면 주식발행 초과금으로 약 1조원이 생긴다. 쿠팡의 재무제표 정보를 통해서 우리는 무엇을 느낄 수 있는가?

첫째, 일단 매출의 성장세는 그야말로 로켓 수준임을 알 수 있다. 7배가 넘는 성장세를 가진 기업을 요즘 어디서 찾을 수 있을까?

둘째, 매출 못지않은 판관비의 급증으로 수익성은 아주 좋지 않다. 하지만, 거꾸로 생각하면 판관비의 증가 추세만 제대로 통제하면 흑자 전환도 순식간에 할 수도 있지 않을까? 2014년에는 대규모 인력 신규채용과 물류망을 위한 투자가 있었다. 향후 규모의 경제를 이룩하면 매출 증가에 비해 판관비의 증가세는 둔화될 수 있을 것이라는 기대감으로 머지않은 미래에 쿠팡의 흑자 전환도 가능하지 않을까 생각한다.

쿠팡의 로켓성장은 이제 1단계가 진행 중이다. 아직 재무적 실패와 성공을 논하기는 이르다. 대부분의 투자금을 고정자산과 사람에 투자한 결실이 본격적인 성장 궤도에 올려놓기에 아직 절대시간이 필요하다. 더 근본적으로는 수직적 가치사슬을 통합하고 고객의 신뢰를 쌓아나가는 데 소요되는 투자가 향후 얼마만큼의 부가가치로 수익을 만들어 줄지는 현 시점에서 상상하기 어렵다. 그리고 벤처 역사상 전무후무한 규모의 1조원대의 신규 자금수혈의 결과로 쿠팡이 어떠한 모습으로 변해갈지도 아직 가늠하기 어렵다. 그래서 쿠팡이란 회사는 더욱 흥미롭게 지켜볼 가치가 있는 회사다.

[가상M&A] 카카오+쿠팡, 우리 사랑하게 해주세요!

카카오와 쿠팡의 M&A를 상상해본다. 이유는 중국의 알리바바에 있다. 알리바바가 너무나 거대하게 성장하고 있는 모습이 부러워서 그렇다.

중국판 블랙프라이데이인 '광군제'(光棍節) 2015년 11월 11일. 하루에 10조 원이 넘는 판매액을 기록하며 세계를 놀라게 했다. 중국 최대 전자상거래 기업인 알리바바의 사업영역은 아래와 같다.

모바일상거래, 오프라인 물류, 클라우드 서버, 동영상 스트리밍, 콘텐트 투자(영화/음원/드라마 등), 모든 O2O(택시/음식점/여행 등), 핀테크(은행/증권/자산운용/보험)까지 모든 영역에 걸쳐있다. 문어발 같지만 내 눈에는 유기적 성장으로 보인다. 필수 구성요소의 합과 같다고나 할까.

그러한 판단의 이유는 다음과 같다. 소비자를 확보하는 데 들어가는 비용은 한 번이다. 모바일부터, 오프라인 물류, 핀테크까지 넓고 깊은 알리바바라는 생태계에 빠져들면 쉽게 뛰쳐나오기 힘들어진다. 좀처럼 밖으로 도망가지 않는다는 것. 그래서 소비자의 유지는 더 쉬워진다. 게다가 소비자를 유인하는 채널도 다양해질 수 있다. 소비자의 유인은 점점 비싸지고, 소비자의 유지는 더 어려워지는 상황을 고려하면 넓고 깊은 생태계를 지니고 있다는 것은 O2O 생태계에서 규모의 경제로 쫓아오는 경쟁자들을 더 멀리 제치고 앞서나갈 수 있는 근거가 되는 것이다.

사실 알리바바의 모든 생태계에서 가장 무서운 무기는 핀테크와 콘텐트. 즉, 돈과 오락이다.

이 두 가지는 인류에 근원적인 필요인 것을 역사가 증명한다. 인간은 자신의 이익을 극대화하려 함과 동시에 자신의 즐거움도 극대화하려 하지 않는가? 마윈 회장이 알리바바 그룹을 미국 나스닥에 상장시키기 수년 전 알리페이를 따로 똑 떼서 자신의 개인회사로 만든 이유도 바로 '돈'을 잡는 것이 핵심이란 걸 이미 본능적으로 간파했기 때문이다. 지금 마윈 회장이 가진 자산 절반가량은 바로 이 알리페이(지금은 앤트 파이낸셜) 지분이란 것도 이를 증명한다. 홍콩 상장사 알리바바 픽쳐스는 마윈의 영화, 드라마, 콘텐트에 대한 야심이 담긴 회사로 시가총액은 약 8조 원이다. 그는 한국의 콘텐트에 욕심이 크고 향후 조 단위의 투자 계획이 있음을 밝혔다.

이렇게 확보된 콘텐트를 넷플릭스식으로 자신의 생태계로 배포하기 위해 4.5조 원에 '유쿠 투더우'를 인수했다. 동영상, 상거래, O2O에서 발생하는 막대한 데이터 양을 감당하기 위해 만든 것이 자체 클라우드 서비스 '알리윈'이다. 아마존의 아마존웹서비스(AWS, Amazon Web Services)와 동일한 맥락이다.

최근 추가적 데이터 센터에 투자하겠다는 금액이 1조원이 넘었다. 데이터 센터는 데이터 기술 시대에는 고속도로와도 같은 기본적 인프라다. 아마존의 성장가도를 답습해 온 알리바바는 이제 '인터넷플러스' 정책 바람을 타고 아마존보다 더 빠르게 더 큰 규모로 커나가고 있다. 반면 아마존은 핀테크 영역엔 손을 못 대고 있다. 미국 월가 기득권은 기술의 혁신만으로 깨기에는 아직 '넘사벽'이다.

그럼, 한국에서 알리바바의 생태계를 구축할 자는 과연 누구일까? 카카오와 쿠팡이 합병하면 비슷하겠다. 합병이 부담되면 카카오와 쿠팡이 서로 지분 맞교환을 통해 서로의 2대주주가 되는 것도 방법. 서로의 강점 약점이 오묘하게 교차된다.

카카오는 가장 넓고 깊은 O2O 플랫폼을 보유하고 있다. 반면 수익 모델에 다소 의문이다. 게다가 최근 게임 부문의 매출이 감소했다.

쿠팡은 확실한 O2O 전자상거래의 1인자이다. 그러나 사람들은 전자상거래에서 오래 머물지 않는다. 그래서 유저를 확보하거나 유지하는 비용이 크다는 약점을 가지고 있다. 이런 두 회사가 통합한다면 시너지는 너무나 확실하다. 카카오와 쿠팡이 합병한다면 추가 신규 사업영역은 핀테크와 클라우드 서비스 그리고 콘텐트가 되겠다. 두 회사가 합쳐지면 시가 총액도 20조 원을 손쉽게 넘길 것이다. 그렇다면 추가적인 투자를 위해서는 유상증자를 조금만 해도 몇 조 원의 자금이 들어올 것이다. 그렇게 되면 한국의 O2O산업은 글로벌 경쟁력을 지닌 거대 기업을 배출하는 것이다.

그림도 따악(!) 알리바바와 비슷하게 맞아 떨어진다.

그렇지만 경고 한 가지! 만약 한국판 알리바바나 아마존이 탄생하지 않는다면? 아마존, 알리바바의 침공에 한국은 특히 취약할 것이다. 특히 아시아적 가치에 바탕을 둔 중국 모바일 공룡 알리바바와 텐센트가 결국 한국 시장을 삼킬 수도 있다. 긴장해야 한다.

논쟁적 O2O기업, 옐로모바일을 말한다

옐로모바일은 논쟁적 기업이다. 2014년 말 1조 원의 가치평가로 1천억 원 대 투자를 유치하면서 뜨거운 이슈로 떠올랐고, 2015년 초에는 3조, 5조원 가치로 금방이라도 상장해서 당장이라도 대박 신화를 만들 것 같은 기대감을 불러일으켰다. 이 회사의 사업은 참으로 신기한 방식이었다. 3년도 안 되는 짧은 기간 동안 80여개 기업을 광속으로 인수합병함으로써 회사의 몸집불리기를 반복한 것이 회사의 비즈니스 모델이었다. M&A가 경영의 목적처럼 느껴졌던 희한한 회사. "우린 소프트뱅크나 알리바바, 텐센트와 비슷한 길을 가고 있어요!"라고 주장했지만, 나에게는 그냥 소설 같은 기대에 가득 찬 회사였다. 당시 대부분의 국내 언론사들은 옐로모바일에 대한 기대감으로 가득 차 있었다. 그래서 내 비판은 더 주목을 받았다. 하지만, 1년이 지난 지금도 아래 본문의 한 글자도 바꿀 생각은 없고, 나의 예상은 대부분 현실에서 증명되었다. 옐로모바일의 실적과 산업 내에서의 영향력은 기대에 한참 못 미치는 것으로 나타났다.

소설 같은 기업가치의 옐로모바일, 넌 누구?

/

딱딱하지만 탄탄한 팩트를 밑바닥까지 찾는 데서 희열을 느끼는 1인으로서 한국의 선진화된 공시시스템인 DART에서 옐로모바일의 관련 자료를 찾았다. 2014년 12월에 올라온 기업가치 평가 보고서. 옐로모바일이 1조 공룡벤처로 '둔갑'(?)한 근거가 바로 여기 있었다.

옐로모바일 기업가치 평가 주체는 대영회계법인. 가치평가 방법론은 현금흐름할인DCF방식으로 잉여현금흐름FCF과 잔존가치terminal value를 가중평균자본비용WACC 11.6%로 할인해서 기업가치 1조 원으로 평가주식가치 9,621억 원, 1주당 가치는 211만 원이다.

영업 이익도 낮은 회사의 가치가 1조?

/

그럼 어떻게 당기순손실에 영업이익도 나오지 않는 회사를 1조원으로 평가했을까?

실제 이 가치평가로 재벌가 자제분이 운영하는 벤처캐피털에서 투자받았으니, "내 돈으로 내가 투자했는데 어때서?"라고 한다면 할 말이 없지만… 일단 독자들에게는 이 1조원이 어떻게 도출되었는지를 설명하는 게 속칭 '공룡벤처'의 실체를 이해하는 데 도움 되겠다 싶어서 시니컬하게 해부해봤다.

일단 들어가기 앞서서 현금흐름할인DCF에 대해 간단히 상식적인 차원에서 직관적이고 쉽게 설명하면, 아래와 같다.

집값을 비교할 때 가장 편한 방법은 네이버부동산에서 동네의 시세를 파악하는 것이다. 주식시장에서의 시세 파악은 통상 상대가치평가인 PER, PBR, EV/EBITDA와 같은 재무지표를 활용한다. 현금흐름할인을 사용하는 것은 네이버에 동네 시세가 전혀 존재하지 않는 신도시의 시세를 추정할 때 사용하는 방법이다. 집으로 따지면 매년 예상되는 월세 합계금액의 합계를 집값으로 보는 것이다. 그래서 현금흐름할인DCF 방식은 본질적인 약점이 있다. 무수한 추정치에 근거한 모델이고 결론이기 때문이다. 하지만, 비상장사인 경우에 비교대상 기업이 존재하지 않을 때 불가피하게 사용하는 방법이기도 하다.

좀 따분하게 설명하자면 기업의 경영활동에서 예상되는 매출, 영업이익을 바탕으로 매년 주주와 채권자에게 귀속되기 위해 창출되는 현금을 매년 추정하고, 이들 현금을 현재가치화할인해서 그 합계를 합산하는 것인데, 매년 그럼 얼마나 성장할지, 그리고 5~6년 이후 존재하는 잔존가치는 과연 얼마일지, 할인율은 얼마로 할지에 따라서 기업의 가치는 평가하는 사람의 주관에 따라 천차만별이다.

매출 성장률의 경우, 과거 평균 성장률이 아니라 예상 성장률에 근거한다면 신뢰도는 떨어질 것이고, 잔존가치의 경우 전체 기업가치 중 차지하는 비중이 높을수록 그 모델의 신뢰성은 떨어진다고 보면 맞다.

'인터스텔라'급 성장이 필요해!

그럼 옐로모바일이 1조원 가치 기업이 된 과정을 살펴보자. 즉, 어떤 가정 사항들을 넣어서 회계 법인에서 '독립적이고 객관적인 입장에서 평가대상 주식을 공정가치 평가'했다고 이야기하는지 지켜보자.

옐로모바일 현금흐름할인 모델에 따르면 잉여 현금흐름은 2015년 215억에서 출발해서 5년 후인 2019년에는 6배가 넘는 1,293억 원으로 급증하는 것을 기본으로 한다. 엄청난 성장이다. 스토리라인 깊숙이 들어가 보자. 만약 현실에서 옐로모바일이 이렇게 된다면 단군 이래 최고의 사업성과 성장성을 기록하는 세계 최고의 기업이 되는 거다. 판타스틱한 성장률에 당신도 막 올라타고 싶지 않은가? 저런 성장세로 가면 금방 한국판 샤오미나 텐센트가 될 것이다. 이런 목표 및 기대치와 현재의 옐로모바일의 모습 사이에는 엄청난 간극이 존재하고, 꿈과 현실의 괴리감은 인터스텔라급이다.

이런 '미친' 성장률에 근거해서 미래 매출 성장세를 예측하는 가치평가 보고서는 2019년도 옐로모바일의 연결기준 매출액을 1조 원으로 예상한다. 5년 만에 3배 이상 성장하는 게 기본 시나리오다. 참으로 독립적이고 객관적이고 이성적 결과다.

역사상 보기 힘들었던 잔존가치. 더 무지막지한 것은 2019년 시점의 향후 잔존가치는 1.34조 원으로 사실 이 DCF의 대부분 가치70% 이상는 잔존가치평가 기간 이후의 기업이 가지는 현금흐름의 가치에서 온다. 즉, 2019년 이후 미래의글세, 알 수는 없지만, 영원한 시간 동안 회사가 벌어들일 현금흐름의 총합이 차지하는 비중이 70% 이상이다.

이 정도면 무협지 소설이다. 5년 후 매출이 3배 이상 늘어난다는 것도 우주적 상상력을 필요로 하는데, 5년 이후의 기간에 대한 가치가 기업가치의 2/3 이상이라면? 거기에는 4차원적 상상력이 필요로 한다. 식스 센스 정도는 갖춰야 이 가치가 느껴지리라.

여기에 분석자는 꼼꼼하게 마케팅 및 관리 비용은 "예상되는" 시너지 발생으로 팍팍 감소하는 걸 기본 가정으로 깐다. 이것은 가치를 부풀리려고 작정하지 않으면 넣을 수 없는 가정이다. 무슨 시너지를 본 적도 없으면서 벌써 숫자에 적용한다. 여러 회사가 함께 모여서 잡음이 발생하는 비용은 예측하지 않나?

자, 이제 금감원 공시자료 중 재무제표를 보자. 항상 건조한 팩트는 숫자로 딱 떨어져서 나오니까. 사실은 끝까지 훑어봐야 제 맛이다. '혹시나'가 '역시나'로 드러난다. 이합집산한 기업들은 합병 후에도 시너지가 보이지 않는다. 오로지 지분평가로만 회사가 커온 것이다. 회사는 스스로도 영업권 손상차손 임을 인정한다.(인수합병시 장부가 이상 지급한 금액을 무형자산의 하나인 영업권이라 하는데 인수로 인한 현금창출이 이뤄지지 않으면 영업권 손상테스트를 통해 손상처리하게 된다.) 회사의 주요 재무지표를 보자. 그냥 보기에도 이 회사의 재무건전성은 좋지 않다. 대부분 무형자산 급증에 자산부채 총계는 늘었고, 부채의 증가 속도도 가히 무서울 정도다.

인수한 회사는 40여 개가 넘어서 금융감독원 전자공시시스템DART 화면에서 스크롤의 압박이 느껴질 정도지만, 이익이 나는 회사는 몇 개 없다. 모바일산업 초기라 그렇다고 친절히 설명되어 있지만, 초기라 망하는 회사도 많다고 한 마디로 되받아주고 싶다. 1조 원 가치를 증명하려면 숫자로 증명해야 한다고 말이다.

옐로모바일 vs 쿠팡

옐로 모바일과 쿠팡, 두 회사의 차이점은 수직적 통합과 수평적 통합의 차이다. O2O시대에 진정한 시너지를 만들려면 수평적 통합 이전에 수직적 통합을 통한 자신의 영역에서의 1등을 수성해야 한다고. 자, 그럼 옐로 모바일과 쿠팡의 공통점과 차이점을 본격적으로 이야기해보겠다.

우선 공통점은 아주 간단하다. 두 회사 모두 모바일 O2O를 기반으로 한 비상장 벤처다. 또 매출은 늘어나지만 순손실이 증가하는 추세라는 것! 이것뿐이다.

본론으로 들어가 두 기업의 차이점을 살펴보자.

수직적 통합 vs 수평적 통합

쿠팡은 수직적 통합을 해왔다. 전자상거래 이외에는 쳐다보지 않는다. 뻔한 비즈니스 모델이지만 모바일에 가장 빠르게 적응하고 섬세하게 고객과 호흡한다. 이 차이를 느끼지 못하면 당신은 모바일 이해력 50점 미만일지도 모른다. 그래서 법인도 심플하다. 하나의 몸체로 미국 법인은 미국에 있어서 미국 기관의 투자유치에도 유리하다.

반면 옐로모바일은 수평적 통합을 해왔다. 3년 간 인수 합병한 기업 수만도 80개가 넘는다. 상거래, 마케팅, 병원, 여행, 미디어 일일이 셀 수 없다. 다양한 분야의 기업들 간에 시너지가 창출된다는 믿음이 깔려있지만, 다수의 기업이 뭉치면 그에 수반되는 비효율, 이해관계 충돌과 문화적 불일치 등도 발생할 가능성이 크다.

페이스북, 구글, 애플 심지어 중국 알리바바, 텐센트 모두 단단한 자신의 모기업에 살을 붙이듯 인수 · 합병을 했다. 즉, 자신의 뚜렷한 비즈니스 모델의 어마무시한 영향력에 새로운 분야를 흡수하는 방식으로 인수 합병했다는 것을 감안하면 수십 개 기업 간의 시너지만을 기대한다는 것은 참으로 새로운 접근이다.

유기적 성장 vs 외재적 성장

쿠팡은 유기적 성장에 속한다.

쿠팡은 소셜커머스에서 죽음의 계곡을 지나면서 모바일에 절실하게 천착했고, 모바일에서 자신감을 얻자 곧바로 오프라인으로 뛰쳐나왔다. 물류센터를 세우고 택배트럭, 택배기사들까지도 정규직으로 채용해 자신의 가치사슬을 유기적으로 만들어나갔다.

심플한 상거래의 방정식, 가치사슬 사이에 숨겨진 가치를 흡수하는 방식으로 자연스레 오프라인으로 침투해왔다. 그래서 오프라인에 대한 과감한 투자를 따로 O2O라고 지칭하지도 않는다. 하지만 내가 보기엔 이게 진짜배기 O2O다.

이렇듯 쿠팡의 성장은 새로운 개념을 들어가면서 무리하게 설명할 필요 없다. 그냥 안다. 쿠팡은 돈이 필요하겠구나, 이제 상거래 뿐 아니라 물류, 그리고 오프라인 마트 영업에도 심각한 지장을 초래하겠구나, 라고. 그래서 전자상거래를 넘어서는 아우라를 뿜어낸다. 언론에 어필하지 않아도 고객들은 다 안다. 한번 써본 사람들은 말이다.

그래서 세계 최대 헤지펀드와 일본의 손정의 회장이 투자했다. 그것도 5조 원이나. 쿠팡의 5조 원이 편안하게 느껴지는 이유는 유기적 성장만큼이나 자연스럽다.

옐로모바일은 외재적 성장이다.

옐로모바일의 성장은 수십 개 기업 간의 지분교환으로 이뤄졌다. 지분교환을 통한 인수의 핵심은 자신의 지분가치 평가를 극대화시켜서 더 적은 주식을 주면서 더 많은 지분을 가져오는 것! 그래서 자꾸 언론에 자신의 존재감을 알릴 수밖에 없다. 그렇지 않으면 새로운 인수 계획에 차질이 생기고 이미 인수한 기업들 주주가 화나기 때문에.

그래서 언론기사에는 사실을 살포시 미화시키는 장밋빛 기대감이 드러난다. 기대감이 반영된 가치평가 숫자들은 70단 합체 로봇의 몸통에 각 부분을 접합시켜주는 접착제로 작용한다. 기대감이 흔들리면 몸통은 힘이 빠질까 우려된다. 서로 다른 기대감의 괴리감이랄까.

물론 80여 개 기업에서 고군분투하는 벤처인들의 창업 벤처 정신은 어떤 경우에도 박수 받아 마땅하다. 여기서 내가 지적하는 것은 과도한 외연적 성장이 지닌 근원적 불안감이다. 옐로계열 회사들은 아직 어떤 한 분야에서도 1등의 지위를 확보하지 못하고 있고, 그 분야가 오프라인의 거대한 가치사슬을 제대로 붕괴하느냐는 또 다른 질문이다.

오히려 광고를 수익원으로 삼아야할 미디어 피키캐스트의 광고가 버스를 도배하고 있고, 쿠차에서 구매버튼을 누르면 쿠팡으로 넘어간다. 옐로모바일의 비즈니스모델은 O2O, 즉,오프라인에 대한 파괴력을 강조하지만 유저 입장에서 옐로계열의 모든 것은 가상공간에 머물고 마케팅 전략에 둥둥 떠 있는 느낌이다.(이 판단은 순전히 나의 개인적 견해다.)

LTE급 광속 외재적 성장은 결국 추구해야 할 본연의 가치를 명확히 할 고민의 시간과 노력의 절대량을 빼앗아간 것은 아닐까? 그 결과 시대 변화에 기민하고 섬세하게 반응할 더듬이가 제 역할을 못하는 것은 아닐까?

모바일 O2O, 이 시대야말로 인간의 근본적 필요에 더 깊이 천착하면서 '우리 인간은 무엇을 원하는가?'를 근본적으로 고민해야 하지 않을까? 그 결과 쿠팡은 기저귀 박스를 직접 수거하고 아기가 우는 집을 위해서 "아기가 자고 있어요" 스티커까지 마련하는 게 아닐까? 그게 조용한 쿠팡이 지속적인 손실 속에서도 기업가치가 6개월마다 2배 되는 비결 아닐까?

배달의 민족,
세상은 O2O로 가도
사람은 먹어야 한다

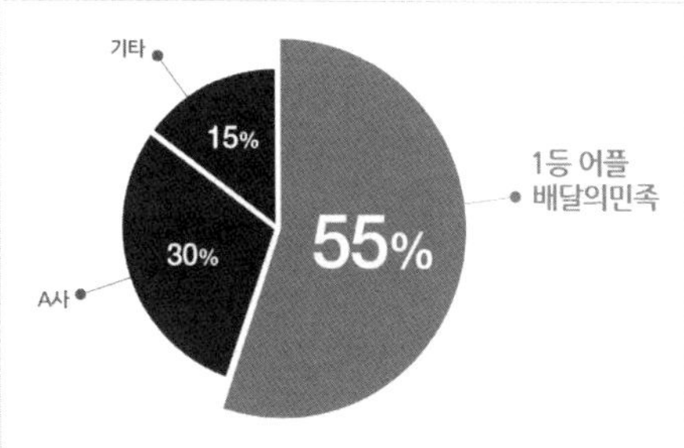

배달앱 일일 이용자 점유율
(2015년 2월 코리안클릭 기준)

사람은 하루 세끼 밥을 먹는다. 아침. 점심. 저녁. 아무리 기술이 발전해도 사람이 먹는 행위를 중단하지는 않을 것이다. 먹는다는 것은 단순히 배를 채우고 생물학적 에너지를 섭취하는 행위가 아니라 인류의 가장 근원적인 문화 활동 중 하나이다. 예술적 감성을 음식에 불어넣고 음식에 대해 풀어놓는 셰프들의 이야기가 요즘 예능프로그램을 주도하는지도 모른다.

식구食口라는 말도 결국 밥 먹는 입이 여럿 모인 것을 의미한다. 함께 밥을 매일 먹으면 우린 식구다. 음식은 사회 구성의 기초이기도 한 것이다. 배달의 민족은 바로 이 '음식'을 주된 타깃으로 삼는 회사다. 출출할 때, 따끈한 밥 한 그릇, 긴 밤을 유혹하는 치맥 야참의 유혹, 영원한 우리의 스테디셀러 짜장면과 짬뽕 그리고 탕수육까지 대한민국의 입을 자극하고 배를 채워주는 음식 생태계를 스마트하게 만들고 있는 회사다.

그런데 왜 배달이냐? 쿠팡이 오프라인 물류센터와 로켓배송으로 기존 유통 물류산업을 뒤흔들고 있는 것처럼, 모바일하고 스마트해지는 O2O 세상의 핵심에는 배달이 있기 때문이다. "여러분은 가만히 계시고 스마트폰에 터치만 하세요. 나머진 우리가 알아서 따신 밥 가져다 드릴게요!" 뭐, 이런 콘셉트라고나 할까.

배달의 민족은 단순히 음식점을 연결해주는 스마트폰 앱으로 출발해 배달 서비스 '배민 라이더스', 신선식품 배송 서비스 '배민 프레시'등의 서비스로 오프라인 시장 속으로 침투를 가속화하고 있다.

배달의 민족은 스마트폰에서 오프라인으로 뛰쳐나와 배달 오토바이, 냉장 배송차량 등을 자신의 생태계로 빨아들이고 있는 것이다. 그럼 배달의 민족의 가장 강력한 파워는 어디서 나오는 것일까? 바로 소비자의 손끝을 추적할 수 있는 '데이터 수집'과 '분석의 힘'이다. 소비자의 손끝에서 갈등하고 결정하는 일련의 모든 과정을 배달의 민족은 데이터를 통해 알 수 있다. 그래서 지역, 연령마다 독특한 주문 패턴, 선호하는 음식 등을 누구보다 정밀하게 알 수 있다. 그래서 최근에 배달의 민족은 빅 데이터 기반 광고 플랫폼 '우리가게 마케팅센터'를 설립하고 데이터를 활용한 마케팅을 수익사업화하고 있을 정도이다. 필자가 항상 강조해온 O2O의 최상단 생태계 데이터 분석에 대한 중요성을 재확인할 수 있는 포인트다.

이제 한 분야에서 모바일 앱 1위를 차지한다는 것은 그 분야의 오프라인 생태계도 접수할 체력이 된다는 것을 의미한다. 왜? 스마트폰 앱을 활용하는 것이 편리하니까, 그리고 재미나니까. 단순하다. 사람들은 전화 한 통화로 주문해도 되는 것을 배달의 민족 앱을 통해서 주문하면서 재미를 느낀다. 몇 번 재미로 써봤더니 할인도 다양하게 되고 결제도 편리하니 계속 쓴다. "뭐~ 앱 이거저거 쓰면 뭐하나 1등 앱 하나 깔고 써보지 뭐!" 하는 식이다. 하다보면 어느새 배경화면에는 배달의 민족 단 하나의 앱만 남는다.

이걸 '1번 주자 이점'이 있다고 표현하지만, 모바일 앱 분야에서는 이런 현상이 더욱 심각하다. 왜? 스마트폰 배경화면은 여러 개의 앱을 깔아놓을 만큼 크지 않기 때문이다. 즉, 처음 1등으로 치고나간 기업의 진입 장벽은 우리가 생각하는 것보다 훨씬 높을 수 있다. 크게 실수하지 않는 이상 1등이 2등 될 확률은 매우 낮다. 그래서 1등 기업은 자본도 훨씬 잘 모이고, 홍보나 신규 고객 유치 등 모든 측면에서 경쟁사 대비 수월하다. 그래서 소비자를 상대로 관대한 정책을 집행할 수 있다. 배달의 민족의 수수료 제로 선언은 그런 맥락에서 이해될 수 있다. 1등으로서의 여유. 그리고 배달 앱 업계 전체의 파이를 키우기 위해 단기적 수익성은 포기하겠다는 의지 등이 담긴 아주 적절한 결정이었다.

O2O산업의 핵심은 소비자로부터 호감을 사는 것이다. 비호감으로 등극하면 바로 삭제되므로. 스마트폰에서 앱을 삭제하는 데 소요되는 시간

은 약 5초면 충분하다. 꾸욱 눌렀다가 x표를 터치하면 바로 사라진다. 한 번 사라진 앱은 거의 두 번 다시 깔리지 않는다. 비호감 브랜드에 대한 안티 바이럴 메시지가 SNS에 돌기 시작하면 걷잡을 수 없다. 고로 O2O 기업들이 명심해야 할 것은 첫째도 호감, 둘째도 호감이다.

소비자에게 꼭 필요한 유익한 서비스로 인정되고 우리 사회에도 필수적 존재감이 인정되면 순항할 수 있다. O2O는 필연적으로 오프라인 기존 생태계의 밥그릇을 건드리기 마련이므로 더욱 그러하다. 배려하고 존중하는 마음이 경영자의 마음에 박혀 있어야 한다. 배달의 민족의 일련의 결정에서 그런 마음이 느껴졌다. 이 시대는 소비자와 서비스 제공자 사이의 간격도 좁고 그만큼 경영자의 마음이 소비자에게 살갗으로 와 닿는 시대이기에 경영의 방향성은 더욱 큰 의미를 지닌다.

배달의 민족의 O2O 음식 생태계 구축은 2016년 오프라인으로 더욱 깊고 넓어지고, 데이터 분석을 통한 세련되고 효과적인 마케팅 전략은 다방면으로 실행될 것으로 전망된다. 결과 O2O 푸드 테크 기업으로서 존재감은 더욱 커질 것으로 전망한다. 나아가 기술과 음식을 접목시키는 것을 넘어서 대한민국 음식 문화를 리드하는 모습으로까지 이어지면 배달의 민족이 음식 한류로 중국, 동남아, 세계로 확장할 가능성도 엿볼 수 있다고 전망한다.

한국의 O2O기업들이 오프라인으로 더욱 빠른 속도로 확장하고 결국은 세계로 영역을 확장해서 글로벌 기업으로 도약하는 것이 바람직한 방향이라 믿는 나이기에 더욱 그렇게 전망하는지도 모르지만, 제조업으로 우울한 요즘 한국 경제에 이런 신선한 시도들은 박수 받아 마땅하고 백번 응원해도 모자란다고 생각하므로 과감하게 장밋빛 전망을 남긴다. 파이팅!

'직방', 모바일의 답은 오프라인에 있다

앱 누적 다운로드 1천만 회, 누적 매물 수 250만 개로, 직방의 인지도는 무섭게 성장했다.

요즘 오피스텔 구하는 앱으로 인기있는 직방 앱 개발사 채널브리즈 안성우 대표와 맺은 인연은 참 우연이었다. 필자가 2009년 상하이에서 M&A 자문 업무를 하던 시절, 중국 게임박람회 차이나조이에 참석했을 때 한국사람 같아서 인사를 건넸고 역시나 한국 사람이어서 반갑게 이야기를 나누면서 친분을 갖게 되었다. 한국에 귀국한 후에도 우리는 꾸준히 연락하며 지냈다. 어느 날 갑자기 그로부터 잘 다니던 벤처캐피털을 그만두고 전자상거래사업을 하겠다는 연락이 왔다.

세계적 벤처캐피털에서 속칭 갑의 지위에 있던 사람이 창업하겠다는 것은 상당한 모험으로 느껴졌다.

안대표의 가장 큰 장점은 투자자와의 소통이다. 벤처투자사 출신답게 투자자가 원하는 메시지 타이밍을 정확히 알고 있다. 투자자들로부터 좋은 경영 팁도 얻고 회사의 주주로서 투자자들을 경영에 100퍼센트 이상 활용하는 능력이 그의 특출한 재주다. 물론 근면 성실은 기본이다.

그가 처음 시도했던 서비스는 지금의 직방이 전혀 아니었다. 포스트 딜이라는 소셜커머스 전자상거래 솔루션 플랫폼 구축이었다. 그러나 당시는 비슷한 유형의 소셜커머스가 우후죽순으로 늘어나던 시기라 일 년 넘게 서비스가 정상궤도에 오르지 못하고 투자받은 현금만 급속도로 소진하고 말았다.

경쟁이 치열한 시장 상황에는 장사壯士가 없다. 아무리 좋은 아이디어도 눈에 띄기 힘들다.

안 대표는 어려운 상황 속에서도 근면하게 염치불구하고 투자자들을 찾아다니며 어려움을 타개할 방법을 백방으로 찾아 나선다. 그래서 내린 결론으로 온라인 솔루션이니 플랫폼이니 뜬구름 말고 뭔가 손에 딱 잡히는 하지만 폼은 안 나는, 아이템을 구상했다. 오프라인에서 점조직처럼 흩어져있는 부동산 매물을 모바일 앱 서비스에 담아내어 소비자의 발품팔이를 줄여주는 개념이었다.

이미 아파트시장은 네이버 부동산이 꽉 잡고 있으니 틈새시장은 오피스텔이었다. 1인 가구 증가에 오피스텔에 대한 임대 수요는 늘어나고 있었고 네이버는 여전히 오피스텔에는 무관심했다. 그도 그럴 것이 오피스텔의 거래수수료는 아파트에 비해 적지만 들어가는 공은 비슷하니 수지가 맞지 않는 것이다.

안 대표의 기지는 이 시점에 발휘된다. 온라인의 경쟁력은 오프라인 발품팔이에서! 이게 답이었다. O2O란 개념도 없던 시기에 O2O의 본질을 꿰뚫고 새로운 영역을 창조한 것이다. 절실함과 간절함 속에서 창조란 게 가능하다는 진리가 느껴지는 대목이다.

20대 건강한 직원을 다수 채용해 거점 지역부터 하나둘 부동산들을 공략해나갔다. 거리를 걸으면서 수많은 부동산 건물주를 만나서 서비스의 장점을 무한반복 설명했다. 안 대표는 당시 나에게 거점지역이 확장될 때마다 상기된 얼굴로 얼마나 힘들게 지역을 장악했는지 무용담을 풀곤 했다. 빨간 깃발이 꼽힌 곳이 부동산과 계약된 곳이라고 관악구 중심으로 영역을 확장 중인데 열심히 하고 있다고 말이다. 수개월이 지나면서 점점 안대표가 말한 그 빨간 점들은 서울 지도를 꽉 채워나가고 있었다. 직원들과 그의 오프라인에서의 무수한 행군과 땀방울과 함께.

이처럼 발로 직접 뛰면서 오프라인의 아군을 확보하는 것은 신뢰 구축의 절대적 시간이 필요한 지난한 작업이었고 이것이 오늘날 직방의 무형가치 대부분을 차지한다. 모바일 서비스 경쟁력도 결국 오프라인과 연동되어야 견고한 진입장벽을 세울 수 있다는 교훈을 얻을 수 있는 것이다.

지금 직방은 전국적 인지도의 인기 앱으로 성장했다. 다운로드 수는 1

천만 회에 누적 매물 수는 250만 개에 달한다. 가맹된 중개사 수만도 5천 명에 달한다. 그야말로 부동산 O2O기업으로는 명실상부한 대한민국 1위 기업으로 자리 잡았다. 가장 큰 성장의 관건이 뭐냐고 하면, 단순히 새로운 영역을 가장 빨리 개척했다는 것으로는 모든 것이 설명되지 않는다. 오프라인의 불편함을 해소하기 위한 본질적인 소비자 효용, 기존 시장 질서를 근본적으로 효율화하기 위한 고민이 있었기 때문에 오늘날의 직방이 존재할 수 있는 것이다. 2015년 12월, 직방은 골드만삭스로부터 380억 원을 투자받았다. 기업 가치는 이제 2천억 원을 훌쩍 넘는다. 눈물을 머금고 직방의 우여곡절을 함께했던 초기 투자자들은 이제 흐뭇한 마음으로 직방이 이 시대의 유니콘으로 성장하는 과정을 바라보고 있다.

안대표와 벤처투자자 모두 그간 수년의 마음고생과 고민이 이제 보상받을 날이 머지않았다. 아직 샴페인을 터뜨리긴 이르지만 직방의 부동산 산업 O2O혁명의 성공적 시도는 현재 벤처창업자와 투자자에게 의미하는 바가 크다. 안성우 대표의 오늘은 포스트 딜의 실패가 있었기에 가능했고 훌륭한 투자자가 있었기에 가능했고 수많은 오프라인에서의 발품팔이가 있었기에 가능했다.

모바일의 답은 오프라인에 있다!

O2O 스타트업 떡잎부터 알아보는,
알토스 벤처스

모바일 전자상거래 1등 쿠팡, 배달 앱 1등 배달의 민족, 부동산 앱 1등 직방. 세 회사의 공통점은 모두 자신이 속한 O2O영역에서 1등이라는 것이다. 그리고 중요한 공통점이 또 있다. 바로 알토스 벤처스다. 알토스 벤처스는 이들 O2O의 리딩 기업들이 지금과 같이 성장하기 전에 떡잎시절부터 함께 투자자로 참여한 초기 벤처투자자다.

알토스는 전형적인 한국 벤처캐피털과는 다르다. 본사는 실리콘밸리에 위치하고, 한국 사무실은 연락사무소다. 창립자 한킴 대표도 미국 국적자로 벤처캐피털의 가장 중요한 펀드 출자자들LP 또한 한국 정부 기금이 아니라 대부분 미국의 기관 투자자들이다. 그래서 알토스 벤처스는 근본적으로 미국적 배경을 지닌 벤처캐피털이고, 그래서 더 실리콘밸리스러운 벤처투자를 하고 있다. 많은 사람들은 한국 벤처캐피털은 대부업 같다고 불평한다. 쿠팡, 배달의 민족, 직방을 초기단계부터 길러낸 알토스 벤처스는 그런 측면에서 한국의 벤처투자업계에 신선한 도전들을 이어가고 있는 중이다.

알토스 벤처스의 가장 중요한 특장점 중 하나는 투자를 할 때 사람을 기준으로 판단한다는 것이다. 알토스 벤처스 한국사무실의 박희은 심사역은 투자의 기준을 세 가지로 꼽는다. 스타트업이 뛰어든 분야의 시장 규모가 충분히 큰가scale?, 제품이나 서비스가 어떤 의미 있는 숫자를 만들어내고 있는가impact?, 그 사업을 잘 할 수 있는 팀인가people?. 이 셋 중에 가장 중요한 기준을 물으면 팀을 구성하는 사람을 꼽는다. 초기 창업자들이 올바르고 적합한 사람이어야 그 사람들을 중심으로 성장을 위한 적합한 사람들이 모인다는 것이다. 사업 환경은 빠르게 변하지만 사람은 변치 않기에 사람에 집중하는 투자심사 방법론은 오히려 스마트한 접근법이라 판단되는 대목이다.

지금까지 20여 한국 스타트업 기업들에 초기 벤처투자를 집행해왔고, 알토스 벤처스가 투자한 기업들은 속속 각 분야의 1등 기업으로 성장하고 있고, 펀드의 성과는 자연스럽게 돋보이게 되었다. 지금 운용하는 펀드 규모는 3천억 원을 넘어섰다. 투자, 성과, 자금유치의 선순환이 자리 잡은 것이다.

알토스 벤처스의 한킴 대표는 한국은 절대 작지 않은 시장이라며 한국에 담긴 가능성을 말한다. 미국 상위 25개 도시 인구보다 한국의 25개 도시 인구가 더 많다는 점에 주목한다. 1인당 국민소득 3만 달러의 소비자들이 도시에 빽빽하게 몰려 사는 한국은 고객 모집 비용을 절감할 수 있는 최고 시장이라고 평가한다.

한국에 살고 있어서 잊을 수 있는 한국의 숨겨진 장점을 지적하는 한킴 대표. 그가 찾는 한국의 전도유망한 스타트업들은 실리콘밸리의 시각에서 바라봤을 때 반짝이며 빛을 발하는 숨겨진 진주처럼 느껴질 수도 있겠다는 생각이 든다. 앞으로도 알토스 벤처스는 계속 초기 스타트업들의 든든한 파트너가 되어줄 것이라는 예상을 한다. 왜? 사람은 변하지 않기 때문에, 내가 그간 SNS를 통해 오프라인으로 확인해온 알토스 벤처스의 사람들은 충분히 예상가능한 사람들이었다. 원칙을 지키고 그것을 실적으로 증명한 알토스 벤처스. 앞으로도 대박 나길!

모든 의사결정 중심에 둬야할 것은?

사람이다! 수많은 갈등과 선택이 유혹할 때 기준점을 잡을 것은 바로 사람이다. 내가 신뢰를 지켜야 하는 바로 그 사람. 그 믿음. 그 가치를 지키려할 때 단단해진다고 믿는다. 사람을 중심에 두고 기업을 평가하는 게 어떤 의미인지 요즘 부쩍 느껴진다. 창업가와 30분 정도 대화하다보면 방향성, 진심, 태도, 욕망 이런 것들이 단어와 문장에 묻어나온다. 기업의 제품, 서비스는 창업가가 추구하는 가치의 표현일 뿐이고 재무제표는 그 부산물의 부산물일 뿐이다. 참으로 우리가 그렇게 신뢰하는 숫자는 그렇게도 간접적이고 본질적 가치에서 거리가 멀다.

사람의 됨됨이, 조직의 분위기, 문화, 추구하는 가치는 처음 파악하기에는 추상적이고 뜬구름 같아도 한번 보이기 시작하면 무섭게도 일관성을 보이고 한결같다. 그게 좋든 나쁘든 사람은 좀처럼 변치 않기 때문이다.

숫자는 일시적으로 속일 수 있어도 사람 됨됨이는 억지로 속일 수 없다. 고로 가장 확실한 처세술, 가장 정확한 기업 평가방법론은 '사람을 보는 것'이다.

나는 스스로 돌아본다. 나는 제대로 된 사람인가? 도리에 맞게 처신하는가? 주변에 좋은 사람들을 그에 합당하게 대우하고 있는가?

사람다운 사람. 말처럼 쉽지 않은 것 같다.

사람 냄새 나는 기업. 말하는 것보다 많지 않은 것 같다.

남는 건 사람이더라. 사람이 전부더라. 소중한건 사람이었다.

반나절 배송의 꿈을 현실로 만드는, 마켓컬리

오늘 저녁에 스마트폰으로 주문했는데, 다음날 새벽 집 앞 현관에 벌써 배송이 되어 있다면? 더 이상 마트를 가기 위해 지옥 같은 교통체증도 주차난도, 그리고 무거운 장바구니를 들고 다니는 것도 필요 없는 세상이 왔다. 마켓컬리는 서울과 경기 지역의 20~40대 주부들을 대상으로 신선한 식품과 식재료를 배송하는 스타트업이다. 반나절 배송이라는 획기적인 발상의 전환을 위해 마켓컬리가 주로 활동하는 시간은 늦은 밤부터 새벽시간대다. 덕분에 마켓컬리는 짧은 시간 안에 확실한 고객들을 확보하고 한 단계 더 도약을 꿈꾸고 있다. 마켓컬리 김슬아 대표를 만나 발상의 전환을 통해 치열한 O2O시장에서 혁신적인 도전을 하고 있는 '마켓컬리'의 비결을 엿보았다.

정주용(이하 정) : 마켓컬리가 하고 있는 서비스는 무엇인가요?

김슬아(이하 김) : 우리는 다 바쁜 삶을 살고 있죠. 특히 30~40대가 매주 들러야 할 곳이 어딜까요? 바로 마트입니다. 주말의 교통체증을 뚫고 마트에 도착하지만 한바탕 주차대란을 치른 후 언제 입고 된지도 모르는 상품들을 비싼 값을 주고 구입해야만 하죠. 그것도 일주일 치를 한꺼번에 구입해서 신선도도 만족할 수 없죠. 이런 현실을 O2O서비스를 통해서 바꾸고 싶었습니다. 퇴근 후 저녁에 몇 번의 스마트폰 터치만으로 매일 먹을 신선한 제품을 착한 가격에 소량으로 구매할 수 있다면 얼마나 좋을까요. 우리나라의 주부들이 큰 마트에 가지 않고도 건강한 식재료를 구할 수 있다면, 그리고 그 시간에 가족들과 더 많은 여가를 보낼 수 있다면 얼마나 좋겠어요? 그런 삶을 마켓컬리는 제공하고 싶었습니다.

정 : 식료품 반나절 성공의 비결은 무엇인가요?

김 : 반나절 배송의 비결은 저녁 시간에 있습니다. 저희는 배송을 밤에 하는데요. 야심한 밤에는 차가 막히지 않습니다. 사실 더 중요한 것은 '심리적 시간'이에요. 마켓컬리 창업 초기부터 배송을 밤에 해야겠다고 결심한 가장 큰 이유는 실제 시간 대비 심리적 배송 시간이 가장 짧게 느껴지는 시간대가 밤이기 때문입니다. 새벽 배송은 '보통 사람은 밤에 잠을 잔다'는 아주 상식적인 진리에서 시작된 거죠.

저녁 10시쯤 주문하고 일어났더니 다음날 아침 현관문 앞에 주문한 제품이 와있다면 어떤 느낌이 들까요? 대낮에 2시간 배송을 하는 게 현실적으로 어렵다면 밤에 배송하는 것이 최고의 선택이라는 결론에 도달했죠.

정 : 마켓컬리의 제품 선정과 제품공급 업체와의 관계 맺기 비결은 무엇입니까?

김 : 제품 선정을 할 때 저희의 주요 고객층인 20대 후반에서 40대 중반까지의 주부들이 가장 원하는 것을 발굴하는 것을 목표로 합니다. 이분들의 경우 전 세대에 걸쳐 가장 식문화에 관심이 많고 또한 다양한 식재료를 원하지만, 기존 유통 채널에서는 찾을 수가 없어 답답한 점이 많았던 것 같습니다. 또 이들은 식품 해외 직구, 공동 구매, 산지 직송 등 다양한 채널을 이용하면서 기존 유통 채널이 제공하지 않는 재료들을 구했고, 또한 생활 패턴 자체도 이전 세대와는 달라 요리는 하지만 간편한 요리, 쉬운 요리를 하는 세대입니다.

고객의 취향에 잘 맞는 큐레이션을 위해 적어도 10년 경력의 식품 전문 MD, 전문 셰프, 주부 출신의 푸드 스타일리스트가 함께 제품을 선정합니다. 이 멤버들이 대부분 저희 목표로 삼고 있는 고객들과 동일한 연령대이고 본인 스스로가 음식을 매우 좋아하면서 다양한 식문화를 접할 수 있는 음식 관련 일을 오랫동안 해 오신 분들이라 이분들의 시선이 가장 중요합니다. 이 분들이 선정한 제품을 객관적인 리뷰를 위해 실제 주부들이 요리하는 환경과 유사한 환경에서 테스트를 해본 후 시식을 합니다.

시식까지 통과하게 되면 저희 내부 위기관리위원회Risk Management Committee에서 일반적인 유통 업체들이 하는 제품과 공급자에 대한 실사를 합니다. 가격과 공급 안정성을 위한 공급자의 납품 경력을 가장 중요하게 보는 대형 유통업체와는 달리 저희는 경우 공급자의 의지와 제품에 대한 애정, 그리고 제품에 대한 전문성을 가장 중요하게 봅니다.

만약 이것이 저희 기준에 맞는다면 저희가 패키지 디자인, 브랜딩, 그리고 심지어는 제품 자체의 품질 개선을 위해 생산 설비에 일부 공동 투자까지 합니다. 이는 좋은 생산자를 발굴해서 안정적인 공급처를 확보해주고 가능하다면 브랜딩, 마케팅을 도와드려 세계적인 브랜드로 키우고 싶다는 저희의 의지 때문인데요. 이러한 저희 마음을 알아주셔서인지 저희의 핵심 공급사들은 대부분 온라인 판매를 최초로 저희와 함께 해주신 곳들입니다.

정 : O2O 스타트업으로서 가장 어려운 점은 무엇인가요?

김 : O2O의 한계는 오프라인에 있다는 말씀에 격하게 공감합니다. 온라인에서는 클릭 한 번으로 새로운 무언가가 반짝하고 생겨나지만, 오프라인은 결국 고통스런 땀 흘리는 작업이 필요하지요. 저희가 추구하는 신선제품은 오프라인에서도 손이 많이 가고 재고관리가 가장 까다로운 편에 속합니다. O2O에서도 이러한 오프라인의 어려움은 그대로 존재한다는 걸 요즘 주문이 급증하면서 절절히 느끼고 있어요. 현재는 서울, 경기 지역만 서비스하고 있지만 앞으로 규모 있게 서비스 제공 지역과 제품 수도 늘리기 위해서는 오프라인의 문제점들인 제품 검수, 신선도 유지, 재고관리 등의 오프라인의 현실적인 문제들을 잘 해결해야 합니다. 이를 위해서는 절대 시간과 경험치가 필수라고 생각해요. 결국, 그런 경험이 축적되면 진입장벽이 될 것이라고 믿습니다. O2O의 어려움은 바로 오프라인에 있겠지만, 이 어려움을 이겨낸다면 거꾸로 그 오프라인의 어려움이 바로 경쟁우위를 누릴 수 있는 근거가 되지 않을까요. 일단 서울, 경기를 넘어 서비스 지역을 부산까지 넓히고 싶어요. 부산도 상당히 큰 시장이고, 이미 많은 잠재 고객들께서 부산으로 서비스 확장을 요청하고 계셔요. 저희가 그 요구를 따라가지 못해 죄송할 뿐이죠. 하지만, 서비스 품질에 확신이 없다면 섣불리 덤벼들지 않을 생각이에요. 첫인상이 중요하고, 한번 실망한 고객을 다시 고객으로 만드는 것은 더 어려운 일이니까요.

기술의 진보로 호모사피엔스란 종은 둘로 나뉠 수도…

무한 창조하는 극소수의 인류와
단지 소비하고 즐길 수밖에 없는 절대다수의 인류.

우린 어쩜 중세시대로 복귀하는 중인지도
영주 지배하의 농노제에 만족하게 될지도

장인과 상인의 융합도
산업혁명으로 분화된 전문 분야들의 융합도
중세로 복귀 중이라는 증거일지도

산업혁명은 기계에 근육을 붙여주었고
정보혁명의 성숙기에 기계는 마음을 얻었다.
이제 인간의 합리성은 기계가 대량생산 가능한 빤한 무언가로 전락한다.

무수한 "단순 생각" 업무는 기계로 대체되고 인간은 창조적이고 영적인 무언가를
만들어내지 못하면 소비하는 군중으로 내몰린다.

기술의 진보를 막을 도리는 없다.
기계의 마음을 읽는 수밖에...

문득 그리스 신화의 창조와 기술의 신 헤파에스투스가 만든
최초의 로봇 탈로스가 떠오른다.

자신의 몸을 달구어 뜨겁게 만든 다음에 사람들을 껴안아 죽였다는 탈로스.
우리에게 탈로스가 뜨겁게 달궈진 철갑 가슴으로 다가오는 건 아닐까.

에필로그

플랫폼 지식 전달자로서의 삶

페이스북과 블로그에 메모삼아 글을 끄적이기 시작한 게 2014년 여름부터였다. 매일 세상에 대한 관심의 끈을 놓지 않고 집중하려 노력했고, 노력의 결과물들이 잊히는 게 싫어서 메모를 하려 했다. 그 메모장이 바로 페이스북, 블로그였고, 온라인 메모장인 셈이었다. 그런데 예상치 못한 일들이 벌어졌다. 소셜 네트워크 서비스SNS의 사회적Social 속성은 지극히 개인적이었던 나의 메모장을 공적인 공간으로 탈바꿈시켰다. 다양한 배경과 연령의 페친, 블로그 이웃들이 나의 글에 댓글로 응답해주었고, '좋아요'와 '공감'으로 힘을 불어넣어주었다.

때론 글을 쓰고 싶지 않은 꿀꿀한 마음이 생길 때도 있었지만 불특정 다수의 친구들과 토론하다보면 다시 힘을 내고 글을 쓰게 되었다. 글의 주제 또한 모두의 참여를 통해서 확장에 확장을 거듭했다. 애초 몸담고 있는 분야인 에너지 산업에 대한 주제의 글을 올리기 시작한지 1년 반 만에 전혀 새로운 영역인 모바일과 스마트 ICTinformation and communications technologies 영역에 대한 책을 발간하게 된 것이 그 증거다. 요즘 난 머리에

뚜껑을 열고 산다Think out of the box!고 말한다. 사고의 영역을 스스로 한정짓는 것은 자살골 넣는 것이라 생각하고 영역을 무한히 무모하게 확장하려 노력한다. 그러한 자극과 동력은 모두 SNS상에서 이뤄지는 새로운 토론에서 얻고 있다.

때로는 내 논리에 대한 반박 댓글 하나가 A4용지 1장에 달하는 커다란 문장으로 논리정연하게 전달되면 그날 밤잠은 여지없이 설친다. 새벽 4시에 벌떡 눈을 뜨고 내가 잘못된 건가 아니면 댓글의 논리에 근거가 부족한 건가를 고민하면서 이리저리 검색하고 진심 어린 댓글로 답할 궁리를 한다. 이유는? 내 글과 댓글에 대한 책임감에서다. 장문의 논리적 댓글을 공개적으로 제시한 가상 공간 친구에 대한 예의에서다. 얼굴 한번 보지 않았지만, 가상공간에서도 내가 먼저 예의를 지켜야 상대방도 예의로 화답한다는 생각에서 최선을 다하려 노력한다. 성심성의껏 작성한 댓글에는 더 수준 높은 고민의 댓글이 다시 달렸다. 그렇게 확장과 심화의 과정을 반복하면 정말 세계 어디에 내놓아도 부족함 없는 수준의 토론이 이어진다. 일례로 테슬라가 전기차를 만드는 회사인가? 아니면 에너지 회사인가에 대한 토론이나 인공지능과 실업률 증가의 상관관계에 대한 주제는 댓글까지 출력해서 꼼꼼히 읽게 만들 만큼 뜨거운 반응을 받았다. 내 글의 수준을 날로 발전시켜준 것은 바로 이러한 건설적인 긴장감을 조성해준 SNS상 친구들의 적극적 참여 덕분이다. 미국, 중국, 홍콩, 싱가포르, 영국, 독일, 세계 어디든 공간과 시간의 제약이 없는 무한 토론. 이게 바로 내가 성장해온 비결이다.

덕분에 나는 주기적으로 오프라인, 온라인을 통해서 공개 강연을 자주 개최한다. 한국 뿐 아니다. 얼마 전 뉴욕에 잠시 머물 때는 뉴욕 한인들을 대상으로 오프라인 공개 강연도 했었고, 영국 대학생들에게는 온라인으로 강연을 하기도 했다. 그야말로 지식도 O2O로 공유하는 시대가 됐다. 물론 참가비는 무료다. 강연이 무료인 이유는 공유를 위해서다. SNS 친구들과의 소통으로 얻은 지식들은 공유를 통해 얻은 것이기에. 그래야 나의 글도 더 깊어지고 넓어진다. 그런 믿음으로 계속 무한 공유와 개방성을 글쓰기의 모토로 삼고 있다.

2015년 여름에는 열린 토론, 무한 참여의 정신을 표현하고자 "Brand-new Korea!"란 이벤트도 열었었다. SNS상에서 하나 된 마음으로 뭉친 열정이 오프라인에서도 이어질 수 있다는 것을 실험해보았고, 결과는 상상 이상이었다. 참여한 사람들의 열정은 대한민국을 어떻게 근본적으로 새롭게 만들 수 있을지 고민할 수 있는 자리였다.

나는 지난 일 년 반 동안 내가 해온 온라인에서의 글쓰기, 토론, 지식을 만들어가는 과정, 그 자체가 'O2O'라고 말하고 싶다. 아니, 정말 그렇다고 자부한다. 스스로가 O2O의 삶을 살고 있다고! 그렇게 나는 매일 배운다. 모든 SNS 친구들의 지적과 반론의 부담 속에서… 그래서 내가 잘났다고 뽐낼 수 없다. 겸손이란 건 스스로의 의지가 아니라 당연한 귀결, 숙명이다. 이 지식은 내 지식이 아니라 페이스북, 블로그에 참여한 모든 분들의 집단지성이므로… 소위 "~하는 척"할 수가 없다. 그래서 겸손과 감사가 삶에 가득 차게 되고, 그래서 더 힘을 내고 커다란 의무감을 느끼며 또 새벽을 깨우며 글을 쓰려 키보드를 두드린다.

난 SNS 중독자다. 매일 아침부터 잠이 들기 전까지 SNS 커뮤니티에서 살아간다. 하지만, 그런 삶이 절대 피폐하고 공허하지 않다. 너무나 가득 찬 삶을 살아간다. 평범한 월급쟁이 샐러리맨의 삶 속에 뜨거운 열정을 심어준 것도 SNS였고 지금 이 책의 마무리 글을 쓰게 만들어준 것도 SNS다. 아마도 나는 페이스북 창업자 마크 저커버그가 그토록 강조하는 가상공간의 공동체정신을 가슴 속으로 느끼는 사람 중의 한 사람일 것이다. 그래서 나는 O2O혁명은 분명 우리의 폐쇄적인 공동체에 새로운 활력을 넣어서 더 열린사회로 만드는 데 기여할 것이라고 믿는다. 긍정과 희망, 그리고 열린 건설적 토론의 장이 온라인과 오프라인의 접점에서 만들어질 것이다. 그래서 만들어진 공동체는 이 시대가 가지고 있는 많은 고질병에 해결의 실마리를 줄 수 있을 것이라 믿는다. 그런 믿음으로 나의 관심 영역과 전문영역에서 조그만 실천을 한 결과물이 바로 이 책이라고 말하고 싶다.

지난 1년 반 동안 그래왔던 것처럼, 이제 습관이자 내 삶이 되어 버린 "O2O + SNS + 플랫폼형 글쓰기"로 열린 마음과 영역을 파괴하려는 끊임없는 노력은 즐거움의 단계로 올라왔다.

나는 2016년에도 매일 새벽부터 잠들기 전까지 지금처럼 글을 쓰기 위해 내 사고를 닫아두지 않고 끊임없이 고민할 것이다. Runner's High!

나는 정보는 있지만 정보 이상의 것을 주고 싶다. 세상의 많은 정보들 중에서 단단하게 뭉쳐진 지식, 무릎을 '탁' 치게 만드는 통찰을 전달하고 싶다. 노이즈가 아니라 시그널이 되길 원한다. 마치 오랜 친구와 대화를 나누듯 말이다. 그렇게 올해도, 내년도, 아니 손가락에 힘이 빠지는 날까지 무언가를 써내려 갈 것이다.

부록

트렌드를 읽어라!

오프라인이 가지고 있는 여러 비효율을 온라인의 혁신으로 바꾸는 것이 바로 O2O의 핵심이다. 그래서 O2O는 트렌드를 읽는 것이 매우 중요하다. 그래서 이 두 가지 자료가 독자들의 O2O를 바라보는 시각에 도움이 되길 바라며 자동차, 배달, 숙박, 외식 등 분야를 가리지 않고 확장하고 있는 '한국 O2O 기업 리스트'와 중국의 공룡 IT기업 텐센트가 2016년 내놓은 '텐센트 보고서'를 준비했다.

부록 1. 한국 O2O 기업 리스트

부록 2. 중국 인터넷산업의 트렌드 보고서, '텐센트 보고서'

부록 1

한국 O2O기업 리스트

O2O라는 단어는 아직 낯설지도 모르지만, 이미 우리는 일상의 삶 속에는 O2O기업들이 제공하는 여러 가지 서비스를 경험하고 있다. 택시를 타고, 숙소를 예약하고, 옷을 고르고, 자동차 주차공간을 찾는 모든 행위가 O2O와 깊은 관련이 있기 때문이다. 그래서 본격적으로 O2O시대를 준비하는 한국 O2O기업들의 서비스를 분야별로 구분해보았다.

자동차(카쉐어링 / 주차 / 중고차 / 폐차 / 세차 / 정비)

no	회사명	사업영역	창업 연도	내용
1	모두 컴퍼니	주차장 데이터베이스 공유 플랫폼 **서비스 이름: 모두의 주차장**	2013	
2	파킹 클라우드	주차장 네트워크 (예약, 정보, 결제)	2015	
3	파킹 스퀘어	주차장 네트워크 (예약, 정보, 결제)	2013	
4	와이즈 모바일	주차장 데이터 베이스 **서비스 이름: 파킹박**	2013	
5	지니웍스	발렛파킹, 대리운전 **서비스 이름: 파킹온**	2015	"발렛주차", "대리운전", "카 딜리버리" 서비스를 제공하는 '파킹온(ParkingOn)' 앱 제공
6	쏘카	카쉐어링 **서비스 이름: 쏘카**	2011	
7	피플 카쉐어링	대전시 카쉐어링 **서비스 이름: 피플카**	2013	대전지역 최초 카 쉐어링 서비스
8	에어 팩토리	고급차 공유 플랫폼 **서비스 이름: 에어래빗**	2014	고급 수입차를 여행, 데이트, 웨딩카 등 다양한 용도로 쉐어하는 공유경제 플랫폼
9	그린카	카쉐어링 **서비스 이름: 그린카**	2011	롯데렌탈의 카셰어링 사업 롯데마트, 하이마트, 롯데백화점 등에 그린카 존(그린존) 설치 등 거대 유통 네트워크 활용
10	피알앤디 컴퍼니	중고차, 자동차 전문가 연결 **서비스 이름: 헤이딜러**	2013	중고차 매각, 가격 비교
11	조인스 오토	폐차 비교견적 서비스 **서비스 이름: 조인스오토**	2015	2015년 4월 런칭. 전국 100여 곳의 제휴업체 정식 서비스를 시작한 지 7개월 만에 실 성사대수 1,000대 (거래액 4억 원) 돌파
12	바이카	중고차 경매 **서비스 이름: 바이카**	2014	실시간 경쟁 입찰 방식으로 견적을 받고 손쉽게 거래할 수 있는 서비스
13	미스터픽	중고차 가격비교 **서비스 이름: 첫차**	2015	모바일 중고차 거래 플랫폼 '첫차', '첫차옥션' 서비스 제공

14	팀와이퍼	세차(손세차장까지 딜리버리) **서비스 이름: 와이퍼**	2015	
15	해피테크놀로지	실시간 출장 세차 **서비스 이름: 인스타워시**	2014	
16	노블 아이디어스	실시간 출장 세차 **서비스 이름: 세차왕**	2011	
17	드로우 하트	노령자들을 전문 세차 인력으로 교육해 출장 세차 **서비스 이름: 마카롱**		
18	카페인 모터큐브	자동차 관리 솔루션 **서비스 이름: 카페인**	2013	소비자 생활반경의 정비소를 온라인과 모바일로 간편하게 연결해주고, 지능형 중앙 관리 시스템으로 전국 모든 협력점에서 동일한 서비스를 제공하는 새로운 O2O 서비스
19	카바조	정비사 동행 서비스 **서비스 이름: 카바조**	2015	국내 최초 정비사 동행서비스 '카바조' 제공
20	카닥	자동차수리 견적 비교 / 카닥맨 딜리버리 **서비스 이름: 카닥**	2014	이용자가 자동차의 파손 부위를 사진으로 찍어 올리면 수리 업체들의 견적을 실시간으로 받아볼 수 있는 자동차 외장수리 견적 비교 서비스 '카닥' 제공
21	델피콤	자동차수리 견적 비교	2015	수리비용 실시간 비교 플랫폼 '카수리' 웹, 모바일 서비스 제공
22	오스카 어플리케이션	사고 상담 자동차 수리 원포인트 플랫폼 **서비스 이름: 오스카(oscar)**		사고 상담 자동차 수리 원포인트 플랫폼 '오스카(oscar)' 서비스 제공
23	이젠눙	대리운전 **서비스 이름: 대리친구**	2013	약 124개의 수도권 셔틀노선을 총망라 출시 몇 개월 만에 유저 4만 명 돌파
24	트리플렛	대리운전 **서비스 이름: 대리운전 파파부 – 파파를 부탁해**	2012	
25	버튼 테크놀러지	대리운전 **서비스 이름: 버튼대리**	2014	
26	리모택시	콜택시, 모범택시 **서비스 이름: 리모택시**	2014	

27	쓰리라인 테크놀로지	**서비스 이름: 백기사**		
28	한국 스마트 카드(티머니)	**서비스 이름: 티머니택시**	2004	
29	리얼택시	장거리 택시 **서비스 이름: 리얼택시**	2015	

패션, 뷰티

no	회사명	사업영역	창업 연도	내용
1	스타일업	남성패션 **서비스 이름: 스타일업**	2015	스타일업(STYLE UP) 자신의 취향에 맞는 옷을 추천해주는 O2O 모바일 퍼스널 쇼핑 서비스 '스타일업' 제공
2	레이틀리 콜리아	오프라인 백화점, 디자이너 브랜드 연결 및 패션 커머스	2012	
3	뷰리플	홈트라이온(Try On) 패션 모바일 커머스, 중국 편집샵 **서비스 이름: 라운지에프**	2012	뷰리플 집에서 입어보고 구매할 수 있는 홈트라이 패션 모바일 커머스 서비스 '라운지에프' 제공.
4	브리치	패션 (오프라인 패션샵의 큐레이션, 온라인화)	2015	패션의 핫 스팟인 가로수길의 옴니채널 서비스 '브리치' 제공
5	패션맵	지역 기반 패션정보 플랫폼	2013	위치 기반 서비스
6	아이엠어 모델	SNS 공유되는 패션, 스타일판매	2014	
7	킹콩 라이브러리		2014	패션피플 디자인 플랫폼
8	멋집	패션업계 B2B서비스	2014	
9	멍석 커뮤니 케이션	헤어스타일리스트 연결 서비스	2011	모바일 헤어스타일 상담, 스타일
10	(주)BIN 인터내셔널	뷰티샵 연결 플랫폼	2013	뷰티숍 매장 정보 제공 및 실시간 예약 중개 서비스 '뷰티인나우' 제공
11	(주)우리두리	뷰티샵 연결 플랫폼 **서비스 이름: 뷰티부킹**	1993	

12	도넛모바일	**서비스 이름: 프리티플리즈**	2014	뷰티샵 연결 플랫폼
13	폴미첼 코리아	뷰티샵연결 플랫폼	2002	전국을 대리점 판매 체제로 운영. O2O서비스로 뷰티샵을 연결해주는 '헤어톡' 서비스를 제공 중
14	뷰티 엑스포	뷰티샵연결 플랫폼 **서비스 이름: 뷰티엑스포**	2011	전국 9만 개 이상의 오프라인 미용실을 대상으로 지역적 제한 없이 누구나 고품격 프리미어 헤어시술을 받을 수 있도록 하는 '뷰티엑스포' 서비스 제공.
15	미미박스	화장품 서브스크립션 **서비스 이름: 미미박스**		

라이프(청소/ 인테리어/ 세탁/ 이사/ 인쇄)

no	회사명	사업영역	창업 연도	내용
1	워시앱 코리아	세탁 수거, 배달 **서비스 이름: 크린바스켓**	2014	세탁물 수거,배달 앱 서비스 '크린바스켓' 제공
2	워시스왓	세탁, 물류서비스 **서비스 이름: 세탁특공대**	2015	세탁물 수거, 배달 앱 서비스 '세탁특공대' 제공
3	백의민족	세탁, 물류서비스 **서비스 이름: 백의민족**	2015	세탁 수거, 배달 서비스 '백의민족' 제공
4	워시온	세탁, 물류서비스 **서비스 이름: 워시온**		세탁 배달, 수거 서비스 '워시온' 제공
5	홈마스터	가정 청소 서비스 **서비스 이름: 홈마스터**		
6	(주)오픈 갤러리	월정액 개인 갤러리 **서비스 이름: 오픈갤러리**	2014	
7	원모먼트	꽃, 물류서비스 **서비스 이름: 원모먼트**	2015	
8	셀잇	중고 거래 플랫폼	2014	다음카카오(케이벤처)가 인수
9	브랫빌리지	집수리/인테리어 연결 플랫폼	2014	

10	인디씨에프	일반인 모바일광고 플랫폼, 제작 지원 서비스 **서비스 이름: 후릴(hooreel)**	2013	
11	쓰리클랩스	한국 아동복 역직구 서비스 (북미시장)	2015	
12	테바글로벌	영 · 유아용품 역직구 서비스 플랫폼	2014	
13	채팅캣	원어민 실시간 영문교정 서비스	2014	
14	플리토	번역연결서비스 **서비스 이름: 플리토**	2012	
15	벤디츠	이삿짐센터를 비교, 연결 서비스 **서비스 이름: 이사모아**		
16	원룸이사	1인 가구 이사 서비스 **서비스 이름: 짐카**		
17	티피앤 글로벌	내 최초 클라우드 맞춤형 인쇄 서비스 **서비스 이름: 와이즈데스크**	2009	
18	부크크	온라인 자가출판 플랫폼 **서비스 이름: 부크크**	2014	
19	인코어드 테크놀로지스	가정용 실시간 전력사용량 계측 및 서비스	2013	

숙박(부동산/ 숙소예약)

no	회사명	사업영역	창업연도	내용
1	야놀자	숙박 연결 서비스 **서비스 이름: 야놀자**	2005	세탁물 수거,배달 앱 서비스 '크린바스켓' 제공
2	위드웹	숙박 연결 서비스 **서비스 이름: 여기어때**	2008	위치기반 서비스 숙박 연결 채널 '여기어때' 제공
3	모가	숙박 연결 서비스 **서비스 이름: 모가**	2005	2001년 '모텔 가이드'라는 다음 카페로 시작한 국내 최초 숙박 O2O서비스 '모가' 제공

4	씨씨 파트너스	한옥마을, 농촌스테이, 게스트하우스등의 남는 공간 공유 플랫폼 **서비스 이름: 비앤비히어로**	2012	
5	에어비앤비 코리아	숙박 공유 플랫폼 **서비스 이름: 에어비앤비**	2014	
6	비즈플레이	기업용/회사원 숙박 예약 플랫폼 **서비스 이름: 스테이포커스**	2014	
7	미디어윌	부동산 중개 **서비스 이름: 부동산써브, 벼룩시장**	1990	
8	채널브리즈	부동산 중개 **서비스 이름: 직방**	2011	
9	부동산114	부동산중개 **서비스 이름: 부동산114**	1999	
10	부동산 다이어트	부동산 중개 **서비스 이름: 부동산다이어트**	2014	
11	부동산 다이렉트	사무용 부동산 플랫폼 **서비스 이름: 알스퀘어**	2009	부동산다이렉트 사무용 부동산 플랫폼 '알스퀘어(Rsquare)' 제공
12	핀스팟	숙박포함 공간커머스 **서비스 이름: 핀스팟**	2014	

배달

no	회사명	사업영역	창업연도	내용
1	록큰롤 비즈니스 그룹	맛집 원거리 배달 서비스 **서비스 이름: 미래식당**	2014	전국 맛집 배달 서비스 "미래식당" 제공
2	우아한 형제들	배달물류 **서비스 이름: 배달의민족**	2012	
3	유한회사 알지피 코리아	배달물류 **서비스 이름: 요기요/배달통**	2011	
4	배달캠프	배달대행, 심부름 연결서비스 **서비스 이름: 배달캠프**		

5	플라이앤 컴퍼니	지역별 맛집 배달 **서비스 이름: 푸드플라이**	2011	
6	위모바일	커피배달 **서비스 이름: 커피라이더스**	2015	
7	플레이팅	쉐프의 요리 배달 **서비스 이름: 플레이팅**	2015	
8	텍스트 팩토리	문자로 하는 개인비서 **서비스 이름: 문비서**	2015	
9	위바이 인터네셔널	중국인들을 위한 직구 서비스 **서비스이름:韩代购**	2014	
10	(주)고고밴 코리아	모바일통한 물류 중개업 **서비스 이름: GoGoVan**	2014	
11	매쉬코리아	물류, 유통, 배달서비스 **서비스 이름: 부탁해!, 매쉬프라임, 부릉**		

식료품/ 쿠폰

no	회사명	사업영역	창업 연도	내용
1	밴디스	모바일식권 **서비스 이름: 식권대장**	2015	
2	씨온	**서비스 이름: 식신e-식권**	2012	
3	위메프	쿠폰서비스 **서비스 이름: 위메프 모바일**	2013	
4	포워드벤처스	온라인으로 쿠폰제공 **서비스 이름: 쿠팡**	2010	
5	티켓몬스터	온라인으로 쿠폰제공 **서비스 이름: 티몬**	2010	
6	SK플래닛	기프티콘 서비스/ 온라인으로 오프라인 매장 주문 서비스 **서비스 이름: 시럽기프티콘/ 시럽오더**	2011	

7	다음카카오	**서비스 이름: 카카오오더**	1995	
8	우아한 형제들	**서비스 이름: 배민프레시**	2012	우유, 요구르트, 생수 같은 전통적인 상품의 배달뿐만 아니라 아침식단, 베이커리 빵, 과일, 반찬, 이유식, 코스트코 식품 등 2000여 개 상품을 정기적으로 이용하는 신선 식품 위주로 정기 배달
9	테이스트샵	**서비스 이름: 테이스트샵**	2013	테이스트샵은 셰프의 레시피와 계량된 식재료를 배송하는 '요리 경험 커머스'
10	푸드마스	**서비스 이름: 푸드마스**	2014	필요한 용품을 일정한 주기로 지속적으로 배송 받는 시스템
11	더파머스	**서비스 이름: 마켓컬리**	2015	유기농 온라인 서브스크립션 서비스
12	전국여성 농민총연합	**서비스 이름: 언니네 텃밭**	2014	식재료 배송
13	흙살림연구소	**서비스 이름: 흙살림**		농수산물 배송
14	썸머힐상사	**서비스 이름: 올프레쉬**	2012	과일 배송
15	플라이앤 컴퍼니	**서비스 이름: 마트플라이**	2011	온라인 장보기
16	에이블 커피그룹	**서비스 이름: 빈브라더스**	2015	커피 구독

부록 2

중국 최대 SNS기업 텐센트가 말하는 중국 인터넷산업의 트렌드 보고서

글 | 정주용, 모비인사이드(www.mobiinside.com/kr)

중국은 전 세계 O2O산업을 이끄는 국가로서 한국에 시사하는 바가 크다. 일례로 한국에 카카오택시가 등장하기 한참 전에도 중국에서는 디디다처와 콰이디다처가 피터지게 경쟁하고 있었다. 그래서 오늘의 중국 O2O시장은 한국의 내일을 보여준다고 해도 결코 과장되지 않았다.

텐센트의 보고서는 한국 O2O기업들에게 시사하는 바가 크다. 단순히 '소비자만 모은다고 뭔가 대박이 터지겠지(?)'라는 분홍빛 전망만으로는 O2O 시장이 위험하다는 경고 메시지가 담겨 있기 때문이다.

이번 텐센트 보고서의 경고는 뚜렷하다. O2O의 핵심은 오프라인의 비효율에 대한 파괴적일 정도의 무서운 효율성으로 소비자를 깜짝 놀라게 만드는 것인데, 그러한 근본적인 혁신성이 없다면 고만고만한 O2O의 아류작에 불과하고 온라인에 연결된 신선한 시도가 역사의 뒤안길로 사라지는 서비스가 될 위험이 상존한다는 경고다.

중국 벤처투자자와 대형 IT공룡 기업들 또한 이러한 측면을 일찌감치 깨닫고 2015년 하반기를 기점으로 자금 투입을 보수적으로 가져가고 있으며 이러한 조심스런 움직임은 한국 벤처투자 업계로도 이어질 것으로 전망된다. 중국 인터넷산업이 던지는 위험의 징후들을 반면교사로 삼고 한국 O2O 업계 전반의 막연한 기대감을 거둬내는 것이 장기적 건전한 발전을 위해 더 바람직하다.

O2O업계가 변하고 있다

배달, 커뮤니티, 여행 등 O2O의 세분화된 영역에서 중국 O2O 스타트업 간의 차별화가 희미해지면서 자본력의 경쟁이 격화되는 현상이 나타났다. 결국, 투자유치 측면에서 우위를 점하지 못한 후발 O2O주자들은 열세를 면치 못하고 있다. 이것은 이제 단순히 온라인과 오프라인을 결합한다고 성공이 보장되는 시기는 지났다는 의미다. 오히려 단순한 결합을 추구하는 O2O 사업모델은 진입장벽이 낮아 신규 진입이 쉽지만, 거꾸로 과당경쟁 속에서 피를 흘리며 전사할 수 있는 위험한 전장일 수 있다. 광고비를 지출하면서 소비자들을 아무리 끌어 모아도 실제 매출로 연계되지 못하고, 매출이 비용을 커버하지도 못하는 상황에 빠져드는 경우가 부지기수이기 때문이다.

그 동안 중국 O2O산업의 발전에는 우호적 투자 환경이 지대한 영향을 미쳤다. 돈이 있었기에 돈을 쓰면서 사업을 할 수 있었던 것이다. 그런데 이로 인한 부작용도 컸다. 과도하게 자본에 기댄 비즈니스 모델은 자본이 말라가는 환경에서 철저한 검증을 거치게 됐고, 그 과정에서 일부 기업들은 순조롭게 신규 투자유치를 할 수 없게 됐다. 이는 투자유치 및 사업 확장으로 이어지는 연결고리의 단절로 이어졌다.

O2O의 격한 경쟁에서 살아남기 위해서 더 많은 투자 유치를 하여 더 많은 소비자 유치활동에 비용을 지출해야 하는데, 돈줄이 막히니 사업은 쪼그라들고, 업계에서 영향력은 감소하는 악순환에 빠지게 된 것이다.

MOBI INSIDE

누가 O2O 서비스를 사용하나?

조사대상 11261명

	전체	20세 미만	20대	30대	40대	50대	60대 이상
음식	56.6%	50.3%	66.6%	54.6%	37.4%	35.4%	35.1%
차량공유	33.7%	25.2%	37.8%	35.1%	25.5%	26.0%	27.6%
여행	31.7%	21.2%	32.1%	35.2%	33.0%	31.0%	24.7%
신선식품	11.6%	7.5%	10.9%	15.0%	10.7%	10.2%	14.9%
부동산	11.4%	7.5%	12.2%	11.7%	12.4%	10.6%	7.5%
내부장식	6.9%	7.7%	6.4%	7.1%	7.3%	8.0%	6.3%
자동차	4.8%	3.9%	4.8%	7.8%	7.0%	7.8%	4.0%
가사관리	4.3%	3.9%	3.6%	4.6%	5.3%	8.7%	6.3%
미용	3.0%	4.4%	3.0%	2.5%	2.0%	3.5%	5.7%

출처 : 腾讯网, 企鹅智酷

O2O 실패 사례

/

- **음식:** 차오판판烧饭饭, 자오거와이마이叫个外卖, 따이어자오찬呆鹅早餐, 이스이커e食e客 등
- **차량공유:** 카오라빤처考拉班车Cocar, 아이핀처爱拼车 등
- **커뮤니티:** 띵동샤오취叮咚小区, 서취社区001, 선비엔지아정身边家政 등
- **자동차:** 이시처처e洗车车, 빠시처8洗车, 윈시처云洗车 등
- **미용:** 스상마오时尚猫, 팡신메이放心美, 쇼우파SHOW发 등

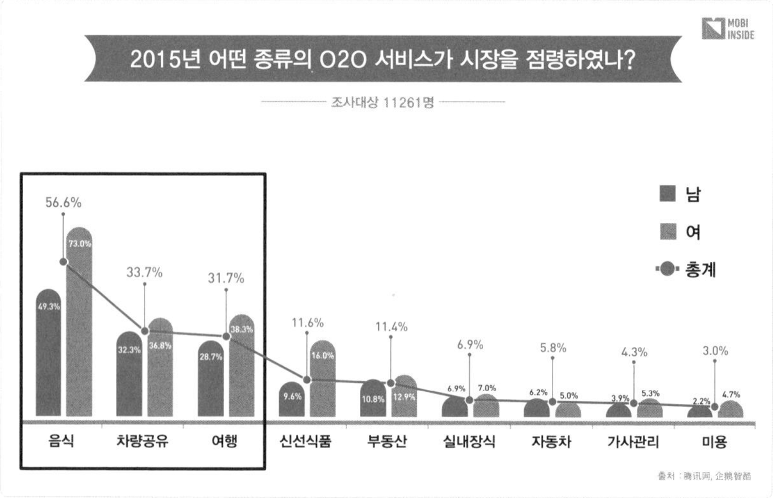

O2O M&A 열풍의 결과

/

- **뭉쳐야 산다:** 2015년 하반기 O2O에 대한 투자의 냉각기에 접어들면서 새로운 투자유치가 녹록치 않게 되자, 거꾸로 O2O 기업들 간 인

수합병(M&A)이 활성화됐다.

- **출혈경쟁:** O2O시장의 경쟁이 치열해지면서 고액의 보조금을 통해 지속적으로 신규 소비자를 유치하는 방식은 심각한 자본 잠식을 초래했다. O2O기업 대부분은 이윤 창출능력의 부족으로 경영을 지속하기 어려워졌다.
- **막후 역할:** O2O기업 간 인수합병의 결정적 역할을 한 것은 벤처투자자였다. 즉, 동일한 벤처투자사가 서로 다른 기업에 투자한 경우, 벤처투자사가 두 기업의 인수합병에 결정적 역할을 수행하는 경우가 많아진 것이다. '뭉치면 산다'는 메시지를 스타트업들끼리 나누기 어렵지만, 투자자가 동일할 경우 권유에 의해서 뭉치게 되는 것이다.

2015년 하반기, 신규 투자가 어려워진 상황에서 중국 O2O기업들이 생존을 위해 헤쳐모여를 반복하면서 업계가 재편되고 있는 상황이다. 2016년 한국에서도 중국 O2O산업이 경험한 고통스런 M&A 흐름이 나타날 수도 있다고 예상된다.

- **텐센트:** '인터넷 + 스마트 시티'의 전략구도 하에서 교통, 교통관리, 호적 행정, 출입국, 세금 납부, 공기금등 다양한 방면의 공적 서비스를 결합.
- **바이두:** 糯米에 200억 위안을 투자, 공동구매로 O2O 시장에 진입, 공동구매, 배달, 호텔, 티켓업무 등 생활 서비스 영역에 진출.
- **알리바바:** 알리바바와 앤트파이낸셜이 각각 30억 위안을 투자하여, 커우베이닷컴口碑网을 부활시키고 쇼핑몰, 판매기, 음식점 등 오프라인 자원에 집중.

텐센트는 공적영역에서의 확장을 시작했고, 알리바바는 커우베이닷컴을 통해 직접 O2O를 챙기는 대조적인 모습을 보이고 있다. 텐센트 마화텅 회장이 인민대표 자격으로 국회의원 배지를 달았다는 것을 떠올리면 텐센트가 공적 영역에서 특화된 모습을 강조하는 이유를 알 수 있다.

O2O 침투율 최고 집단-화이트 칼라

중국 20대와 30대 인터넷 유저를 대상으로 한 O2O 서비스 침투율은 각각 75.9%와 75%로 나타났다.

인터넷 유저 중 화이트칼라의 O2O 서비스 사용률은 87.9%로 헤비 유저로 나타났다. 직할시와 성도 도시 인터넷 유저 중 82.8%가 O2O 서비스를 사용한 경험이 있었다.

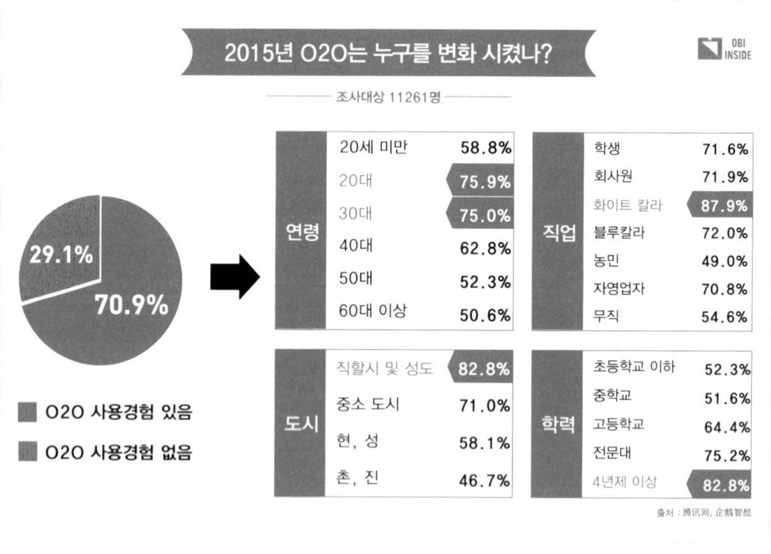

주로 사무직에 종사하고 있는 젊은 층에게 O2O는 대세로 자리 잡고 있다. 젊은 소비계층에서 전폭적인 지원을 받으면서 산업이 성장가도를 달렸다는 사실을 증명하는 수치다. 앞에서 과도한 경쟁에 대한 우려를 지적했다면, 여기서는 O2O의 영향력을 느낄 수 있는 대목이다. 2016년에도 중국 대륙에서 O2O의 확장은 계속 이어질 것으로 보인다.

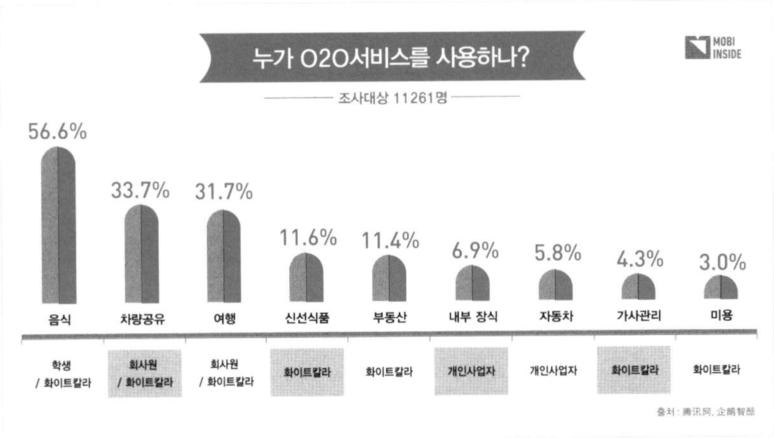

업계 종사자가 말하는 O2O의 오늘과 내일

/

2015년 O2O 업계에 발생한 가장 큰 변화는 큰 회사가 작은 회사를 삼키는 현상이 더 분명해졌다는 것이다. 투자 유치금액이 충분하고 선도적 지위를 선점한 O2O기업은 투자와 M&A를 통해 시장 내 소규모 업체를 자신들의 품에 품었다.

벤처투자자들의 O2O에 대한 태도에 변화가 일어나기 시작했다. O2O 회사의 성패는 투자자금의 많고 적음에 따라 결정되는 것이 결코 아니라는 사실을 인지하기 시작했고, 일부 펀드와 대형 인터넷 회사는 초기에 투자한 O2O기업에 대해 추가 투자를 하지 않았다.

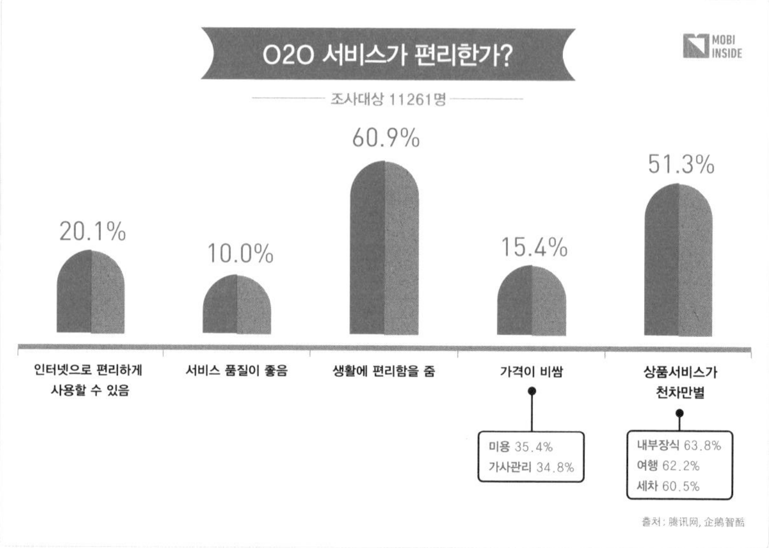

2015년 상반기가 O2O영역이 광폭 성장한 시기였다면, 하반기는 상황이 급격히 냉각되는 상황으로 업계는 공포감에 떨어야만 했다. 상반기에는 모두가 O2O업계에 대해 낙관적이었고 전통업종의 수많은 문제들은 인터넷과 결합하면 곧 개선될 것이라는 분홍빛 기대감에 충만해 있었다. 하지만, 하반기에 모두가 보았듯이 모든 업종이 인터넷과 결합하여 더 효율적인 비즈니스 모델을 만들어 낸 것은 아니었다.

대부분의 O2O 비즈니스의 전술은 비교적 단순했다. 보조금을 풀어서 저가로 소비자를 모집했고, 이러한 시도들은 상반기의 열기가 꺾인 지금 매우 비이성적인 것으로 드러났다. 이에 따라 2015년 하반기에 들어 투자자들과 창업자들은 O2O에 대해 모두 신중한 모습을 보이고 있다. O2O

업계의 지속 불가능한 불합리한 비즈니스 모델은 도태되고 있고, 전체 업계는 점차 이성을 찾아가고 있다.

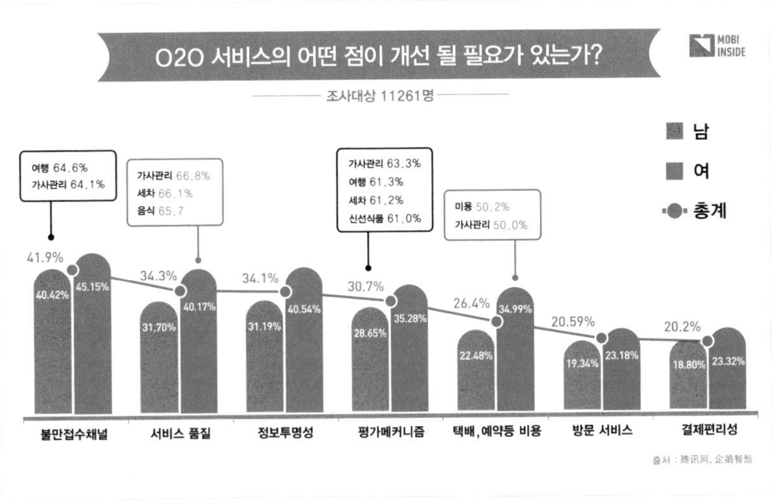

비즈니스 논리의 본질로 돌아가다

맹목적인 보조와 투자를 받는 데서 벗어나, O2O 창업가들은 마침내 비즈니스 논리의 본질로 돌아가게 될 것이다. 그리고 그 가운데서 기회를 찾을 것이다.

- 핵심은 전통적인 오프라인 소비가 인터넷에서도 좋은 해결 방안을 가져온다는 것이다. 동시에 '더 좋은 방안'이라는 것이 전통 비즈니스 산업에 결코 존재하지 않았던 것임을 알게 될 것이다.
- 전통 비즈니스 산업에서도 오프라인 기반 서비스를 제공하겠으나, 이는 이용자를 모으거나, 물길을 내는 것에 그치지 않을 것이다.

- 앞단프론트-엔드에서는 이용자에게 편리함을 제공하고 효율을 높일 것이다. 뒷단백-엔드에서는 IT시스템 혹은 공급체인의 혁신을 통해 오프라인 상점 주인들에게 관리 원가를 낮추며, 활용 효율을 높일 것이다.
- 대형 플랫폼은 물량부터 이용자까지의 전환맞춤형 물량을 완성한다. 변동하는 정세 아래 대형 O2O 플랫폼은 한편으로는 전환 능력을 높이며, 다른 한편으로는 플랫폼 상에서 수직적인 자체 서비스를 만들게 될 것으로 보인다.
- 징동닷컴의 방문 서비스, 음식 배달업체 얼르마, 58의 방문서비스 등이 대표하는 '입구형' O2O 플랫폼은 다음 단계에서 기회를 찾을 것이다. 그 기회는 물량을 이용자에게 더욱 좋게 맞추는 것에 있다. 즉, 획득한 이용자부터 이용자 운용까지에 달하는 부분이다. 전환 능력은 더욱 강해질 것이며 '입구'의 가치는 더욱 커질 것이다.
- 이용자의 접근성/충성도를 더욱 좋게 하기 위해 장벽을 세우고, 입구형 플랫폼 역시 직접적인 서비스와 같은 세부적인 영역을 개발하게 될 것이다58방문서비스에서의 업무. 혹은 환경 전반의 경제 토대에 깊숙하게 접근하기도 할 것이다얼르마의 배송.

수직형 O2O 이용자 서비스의 장벽

플랫폼과 대조적으로 수직적 영역의 O2O 업체는 진일보된 내공을 갖춰야 한다. 오프라인 서비스 환경이 중점이 될 것이다.

- 플랫폼은 독점할 수 있으나, 서비스는 그렇지 않다. 시장의 이성으로

돌아가 O2O 서비스는 온라인 이용자를 획득하며, 이들을 연결해 목숨을 걸고 경쟁해야 한다. 오프라인 서비스의 혁신이 중점이 될 것이다. 서비스의 효율과 경험을 높여야 한다.

- 입구형 플랫폼의 구조는 대략 정해졌다. 창업자는 특정 종류, 품종으로 깊이 파고들거나, 자신만의 장벽을 세워야 한다. 수직 서비스 분야의 혁신에서 창업의 기회가 더욱 많이 등장할 것이다.
- 중간 정도의 전략, 서비스, 그리고 높은 고객 리스트, 규모화의 특징은 수직적인 O2O의 비교적 이상적인 지점이다. 동시에 규모가 더욱 필요하다. 서비스 품질과 비용의 사이에서 평행지점을 찾아, 확장의 흐름을 제어할 수 있게 될 것이다.

스마트폰으로 코끼리 사기
O2O, 시장의 룰을 바꾸다

초판 인쇄 2016년 1월 20일
초판 발행 2016년 1월 25일

지은이 정주용

펴낸이 권기대
펴낸곳 도서출판 베가북스

총괄이사 배혜진
편 집 김찬현
디자인 김혜연
영 업 이상화
마케팅 이고은

출판등록 제313-2004-000221호

주 소 (150-103) 서울시 영등포구 양산로3길 9, 201호 (양평동 3가)
주문 및 문의 02)322-7241 팩스 02)322-7242

ISBN 979-11-86137-21-5

※ 책값은 뒤표지에 있습니다.
※ 좋은 책을 만드는 것은 바로 독자 여러분입니다. 베가북스는 독자 의견에 항상 귀를 기울입니다. 베가북스의 문은 항상 열려 있습니다.
원고 투고 또는 문의사항은 vega7241@naver.com으로 보내주시기 바랍니다.

홈페이지 www.vegabooks.co.kr
블로그 http://blog.naver.com/vegabooks.do
트위터 @VegaBooksCo 이메일 vegabooks@naver.com